I0224424

El Rapto No Se Deje Engañar

PRIMERA IMPRESION

Billy Crone

Copyright 2018
All Rights Reserved

El diseño de la cubierta:
Chris Taylor

Para Reid & Debbie Rucker.

Era realmente un - sin pensar lo
A quién debo dedicar este libro.
Con Matrículas que el Estado Lucas 21:28
Creo que prevaleció el sentido común.

- Gracias Reid & Debbie
por su incansable dedicación y servicio
A nuestro Señor Jesucristo.
y el ministerio de Get A Life.

Poco sabía usted
Que el día que apareció en la entrada de mi casa
y "arrebatado" todo ese equipo
que te en una "esperanza bendita"
Para mi familia, el matrimonio
y el ministerio de Get A Life.

Gracias por ser el "elegido a mano" de Dios para proporcionar una
amistad y asociación en un momento en que se necesitaba más,
en ayudar a compartir el maravilloso Evangelio
de nuestro Señor Jesucristo en estos últimos días
¡aquí en Las Vegas y alrededor del mundo!

Amo a ustedes.

Contenido

Prefacio

Por extraño que pueda parecer, solía ser uno de aquellos tipos. Saber, uno de aquellos cristianos que dijeron que no era necesario enseñar y equipar la multitud en la Biblia y profecía y mucho menos el libro de Apocalipsis. Yo también tenía la misma razón. "Oh, hay un montón de otras cosas para predicar y enseñar la Biblia. No hay necesidad de traer algo tan 'divisive' en el cuerpo de Cristo". La triste ironía es que el primer versículo del libro de Apocalipsis nos informa claramente que la enseñanza de la profecía bíblica es una "bendición" para el cuerpo de Cristo, no una "carga divisiva". Sin embargo, todavía insistía, como muchos lamentablemente hacen.

Sin embargo, Dios tenía un "espiritual spanking" que me estaba esperando en el seminario. Me recordaron tiernamente y sin rodeos que un tercero de la Biblia trata directamente o indirectamente con la Profecía de la Biblia. Si se trata del Antiguo Testamento o del Nuevo Testamento, la primera venida de Jesús, la segunda venida de Jesús, las promesas proféticas hechas al pueblo de Israel, el Reino Milenario, el juicio final, el estado eterno, tú lo nombras, La profecía cubre una *gran* parte de la Biblia. Por lo tanto, el reto que me planteó como estudiante de seminario fue: "¿cómo en el mundo puedes llamarte un fiel pastor de la multitud, ¿alimentar a la iglesia el "todo" Consejo de Dios, cuando deliberadamente dejas fuera un tercio "de la Biblia"? Debo confesar, y todavía pica hasta este día que iba alguna vez, como un cristiano, tener una actitud que básicamente declara que es absolutamente fino a deliberadamente salte más de un tercero de la Biblia. En esencia estaba tomando un marcador mágico y "desmayando" porciones masivas de la Biblia del cuerpo de Cristo. Es asombroso y vergonzoso cuando miro atrás en todo. Toda la Palabra de Dios es "buena" para nosotros. Sin embargo, no fue hasta esta "Nalgadas" y el "choque" de los acontecimientos del 11 de septiembre que empecé a ser fiel pastor, que predicó a *todos* la Biblia al Cuerpo de Cristo. La semana siguiente, comencé a enseñar sobre el libro de Apocalipsis y otras cuestiones Relacionadas con la Profecía Bíblica y nunca he mirado atrás.

Veo ahora que parte de mi razonamiento defectuoso fue francamente debido a la falta de trabajo Los conocimientos relativos a la profecía bíblica y por lo tanto "miedo" a lo desconocido ganó el día. Si usted lee esto, entonces aprender. Preséntese a esta verdad bíblica y el miedo de ella se marchará. También, atestigüé mucho comportamiento "inmaduro" en el Colegio de la Biblia acerca de las posiciones diferentes en el Rapto. Usé este "comportamiento malo" como una disculpa por abstenerse de compartir la "Esperanza Bendita". Sin embargo, dos errores no hacen un derecho. Una señal de madurez debe discrepar agradablemente en cuestiones secundarias, como el Rapto, aún no dividirse. El pueblo de Dios necesita saber toda la Biblia, no sólo parte de ella. Por otra parte terminan incompletos y es este cristianismo incompleto esto estropea cosas.

Por lo tanto, el propósito de este libro no es simplemente entregarte otro libro sobre la profecía bíblica, expresamente el Rapto, pero animarle a obtener ese "conocimiento práctico" de este sujeto bíblico por tanto puede conseguir la "enseñanza ocupada de ello" A otros para que puedan ser "bendecida" por él. también es un grito de Clarín para aquellos que están siendo "inmaduros" con sus puntos de vista sobre el Rapto y que están causando la división en el cuerpo de Cristo. Puede este libro animar a demostrar su "madurez" por agradablemente en desacuerdo sobre el tema secundario pero no dividir. Ambos estamos de acuerdo en que vivimos en los últimos días, así que no nos perdamos la tarea del hombre a la mano; el de trabajar juntos como cristianos, compartiendo el Evangelio con tantas personas perdidas como podamos. una última pieza de Consejo. Cuando termine de leer este libro, le rogamos QUE LEA SU BIBLIA? Quiero decir que de la mejor manera posible. ¡Disfrute, y tengo ganas de verle algún día!

Billy Crone
Las Vegas, Nevada
2018

Part I

La Introducción del Rapto

Capítulo Uno

La Importancia del Rapto

Imagine el siguiente escenario. despiertas una mañana sólo para realizar que tu familia ha desaparecido totalmente.te vuelves como loco, miras a tu alrededor, correr hacia la sala y enciendes tu TV para ver qué está pasando en el mundo. Allí se ve un informe especial mundial de noticias declarando que millones de personas en todo el planeta están desaparecidas, y no sólo a tu familia. Pero literalmente millones de personas. Mientras esto empieza a hundirse lentamente, miras hacia abajo y lees la Biblia de tus seres queridos que está justo ahí en la mesa de café y de repente Te das cuenta de que tu familia cristiana estaba en lo correcto después de todo cuando ellos decían que una y otra vez sobre este evento que pasaria. Para tu horror, te das cuenta, oh no, *te han dejado atrás* y ahora serás catapultado a la tribulación de 7 años Que está llegando a todo el mundo.

"Christina Bronson Reportando las últimas noticias de hoy. Estamos recibiendo informes de último minuto de todo el mundo que miles de personas acaban de desaparecer. Repito, los miles de personas de todas partes del mundo acaban de desaparecer.

El número total de personas que han desaparecido aún no ha sido confirmado, pero se espera que sea mucho más alto de lo que se había informado inicialmente. Según las autoridades, se espera que el número esté en los millones.

Muchos vuelos fueron cancelados debido a los temores de seguridad. Según informes, hubo accidentes de avión por todo el mundo porque algunos pilotos han desaparecido simplemente durante el vuelo.

El caos se ha extendido también a la carretera con un gran número de accidentes de tráfico que se informa. Los hospitales no han sido capaces de abastecer con el número de pacientes que entran. muchos padres están completamente desesperados por sus hijos que también han desaparecido.

Muchos creen que esto podría haber sido un ataque de alienígena y hay aquellos que creen que Jesús se llevó estos millones de personas. los testigos reportan haber visto un destello brillante seguido de enormes Sonidos ensordecedores y un ser como un hombre en las nubes.

Aquí hay algunas imágenes capturadas en las cámaras de CCTV que muestran a la gente literalmente desapareciendo. Las imágenes que usted ve ahora son de las cámaras CCTV en todo el mundo. Estas imágenes han sido analizados por expertos y son auténticas. Las imágenes de CCTV de parques, centros comerciales, estacionamientos, iglesias y sistema de monitoreo de tráfico son realmente reales y aterradores. Recibimos imágenes como éstos sin parar de todo el mundo.

Todavía tenemos que escuchar a los jefes de estado de todo el mundo que están en estado de shock y no han emitido ninguna declaración. De varios miembros de la Iglesia están diciendo que esto es el Rapto de la Iglesia. Cuando se les preguntó por qué tampoco habían desaparecido, muchos lloraban con pesar de que antes no habían creído en Jesús más en serio.

Estamos cerrando este nuevo boletín aquí y se reportará más noticias como y cuando sucede." [1]

Ahora, puedes reírte y burlarte de todo lo que quieras, pero una transmisión de noticias como la que realmente viene a nuestro planeta, Y me atrevo a decir, mucho antes que la mayoría de la gente piensa. Por tanto la pregunta es, "¿Estará alrededor para ver la clase de noticias transmitirse? ¿serás dejado atrás? Esto es parte de la razón por la que se titula este libro, no sólo *El Rapto* sino *El Rapto: No Se Engañar*.Si hay una cosa que no quieren ser engañados, es la verdad sobre el Rapto. La Biblia dice para aquellos que se quedan atrás, serán lanzados a los 7 años de Tribulación y no es una fiesta. ¡ Más bien, es un derramamiento de la ira de Dios en nuestro malvado y rebelde planeta, literalmente la peor pesadilla de la humanidad! De hecho, hablando de las emisiones de noticias, tal vez este será uno de los informes meteorológicos durante ese horrible tiempo llamado ''la Biblia hablo de esto''. Vamos a sintonizar.

"Tenemos algunos cambios grandes aquí por la semana laborable próxima. Comenzando mañana, vamos a tener una erupción volcánica directamente cerca de Charlottesville y va a hacer cosas bastante tostadas a través del área.

Vamos a ver el derrame de lava de mar en el centro de Virginia, que hace que las temperaturas en Richmond a 350 grados, Fredericksburg en 345, Charlottesville el punto caliente en 400, no tan caliente apagado hacia el agua de la marea. Un poco más cómodo con los altos cerca de 100 grados. La razón es que vamos a tener olas de marea en movimiento.

Por delante de esto, una súper tormenta mundial se está desarrollando en el océano Atlántico. Esta cosa se dirige hacia nosotros. podemos ver tal vez aproximadamente 1 a 200 pulgadas de la precipitación con invitados del viento hasta 1000 millas por hora.

De la noche a la mañana parece tranquila pero entrando en el fin de semana habrá algunos cambios. a partir del viernes el sureste verá fuertes lluvias y vientos que superan las velocidades de 700 millas por hora. Que comenzará un tornado F5 dirigido hacia el oeste a través del sureste todo el camino a la costa oeste.

En el Oeste, las temperaturas disminuirán a aproximadamente 300 grados debajo de la congelación. Dice que una hoja de hielo se está formando en California. Esto sería un tiempo bueno a la reserva en la comida ya que estas condiciones meteorológicas extremas pondrán en peligro el suministro de alimentos indefinidamente.

Aquellos a lo largo de la frontera canadiense, cuidado con los zombies. Se están moviendo hacia el sur de Canadá.

El sábado habría sido un gran día para los amantes de la playa en el este, pero con el brote de gripe Aviar y los recientes ataques de Zombies, Es posible que desee quedarse en casa por un tiempo.

No se olvide de usar sus máscaras y sólo conduzca en las horas de luz si usted está conduciendo a lo largo del corredor I-95. [2]

Ahora, eso no suena como un muy buen tiempo! Bromas aparte, la Biblia realmente hablar de tipo de locura agobiante calor, volcanes explotando, los problemas meteorológicos masivos y hasta una medicina indujeron a la población que actúa como un grupo de zombis Durante los 7 años de tribulación! Sin embargo, esto es apenas la punta del iceberg. ¡ usted me dice si usted quiere estar alrededor durante ese marco de tiempo! Vamos a profundizar más en la Biblia dice acerca de ese tiempo horrible.

CARACTERÍSTICA DE LOS 7 AÑOS TRIBULATION

Los Sellos

1st Sellos - Caballo Blanco - La Falsa Paz Mundial
2nd Sellos - Caballo Rojo - Guerra Mundial
3rd Sellos - Caballo negro - Hambre Mundial
4th Sellos - Caballo amarillo - Mundial de la Muerte - 1/4th de humanidad matada por.
- La Espada
- El Hambre
- La Plaga
- Bestias salvajes

5th Sellos - Altar de las almas - Mundial de persecución
6th Sellos - El Principio de la Gran Tribulación que suelta ....
- Un Terremoto Global
- El Sol se Vuelve Negro
- La Luna se Pone Roja
- Los Asteroides se Caen a la Tierra
- El Cielo Retrocede
- Montañas/Islands Eliminado de sus Lugares
- Miedo Global de la ira de Dios

Las 7 Trompetas del Apocalipsis

- Abierto por el Séptimo Sello - Silencio en el Cielo
- 1st Trompeta -Granizo/Fuego- ⅓ De árboles & Toda la Hierba Verde Quemado

- 2nd Trompeta - Enorme Asteroide - ⅓ el mar muere & ⅓ los barcos destruidos
- 3rd Trompeta - Cometa Ardiente - ⅓ de Ríos y Aguas Frescas Amargas - Muchos Personas Mueren
- 4th Trompeta - Golpeo Solar - ⅓ De Sol, Luna y Estrellas Asustado - ⅓ Día & Noche sin Luz
- 5th Trompeta - Satanás Libera el Caballo Demoníaco de las Langostas - Las Personas con la Marca Torturados 5 Meses
- 6th Trompeta - Cuatro Ángeles soltado del Éufrates - ⅓ la humanidad mata

Los Copas Del Juicio

1st Copa - Feas llagas Dolorosas Sobre los Receptores de la Marca
2nd Copa - Todo el Mar se Convierte en Sangre - Todas las Criaturas de Mar Mueren
3rd Copa - Todos los Ríos y Agua Dulce Hacerse en Sangre
4th Copa - Sol chamusca a la gente con fuego - La Gente que maldice a Dios
5th Copa - Reino del Anticristo Sumido en la Oscuridad
6th Copa - El Río Eufrates Se Seca
- Prepara el Camino Para los Reyes de Oriente para la Batalla de Armagedón
- Tres Malas Ranas como Espíritus Engañan el Mundo para Armagedón
- Fuera de la Boca de Satanás
- Fuera de la boca del Anticristo
- Fuera de la Boca del Falso profeta
7th Copa - Pronunciamiento fin - YA ESTÁ
- Mayor de todos los terremotos
- Una nueva mirada para Jerusalén - Dividido en tres
- Todas las Ciudades Cayeron
- Una copa de ira de Babilonia
- Toda la isla y las montañas se han ido
- Una granizada masiva - 100 libras cada a una
- Ángel la Cosecha de los Justos
- Ángel cosecha de los injustos - Sangre tan alto como brida de caballos (4 pies de profundidad) para 1,600 estadios (200 millas) [3]

¿Ahora, estoy pensando, que es un marco de tiempo que quieres evitar, amén? ¡ es precisamente por eso que la Biblia ha estado advirtiendo sobre este evento durante los últimos 2,000 años! No tienes que estar allí! Dios ama a nosotros, la humanidad, y ha proporcionado una salida de este margen de tiempo horrible a través de Jesucristo. Lamentablemente, muchos se burlan y se niegan a escucharlo y rechazar a Jesucristo como su Señor y Salvador.Por lo tanto, se dirigen a ese marco de tiempo y *es su culpa, no de Dios*. ¡Por favor, esto no es una broma! ¡ *No se deje engañar sobre ello*! De hecho, Jesús dijo en Mateo 24 los 7 - la Tribulación del Año va a ser un "tiempo del gran horror que nada que el mundo haya visto alguna vez o vea otra vez" y que "a menos que ese tiempo de la calamidad sea acortado, la raza humana entera será destruida". Es por eso que estamos produciendo este libro para mantenerte informado del último día podrido de ser dejado atrás. ¡No quiere estar allí! *No se deje engañar!* ¡Esto no es un juego!

Pero también hemos titulado este libro, El Rapto: No Sea Engañado porque hay opiniones múltiples Allí parece, sobre el *objetivo* y el *momento* del Rapto. Debido a esto, está empezando a causar una gran cantidad de confusión innecesaria y la división entre las personas, en relación con este proximo gran evento en la de Dios Calendario del tiempo Profético. Así vamos a mirar a este acontecimiento llamado el Éxtasis y vamos a observar lo que la Biblia tiene que decir sobre este acontecimiento profético evento donde Jesús regresa y rescata a Su Iglesia, de esta horrible destrucción de los Tiempos Finales. ¡No vamos a ser engañados de esto tampoco!

Capítulo Dos

La Base del Rapto

La **primera cosa** que vamos a analizar para evitar ser engañado sobre el Rapto es **la palabra Rapto**.

¿Qué significa? La palabra inglesa "Rapture" proviene del sustantivo Latino "ruptura" Que es una traducción de la palabra griega del Nuevo Testamento "harpazo". "Harpazo" se usa 14 veces en el Nuevo Testamento y la idea básica de la palabra es, "eliminar de repente o un repentino Arrebatamiento o una captura repentina de distancia, para agarrar, para llevar " [1] Por lo tanto, convertirse en el perfecto ilustrativa palabra para describir el evento, el Rapto, Donde Dios de repente toma o arrebata su iglesia de la tierra al cielo. Jesús viene en las nubes, agarra o arrebata nosotros, la iglesia, de la tierra, entonces volvemos al cielo con Él.

Que nos lleva a la **segunda cosa** que vamos a mirar para evitar ser engañados del Éxtasis y esto es **¿De dónde viene el rapto evento aparezca en la Biblia?**

¿Correcto? Quiero decir que tienes que tener una base bíblica para esto. Precisamente por eso vemos al apóstol Pablo dándonos una descripción clara del rapto en sus cartas a la iglesia de Tesalonicenses y de Corinto.

1 Tesalonicenses 4:13-18 "Hermanos, **Tampoco** queremos, hermanos, que ignoréis acerca de los que duermen, para que no os entristezcáis como los otros que no tienen esperanza. Porque si creemos que Jesús murió y resucitó, así también traerá Dios con Jesús a los que durmieron en él. Por lo cual os decimos esto en palabra del Señor: que nosotros que vivimos, que habremos quedado hasta la venida del Señor, no precederemos a los que durmieron. Porque el Señor mismo con voz de mando, con voz de arcángel, y con trompeta de Dios, descenderá del cielo; y los muertos en Cristo resucitarán primero. Luego nosotros los que vivimos, los que hayamos quedado, seremos arrebatados juntamente con ellos en las nubes para recibir al Señor en el aire, y así estaremos siempre con el Señor. Por tanto, alentaos los unos a los otros con estas palabras."

1 Corintios 15:51-52 "**He** aquí, os digo un misterio: No todos dormiremos; pero todos seremos transformados, **en** un momento, en un abrir y cerrar de ojos, a la final trompeta; porque se tocará la trompeta, y los muertos serán resucitados incorruptibles, y nosotros seremos transformados."

Incluso vemos a Jesús refiriéndose al Rapto en Juan 14.

Juan 14:1-3 "No se turbe vuestro corazón; creéis en Dios, creed también en mí. En la casa de mi Padre muchas moradas hay; si así no fuera, yo os lo hubiera dicho; voy, pues, a preparar lugar para vosotros. Y si me fuere y os preparare lugar, vendré otra vez, y os tomaré a mí mismo, para que donde yo estoy, vosotros también estéis."

De hecho, lo que está intersectando cuando pones estos pasajes juntos, 1 Tesalonicenses y Juan, ves que Jesús y Pablo están completamente de acuerdo y tienen total unidad sobre esta enseñanza sobre el Rapto.

EL RAPTO

Jesús	Pablo

Palabras Consoladoras

"No deje a sus corazones ser preocupados"	"Alientan unos a otros con estas palabras."

La Necesidad de una Fe Personal

"Confianza en Dios; también confíe en Mí"

"Creemos que Jesús murió y resucitó, así que creemos que traerá Dios con él á los que durmieron en Jesús"

Podemos Tomar a Dios en Su Palabra

"Si no fuera así, te lo habría dicho"

De acuerdo a la Palabra del Señor"

La Promesa de Su Venida

"Volveré"

"Porque el Señor mismo vendrá del cielo"

La Retirada de la Tierra

"Y te llevo a estar conmigo"

"Nosotros que todavía estamos vivos y nos quedamos quedaremos atrapados junto con él en las nubes para encontrarnos con el Señor en el aire"

Siempre Presente con el Señor

"Que también puede estar donde estoy"

"Y así estaremos con el Señor para siempre" [2]

Así como pueden ver, la Biblia y Jesús y Pablo están obviamente en total acuerdo. La Biblia no se contradice sobre este acontecimiento bíblico llamado el rapto. *¡ es real y realmente viene!*

Capítulo Tres

El Propósito del Rapto

Lo que nos lleva a la **tercera cosa** que vamos a mirar para evitar ser engañados sobre el rapto y que es ¿**Cuál es el Propósito del Rapto**?

¿por qué Pablo, Jesús y la Biblia en general hablan de este evento? ¿por qué lo sacas? ¿Cuál es el propósito en primer lugar?

Bueno, **la primera razón** por la que el Rapto es criado en la Biblia es **para consolar a los vivos sobre los muertos**.

Verás, cuando Pablo estaba escribiendo su respuesta a la Iglesia Tesalónica sobre el Rapto, muchos años habían pasado desde que Jesús estaba en la tierra. Aún no había regresado por su Iglesia y así algunos Cristianos ya habían muerto, dejando a los creyentes aún vivos con preguntas sobre sus seres queridos en Cristo que ya se habían ido. Estos cristianos, sabiendo que sus queridos difuntos estuvieron presentes con el Señor, 2 Corinthians 5:8 "Ausente del cuerpo deben estar presentes con el Señor", Se pregunta cómo se compartirán con la venida de Cristo. ¿Cómo resucitarán de entre los muertos? Sus cuerpos estaban en la tumba, pero sus espíritus estaban con Cristo. ¿Cómo comparten en el Rapto con los que todavía están vivos? Esta es la razón por la que pablo respondió la forma en lo que lo hizo. Vamos a ver eso otra vez.

1 Tesalonicenses 4:13-18 13 Hermanos Tampoco queremos, que ignoréis acerca de los que duermen, para que no os entristezcáis como los otros que no tienen esperanza. Porque si creemos que Jesús murió y resucitó, así también traerá Dios con Jesús a los que durmieron en él. Por lo cual os decimos esto en palabra del Señor: que nosotros que vivimos, que habremos quedado hasta la venida del Señor, no precederemos a los que durmieron. Porque el Señor mismo con voz de mando, con voz de arcángel, y con trompeta de Dios, descenderá del cielo; y los muertos en Cristo resucitarán primero. Luego nosotros los que vivimos, los que hayamos quedado, seremos arrebatados juntamente con ellos en las nubes para recibir al Señor en el aire, y así estaremos siempre con el Señor. Por tanto, alentaos los unos a los otros con estas palabras.

En PRIMER lugar, Paul dice, Jesús bajará del cielo y traerá con Él las almas de aquellos "que se duermen". o en otras palabras, aquellos que han muerto ya en Cristo. En SEGUNDO lugar, aquellos que han muerto en Cristo se levantarán primero, que es sus cuerpos serán levantados de la tumba y recibirán sus nuevos cuerpos resucitando primero. En TERCER lugar, los creyentes que estén vivos (tú y yo al cristiano a menos que muramos primero) y permanecen hasta la venida del Señor, i.e. el Rapto, será capturado o arrebatado y recibir nuestros cuerpos resucitados también. [1]

Lo que significa, nuestros seres queridos Cristianos que ya han muerto, junto con nosotros que todavía están vivos cuando el Rapto se produce, se reunirán juntos, con el Señor en el aire, y estar con él para siempre. Por eso Paul dice "la comodidad" o "anime" el uno al otro con estas palabras y por qué Jesús dice "no dejen a su corazón preocupado". Nuestros seres queridos *en* Cristo estarán bien, y nosotros que estamos vivos en ese momento estará bien. Nunca seremos separados otra vez. No te preocupes por eso.

La segunda razón por la que el rapto es criado en la Biblia es para **Consolar a los Vivos sobre el Día del Señor.**

Ahora, incluso una lectura superficial de la Biblia y lo que dice sobre el Día del Señor en el Antiguo o Nuevo Testamento mostrará le mostrará que no se refiere a la Iglesia. Más bien, está hablando del horrible marco de tiempo cuando la ira y el juicio de Dios están siendo derramados sobre este mundo malvado. No es un literal de veinticuatro días, o un solo evento, sino más bien un período de tiempo que comienza después del Rapto de la Iglesia incorpora la totalidad de los 7 años de tribulación periodo. Por lo tanto, el Día del Señor no hace mención y no tiene aplicación alguna a la Iglesia. Se refiere a Israel y a las naciones gentiles de la tierra. Esto es exactamente por qué Thessalonians alucinaban tanto sobre una carta falsa diciendo que eran en el Día del Señor y por qué el Apóstol Pablo tuvo que responder una segunda vez a ellos concerniente al Rapto y recordarles que los Cristianos no van a ser parte de este horrible día.

2 Tesalonicenses 2:1-5 "Pero con respecto a la venida de nuestro Señor Jesucristo, y nuestra reunión con él, os rogamos, hermanos, que no os dejéis mover fácilmente de vuestro modo de pensar, ni os conturbéis, ni por espíritu, ni por palabra, ni por carta como si fuera nuestra, en el sentido de que el día del Señor está cerca. Nadie os engañe en ninguna manera; porque no vendrá sin que antes venga la rebelión, y se manifieste el hombre de pecado, el hombre condenado a la destrucción, el cual se opone y se levanta contra todo lo que se llama Dios o es objeto de culto; tanto que se sienta en el templo de Dios como Dios, haciéndose pasar por Dios. ¿No os acordáis que cuando yo estaba todavía con vosotros, os decía esto?"

Así que aquí vemos al apóstol Pablo **consolando y tranquilizando** a la Iglesia de Tesalonicenses Iglesia de una idea falsa en ese momento por parte de algunos falsos maestros ¡ diciendo que estos cristianos se perdieron el Rapto porque el día del Señor ya había llegado! Pero Paul dice, "¡No! ¡No! ¡No! ¡No!" ¡ los Cristianos no van a estar alrededor durante ese período de tiempo y él es muy enfático al respecto! ¿Por qué? Como la Biblia dice que el Día del Señor es todo sobre el juicio de Dios y trayendo a la gente bajo. Es un tiempo en el que derrama su ira, y la ira, y la desolación, y la venganza, y la destrucción, y su terrible. ¡Es un tiempo de desolación y oscuridad y angustia y problema, y se refiere a la sentencia definitiva catastrófica de Dios sobre el malo, no la Iglesia! [2]

¡Por eso Pablo dice "no son engañados" *y* debería saber mejor! "¿No recuerdan que ya les dije esto? " En esencia,"¿Por qué estás cayendo esto? Ustedes saben que no pueden estar allí! Ya he repasado esto con ustedes. Los Cristianos están aquí alrededor de los 7 años de Tribulación! Nos fuimos en el Rapto, antes de la 7 - año Tribulación!". Por eso dice, " no se asuste y escuchar estos falsos maestros!".

Además, si los Tesalonicenses pensaban que el Rapto ocurrió después de los 7 años de Tribulación comenzó, y luego recibió una carta de Pablo Diciendo que el Día del Señor había empezado ya que ocurre durante los 7 años de la Tribulación, entonces ¿no se han entusiasmado más allá de las obras? ¡Por supuesto! ¡Habrían esperado que el Rapto estuviera en la puerta porque los 7 - la Tribulación del año había comenzado ya! No habrían sido preocupados o temerosos. ¡Habrían sido excitados! Sin embargo, ésa es precisamente el punto. El Apóstol Pablo está escribiendo a aliviar sus *temores* y *problemas corazones* sobre esta carta falsa que dice el Día del Señor ya había empezado y así estaban en la Tribulación. Esta *mentira* es lo que los asustó porque *sabían* que el Rapto ocurrió *antes* de este horrible marco de tiempo. Esta es también la razón por la que Pablo dice *consuelo* o *se animan* unos a otros con estas palabras. no vas a estar aquí. Cálmate. El arrebatamiento ocurre antes de todo eso! O como Pablo dice aquí:

Tito 2:13 "Aguardando la esperanza bienaventurada y la manifestación gloriosa de nuestro gran Dios y Salvador Jesucristo."

El Rapto es nuestra Esperanza Bendita. Somos rescatados de la ira de Dios y el infierno eterno y este horrible marco de tiempo llamado la Tribulación de 7 años. como dijo un hombre:

"El Rapto es un bálsamo calmante para corazones preocupados. Es una bendición y consuelo para la gente del Señor. Deténgase y piense en esto por un momento. Si Pablo enseñó un Rapto a mitad de la Tribulación, antes de la ira o después de la Tribulación ¿la verdad del Rapto sería realmente tan reconfortante?

Si el pueblo de Dios tiene que soportar 3 $^1/_2$ años, 5 $^1/_2$ años o todos los 7 años de la tribulación antes de que él venga, ¿Cuánto de un consuelo sería el rapto? Si debemos afrontar la Tribulación de 7-año antes de que venga, Jesús tendría que cambiar las palabras, 'No dejes que los corazones se turben en Juan 14:1 'Deja que tu corazón se turbe.' Sabiendo que hay que vivir a través de los 7 años de tribulación sería preocupante, por decir lo menos.

Hágase estas preguntas simples? Cómo reconfortante sería saber que Jesús venía después de 3 1/2 o 7 años a el infierno en la tierra? ¿Cuál sería el junto a la tumba de un ser querido, para escuchar el Pastor leía las bellas palabras En 1 Tesalonicenses 4: 13-17 y, a continuación, diga ' y después de soportar la totalidad o parte de la Tribulación, Jesús vendrá y nos llevara a al cielo a reunirnos con nuestros seres queridos - y consuele el uno al otro por estas palabras?' ¿podrías honestamente entusiasmarte con el Rapto si supieras que tenías que soportar un tiempo en la tierra cuando los juicios de Apocalipsis 6-16 se estaban derramando? Un tiempo en que el Anticristo hará cumplir su marca y usted y su familia se les negaría el derecho a comprar o vender.

Además, esperaríamos que los Tesalonicenses se alegrarán de que sus seres queridos ya habían muerto y se habían ido al cielo porque no tendrían que soportar el terror de la Tribulación de 7 años. Sin embargo, en 1 Tesalonicenses 4 los creyentes lloran porque temen que sus seres queridos se pierda el Rapto. Sólo pre-tribulación el de Rapto tiene sentido de su pena.

También, esperaríamos que Thessalonians esté disgustado por su propio juicio que impide en los 7 - Tribulación del año en vez de afligirnos sobre sus queridos difuntos. Esperamos que puedan estar pidiendo detalles acerca de los 7 años de Tribulación y el Anticristo. Sin embargo, los Tesalonicenses no tienen miedo ni preguntas acerca del día venidero de la ira o del Anticristo. Porqué? Estaban buscando a Jesucristo, no al Anticristo.

Por último, esperaríamos que Pablo, en vista de su dolor por sus seres queridos difuntos, les recordara que su dolor actual era inconsecuente a la luz del futuro tiempo de problemas que se avecinan.

Por lo tanto, lo que encontramos en 1 Thessalonians 4 cabe el pre-tribulación como un guante. Sin embargo, es totalmente incompatible ya sea con la mitad de la tribulación, antes de la ira, o después de la tribulacionismo. La esperanza bendita del Rapto consiste en que Jesús vendrá y nos tomará para estar con Él para siempre antes de que el tiempo de la devastación mundial sea soltado. Y qué consuelo y bendición es!" [3]

Este es precisamente el motivo por el cual las primeras Iglesias usan un saludo para aumentar su moral y que fue la palabra, "¡Maranatha!" Finalmente sustituyó el saludo Judío "Shalom" que significa "paz." "Maranatha" significa, "Venga El señor" o "El Señor viene" [4] Me atrevo a decir que necesitamos utilizar ese mismo levantó la moral en la Iglesia de hoy! ¿Amén? Somos rescatados a partir de ese margen de tiempo horrible, la Tribulación de 7 años. Consuele el uno al otro. Ser animado.

La **tercera razón** por la que el Rapto es criado en la Biblia es para **Recordar** a **Los Vivos de su Vida Actual en la Tierra.**

Usted ve, la razón por la que aún estamos aquí es porque Dios tiene un plan para nosotros. Esto es lo que Pablo dice en:

Efesios 2:10 "Porque somos hechura suya, creados en Cristo Jesús para buenas obras, las cuales Dios preparó de antemano para que anduviésemos en ellas."

No somos salvados por nuestras obras, pero Dios nos ha preparado con antelación para hacer buenas obras mientras tanto. Uno de aquellos trabajos buenos debe compartir el Evangelio, las Buenas Noticias que la gente puede salvado aunque JesuCristo. Esto es lo que Jesús dice justo antes de irse a la derecha del Padre.

Mateo 28:18-20 "Y Jesús se acercó y les habló diciendo: Toda la autoridad me es dada en el cielo y en la tierra. Por lo tanto, ve, y hacer discípulos en todas las naciones, bautizándolos en el nombre del Padre, y del Hijo, y del Espíritu Santo; enseñándoles que guarden todas las cosas que os he mandado; y he aquí yo estoy con vosotros todos los días, hasta el fin del mundo. Amén."

Esto es lo que se llama la Gran Comisión, no la Gran Sugerencia. Jesús nos ordena como Cristianos salir al mundo y estar ocupados compartiendo el Evangelio, la Buena Noticia de la salvación por medio de JesuCristo, hacer discípulos de todas las naciones. Esto básicamente nos dice que Dios quiere que otras personas se salven además de nosotros, y espero que eso no es noticia para usted. Pero también quiere que nosotros sostengamos y compartamos el Evangelio con vidas santas. ¿por qué? Como Dios es Santo y la gente tiene que entender la santidad de Dios y ellos van a ser salvados. Esto es por qué Pedro dice:

1 Pedro 1:15 "Sino, como aquel que os llamó es santo, sed también vosotros santos en toda vuestra manera de vivir; porque escrito está: Sed santos, porque yo soy santo."

Dios quiere que su iglesia respalda lo que decimos de él, y su Santo carácter, con nuestras vidas santas cuando compartimos el Evangelio, De lo contrario estamos enviando un mensaje duplicado. ¿Si no tomamos pecado o consecuencias para pecar seriamente como un Cristiano, entonces por qué debería una persona perdida? Aparentemente no es gran cosa para nosotros, por lo tanto, no es una preocupación real para ellos. Sin *embargo*, el pecado debe ser motivo de gran preocupación para todas las personas, porque esto es lo que nos separa de Dios y nos pone bajo su ira! Y es precisamente por el pecado que la ira de Dios será derramada en este planeta durante los 7 años de Tribulación y eso es también por qué hay un lugar donde la gente es castigada por toda la eternidad llamada infierno.

Por tanto la gente tiene que saber, por nuestras vidas Cristianas aquí en la tierra, ese pecado es *serio* y tiene *consecuencias serias*. Entonces *cuando* compartamos el Evangelio, ellos entenderán por qué realmente son *Buenas Noticias.* Es decir, realmente puedes ser salvado de todos tus pecados que te están separando de Dios por medio de Jesucristo. ¡ Además, es un regalo! ¡ No puede ser mejor que eso!

Ahora, aquí está el punto. ¡ la Posición Antes de la Tribulación es la única posición que envía esta verdad a casa sobre nuestra necesidad de compartir el Evangelio a los perdidos! Si sabemos que el Rapto puede ocurrir en cualquier momento, entonces se deshace de cualquier sensación de pereza o dilación en compartir el Evangelio. Si sabemos que el rapto puede ocurrir en cualquier momento, entonces se deshace de cualquier sensación de pereza o dilación en compartir el Evangelio. ¿Por qué? Porque este podría ser nuestro último día para compartir con los que nos rodean. ¿También significa que Jesús se podría revelar *en cualquier momento* y cómo quiero que Él me encuentre? Pecando? ¿Estás bromeando? Sabiendo que el señor podría regresar en cualquier momento disipa todo eso. Como lo dice Pablo:

Tito 2:11-13 "Porque la gracia de Dios se ha manifestado para salvación a todos los hombres, enseñándonos que, renunciando a la impiedad y a los deseos mundanos, vivamos en este siglo sobria, justa y piadosamente, aguardando la esperanza bienaventurada y la manifestación gloriosa de nuestro gran Dios y Salvador Jesucristo."

Dios sabe que la Iglesia tiene una desafortunada tendencia a dilatar y se vuelvan perezosos y quedar atrapados en los pecados de este mundo y su mal sistema, Pero la pre-Tribulación Rapto cura todo esto. Crea lo que se llama la Doctrina de la Inminencia. o en otras palabras, la verdad de que el Señor Jesús podría regresar en cualquier momento y nos llevaría al Rapto. Podría suceder en cualquier momento. No hay ningún evento profético que debe tener lugar antes de que esto ocurra. Podría suceder hoy. podría suceder antes de terminar este libro.

Por lo tanto, sea animado y examine su vida y este al corriente. ¿Es santo? ¿Ayuda al Evangelio? ¿Estás compartiendo el Evangelio? ¿Cómo te encontrará Jesús si vuelve hoy, porque un día será ese día, y podría ser hoy, ¡es inminente!

Ahora, es importante notar que todas las otras posiciones en el rapto *no producen* este efecto de limpieza sobre el creyente. Por ejemplo, si creía que Jesús no volvía al Rapto la Iglesia hasta la mitad del camino - el punto de los 7 - Tribulación del año o 3/4 el camino a través de la Tribulación de 7-año con la pre-ira posición o llame a todo el camino hasta el final con el Post- Tribulación posición *entonces sabré* cuando Él regrese. No hay inminencia. En la esencia podría meter la pata lejos y postergar en el compartimiento del Evangelio porque sé exactamente qué acontecimientos proféticos tienen que ocurrir *antes* de que vuelva con todas esas otras posiciones. Todos los Sellos de Libro, Los Siete Trompetas, Las Copas de Juicio, el Anticristo, todas las cosas, todos los eventos mencionados en el libro de Apocalipsis sobre los 7 años de Tribulación. Todo lo que tengo que hacer es calcularlo todo basado en esos eventos. Es por eso que estas posiciones *destruyen* la inminencia y sus efectos de limpieza.

¡Pre-la posición de Tribulación es la única que dice que no hay se dirige la advertencia y por lo tanto mejor se prepara y estar *listo siempre!* Podría suceder ahora, así que consiguen compartir el Evangelio *ahora*. Podría suceder hoy para obtener ocupado viviendo *una vida santa hoy!* También es algo que deberíamos añorar hasta como el Apóstol Paul dice aquí:

2 Timoteo 4:8 "Por lo demás, me está guardada la corona de justicia, la cual me dará el Señor, juez justo, en aquel día; y no sólo a mí, sino también a todos los que aman su venida."

¿Anhelas que aparezca? Si usted Él es tiene una manera de limpiar su vida y hace que usted consiga ocupado compartiendo el Evangelio. También, por el anhelo de su aparición, Su vida no se malgasta porque la inminencia te motiva a ser fieles a las buenas obras que Dios ha preparado para que lo hagas. luego te recompensan al final. Una de las mejores maneras de escuchar a Jesús las palabras: "bien hecho, siervo bueno y fiel" Es simplemente reconocer la Pre-Tribulación Rapto posición, que el Rapto es inminente, podría suceder en cualquier momento. Jesús vuelve y podría pasar en cualquier momento y tengo que ser motivado para Él. El tiempo es corto. ¡*Sírvale Ahora!* Esto es lo que le guarda servirle y siendo siervo fiel.

La **cuarta razón** que el Rapto es criado en la Biblia es para **Recordar la Vida de su Recompensa.**

De nuevo, como ya observamos, cuando Jesús, Pablo y la Biblia hablan del Rapto, es algo bueno. Jesús dijo: "No dejes que tus corazones se turben", y Paul dice, "Anime el uno al otro o Consuele el uno al otro por estas palabras". Vas a estar bien. Tu no vas a estar a su alrededor durante ese horrible tiempo de los 7 años de Tribulación. Pero dejando la tierra al Rapto y escapar de la ira de Dios derramada sobre el planeta durante los 7 años de Tribulación es sólo el principio de todas las buenas noticias y brillante futuro que el creyente recibe en ese momento.

El **primer beneficio** para el Cristiano en el Rapto es que **Conseguimos Nuevos Cuerpos.**

Esto es lo que el Apóstol Pablo habla en el mismo pasaje en 1 Corintios donde él menciona el Rapto. Cuando Jesús regrese para llevarnos, Pablo dice también obtenemos nuevos resucitados los cuerpos.

1 Corintios 15:50-54 "Pero esto digo, hermanos: que la carne y la sangre no pueden heredar el reino de Dios, ni la corrupción hereda la incorrupción. He aquí, os digo un misterio: No todos dormiremos; pero todos seremos transformados, en un momento, en un abrir y cerrar de ojos, a la final trompeta; porque se tocará la trompeta, y los muertos serán resucitados incorruptibles, y nosotros seremos transformados. Porque es necesario que esto corruptible se vista de incorrupción, y esto mortal se vista de inmortalidad. Y cuando esto corruptible se haya vestido de incorrupción, y esto mortal se haya vestido de inmortalidad, entonces se cumplirá la palabra que está escrita: la muerte ha sido devorada en victoria."

Así que aquí vemos que la Iglesia no va a seguir existiendo en el mismo cuerpo que tenemos ahora cuando el Rapto ocurra. Este es sólo uno de los beneficios. conseguimos nuevos cuerpos *imperecederos*. en pocas palabras, nunca morirán, nunca se pudrirán, nunca se decaerá, nunca se romperán, ni envejecerán. Es increíble, o qué? Piénsalo. eso significa, no habrá más dolores de espalda, no huesos rotos, no más enfermedad, y sí señoras, no más cremas anti-envejecimiento, para la alegría de muchos. Por? Porque nuestros cuerpos dejarán de desgastarse. Lo que significa, que va a ser no más arrugas, no más manchas de la edad, ninguno de esas cosas! las compañías de maquillaje estarán en bancarrota. De hecho, no más te despiertas y vas a la mesa de desayuno y oyes chasquido, crujido, pop y descubres No estás comiendo cereal. No más irás a la cama dándose cuenta de que tú y tus dientes ya no duermen juntos. No más te despertarás mirando como la foto de tu licencia de conducir. Y no más vas a buscar tus anteojos durante media hora antes de darte cuenta de que estaban en tu cabeza todo el tiempo. ¡ no tendrás que recordarlos porque no los vas a necesitar! ¡ no necesitaremos anteojos![5] ¡ nuestros cuerpos en el cielo van a ser perfectos!

El **segundo beneficio** para el cristiano en el rapto es que **Conseguimos un Nuevo Hogar.**

Ahora ya hemos observado en a Juan 14 donde Jesús está hablando del Rapto que hay muchas habitaciones en la casa de Dios nuestro Padre y va allí para preparar un lugar para nosotros. Cuando termine, volverá y nos llevará al Rapto y nos llevará a estar allí con Él. Y cuando mire las descripciones de la casa del Padre, el cielo, en la Biblia, ¡es un lugar increíble para vivir!

Apocalipsis 21:1-4 " Vi un cielo nuevo y una tierra nueva; porque el primer cielo y la primera tierra pasaron, y el mar ya no existía más. Y yo Juan vi la santa ciudad, la nueva Jerusalén, descender del cielo, de Dios, dispuesta como una esposa atada para su marido. Y oí una gran voz del cielo que decía: He aquí el tabernáculo de Dios con los hombres, y él morará con ellos; y ellos serán su pueblo, y Dios mismo estará con ellos como su Dios. Enjugará Dios toda lágrima de los ojos de ellos; y ya no habrá muerte, ni habrá más llanto, ni clamor, ni dolor; porque las primeras cosas pasaron."

Wow! ¡ Qué existencia! ¡ nuestro nuevo *hogar celestial* no sólo va a ser un lugar preparado para nosotros por Dios Mismo, como dijo Jesús antes, pero también va a ser totalmente cubierta y absolutamente impresionante! ¡ piensa en ello! ¡ no más muerte, no más luto, no más llanto y no más dolor! ¡ Qué vida! pero eso no es todo. La Biblia nos da *aún más* información sobre qué maravilloso este lugar llamado el cielo es. Vamos a mirar a esto.

CARACTERÍSTICAS DE CIELO

- El Lugar de la Morada de Dios: (Salmos 2)
- La Morada de Los Ángeles: (San Marcos 18)
- Una País Celestial: (Hebreos 11)
- Un Lugar Santo: (Isaías 57)
- Un Paraíso Eterno: (1 Corintios 12)
- Un Lugar con Calles de Oro: (Apocalipsis 21)
- Un Lugar con Puertas de Perlas: (Apocalipsis 21)
- Un Lugar con Fundaciones de Piedra Preciosísima   (Apocalipsis 21)
- Un Lugar de Descanso Eterno: (Apocalipsis 14)
- Un Lugar de Alegría Eterna: (Apocalipsis 7)
- Un Lugar Sin Maldad: (Apocalipsis 22)
- Un Lugar Sin Oscuridad: (Apocalipsis 21)

- Lugar Sin Pecado: (Apocalipsis 21)
- Un Lugar Sin Lágrimas: (Apocalipsis 21)
- Un Lugar Sin Luto: (Apocalipsis 21)
- Un Lugar Sin Dolor: (Apocalipsis 21)
- Un Lugar Sin Muerte: (Apocalipsis 21)
- Un Lugar de Absoluta Pureza: (Apocalipsis 21)
- Un Lugar Lleno de la Gloria de Dios: (Apocalipsis 21)
- Un Lugar Eterno: (2 Corintios 5) [6]

¿Ahora, estoy pensando, que el cielo es un lugar que realmente no deberías perderte, y nadie más? ¡sin embargo, esto es lo que conseguimos, y a donde vamos los que Raptaron! Oh, pero hay más! La Biblia dice que el *cielo es* tan *asombroso* que ni siquiera podemos imaginar todas las cosas que Dios ha preparado para nosotros.

1 Corintios 2:9 "Antes bien, como está escrito: Cosas que ojo no vio, ni oído que oyó, Ni han subido en corazón de hombre, Son las cosas que Dios ha preparado para los que le aman."

La Biblia dice claramente que, aunque podemos entender *algunas cosas* acerca del cielo que son absolutamente increíbles, Dios aún tiene preparado para nosotros cosas tan fuera de este mundo, tan asombroso, tan maravilloso, que ni siquiera podemos *imaginar* o concebir lo que son todavía. Así que vamos a tratar de expandir esa imaginación tomando una mirada al cielo desde un punto de vista *científico*. Quizás podamos obtener un adelanto de lo que este texto nos está diciendo, Ningún ojo ha visto, ningún oído ha oído, ninguna mente ha concebido lo que Dios ha preparado para los que lo aman,' como este hombre comparte:

"El espectro electromagnético contiene todas las diferentes longitudes de onda, como ondas de radio, microondas, e incluyendo una pequeña pieza llamada luz. ahora tu globo ocular puede ver los colores, rojo, anaranjado, amarillo, verde, azul, violeta, eso es todo.

El espectro va para siempre en ambas direcciones más allá de eso. Supongamos que llegamos al cielo y Dios nos da nuevos ojos que pueden ver todo el espectro. Eso significa que habrá nuevos colores, billones de ellos. ¡ no nuevos matices de nuestros colores actuales ... pero nuevos colores! Por eso el cielo tiene que ser tan grande. ¡Es para los armarios de las mujeres! ¿Pero puede imaginar si conseguimos nuevos ojos que pueden ver el aspecto entero? Va a ser poder de ver los sonidos caerse del piano. En este momento sólo podemos oírlos. Imaginen ver los sonidos. ¿y si conseguimos nuevas orejas que puedan oír todo el aspecto? ¡Va a ser capaz de oír los colores, olerlos o probarlos!

Sólo tenemos cinco sentidos gente. Quizá haya más. Pero si Dios sólo tomó estos cinco y los expandió al máximo, pasaríamos por siempre caminando por el cielo, "¡ wow!" ¿has olido eso? ¡ aquí, lame eso! Wow? "[7]

"Ningún ojo ha visto, ningún oído ha oído, y ninguna mente ha imaginado lo que Dios ha preparado para aquellos que lo aman. ¡ Qué mente absolutamente inimaginable que sopla la existencia con Dios que tenemos que esperar en el Rapto! No puedo esperar a llegar allí, ¿y tú? No es de extrañar que Jesús y Pablo dijeron: "no dejes que tus corazones se turben", y "confortaos o animaos unos a otros con estas palabras".

Oh, pero se pone cada vez mejor. El **tercer beneficio** para el cristiano en el Rapto es **que Conseguimos Una Nueva Misión.**

Como si conseguir nuevos cuerpos y ir al cielo en el Rapto no es lo suficientemente impresionante, la Biblia también dice que después del Rapto, al final de la Tribulación de 7 años, llegamos a *volver a la tierra* con Jesús en su Segunda Venida *y* llegamos a ser parte de los 1,000 años del Reinado Milenario. Aquí es donde Él gobierna y reina sobre la tierra y acomodadores en un tiempo increíble de paz y prosperidad para todo el planeta. ¡ Ahora, una de las razones por las que es tan pacífico y maravilloso es porque satanás está atado durante ese tiempo!

Apocalipsis 20:1-4 "Vi a un ángel que descendía del cielo, con la llave del abismo, y una gran cadena en la mano. Y prendió al dragón, la serpiente antigua, que es el diablo y Satanás, y lo ató por mil años; **y** lo arrojó al abismo, y lo encerró, y puso su sello sobre él, para que no engañase más a las naciones, hasta que fuesen cumplidos mil años; y después de esto debe ser desatado por un poco de tiempo. Y vi tronos, y se sentaron sobre ellos los que recibieron facultad de juzgar; y vi las almas de los decapitados por causa del testimonio de Jesús y por la palabra de Dios, los que no habían adorado a la bestia ni a su imagen, y que no recibieron la marca en sus frentes ni en sus manos; y vivieron y reinaron con Cristo mil años."

Así que, según la Biblia, después de la Tribulación de siete años ha terminado, durante el Reino Milenario, Satanás está en realidad atado por 1.000 años donde no puede meterse ¡ con nosotros, o nos toque, o cualquier otro en la tierra! ¿Cuántos de ustedes dirían que va a ser una existencia maravillosa? ¡para finalmente tener nuestro mayor archienemigo *atado!* ¡ donde no puede incitar el mal y el sufrimiento y todas las otras cosas podridas como lo hace hoy! ¡ eso va a ser genial!

Pero una vez más, eso sigue siendo sólo el comienzo. Por alguna razón, al igual que con el cielo, los cristianos parecíamos estar mal equipados en nuestra comprensión del Reino Milenario, ¡el lugar donde nos dirigimos después de la Segunda Venida de JesuCristo! Así vamos a mirar a las características de este margen de tiempo y vamos a ver sólo exactamente lo que se dirigen hacia nosotros.

CARACTERÍSTICAS DEL REINO MILENARIO

- El gobierno será una teocracia, con el Mesías, Jesucristo, gobernando y reinando como rey en Jerusalén.
- Los doce discípulos gobernarán sobre las 12 tribus de Israel y habrá otras subdivisiones más pequeñas de la autoridad concedidas para la fidelidad.
- Los Jueces serán levantados y demostrarán la Teocrática, el poder de Cristo para gobernar con inflexible rectitud y justicia.
- La Guerra no será más que una reliquia del pasado.
- Jerusalén, conocida por la guerra, el derramamiento de sangre y las tensiones internacionales, por fin se convertirá en la ciudad de la paz y la capital del mundo.
- Habrá paz religiosa con judíos y Gentiles que adoraban al Señor juntos.
- Habrá una economía justa para todos y ya no será la riqueza monopolizada por sólo unas pocas familias privilegiadas.
- La naturaleza cooperará con el hombre de nuevo y la productividad volverá. Terremotos, tornados, inundaciones, etc.., estarán ausentes.
- Nuestro trabajo ya no será en vano y nuestros hijos ya no serán condenados a la desgracia. El trabajo continuará a lo largo del Milenio, Dios diseñó el trabajo para nosotros como fuente de provisión. Pero en el Milenio, nuestro trabajo producirá múltiples ganancias mucho más de lo que necesitamos para la supervivencia, lo que significa que tendremos suficientes recursos para agradables vacaciones, ocio y diversión.[8]

Ahora, el suena como un bonito lugar maravilloso! ¿Estás ansioso por estar aquí? ¡Soy yo! ¡sin embargo, se pone cada vez mejor! ¡Permítanme compartir con ustedes un par de aspectos más del Reino Milenario y díganme si esto no es alucinante!

Uno, la Biblia dice que las cosas volverán al jardín del Edén como condiciones y la gente vivirá una **Larga Vida Plena y Rica.**

Isaías 65:20 "No habrá más allí niño que muera de pocos días, ni viejo que sus días no cumpla; porque el niño morirá de cien años, y el pecador de cien años será maldito."

Durante el Reino Milenario, la gente justa, aquellos que fueron redimidos durante la tribulación de 7 años, no la Iglesia, porque ya hemos recibido nuestros nuevos Cuerpos Resucitados en el Rapto antes de la Tribulación de 7 años, pero esas personas con cuerpos naturales que entran en el Reino Milenario, llegarán a su vida plena. Van a vivir tanto como los árboles. La longevidad de la vida, como en el Jardín del Edén será restaurado. En el momento en que una persona llega a los 100 años de edad, sólo estará entrando en el apogeo de su vida en lugar de su crepúsculo. ¡Alguien en sus años 60 se considerará una juventud no un jubilado! Pero eso no es todo. La Biblia también dice que el Reino Milenario también será un tiempo en el que tendremos **Paz con la Naturaleza.** ¡Mira esto!

Isaías 11:6-9 "Morará el lobo con el cordero, y el leopardo con el cabrito se acostara; el becerro y el león y la bestia doméstica andarán juntos, y un niño los pastoreará. La vaca y la osa pacerán, sus crías se echarán juntas; y el león como el buey comerá paja. Y el niño de pecho jugará sobre la cueva del áspid, y el recién destetado extenderá su mano sobre la caverna de la víbora. No harán mal ni dañarán en todo mi santo monte; porque la tierra será llena del conocimiento de Jehová, como las aguas cubren el mar."

La Biblia dice claramente que en el Milenio, todo animal salvaje será domado. No sólo mis perversos perros, sino *todos* los animales salvajes. Será "domesticado África". Incluso el leopardo será domado como una cabra. ¿no es asombroso? Eso no sólo es posible, para ser una paz con la naturaleza, pero un día, la Biblia dice que toda *la tierra* va a ser así en el Reino Milenario. El lobo, el cordero, el leopardo, la cabra, el becerro, el león, la vaca, el oso, la cobra, toda la naturaleza se recostarán juntos, y un niño pequeño les guiará. ¡ Qué buen lugar para estar! Amén? ¿Adivina qué? ¡ ahí es donde vamos después de que ocurra el

Rapto! ¡Estamos regresando al final de la Tribulación de 7 años con Jesús para el Reino Milenario! Un hombre declaró acerca de ese tiempo:

"Bajo la dirección de Jesucristo, los creyentes resucitados de la Iglesia darán el liderazgo necesario para crear una sociedad justa para la humanidad." [9]

De nuevo, no es de extrañar que Jesús y Pablo dijera: "no dejes que tus corazones se turben." y "Confortaos o animaos unos a otros con estas palabras." ¡Esto va a ser impresionante después del Rapto! Y Si amas a Jesús, vas a conseguir algo aún más asombroso que eso en el Rapto.

El **Cuarto Beneficio** para el Cristiano en el Rapto es que **Conseguimos una Nueva Relación** con Jesús.

En otras palabras, no más de estas cosas invisibles. Un día, lo veremos como está en toda gloria y esplendor. Esto es lo que dice Juan:

1 Juan 3:2-3 "Amados, ahora somos hijos de Dios, y aún no se ha manifestado lo que hemos de ser; pero sabemos que cuando Él se manifieste, seremos semejantes Él a, porque le veremos tal como él es. Y todo aquel que tiene esta esperanza en él, se purifica a sí mismo, así como él es puro."

¡ Otra vez, consigue tu vida correcta! Jesús podría volver en cualquier momento y espero que te encuentre viviendo una buena vida piadosa, puro como Él, como le ama y quiere ser un ejemplo bueno a otros cuando comparte el Evangelio como vimos antes. Pero como usted acaba de leer, la Biblia afirma claramente que realmente vamos a llegar a ver a Jesús personalmente y después de todo lo que ha hecho por nosotros, Espero que nosotros somos capaces de darle un abrazo y le doy las gracias desde el fondo de nuestros corazones!
Pero esto es algo que podemos llegar a experimentar en el Rapto! ¡ te hace querer reventar en alabanza! ¡De hecho, cuando viene a la aparición de Jesús, la Biblia declara que todo cielo rompe suelto! Vamos a mirar a la respuesta de cielo acerca de la Segunda venida de Jesús cuando vuelva al final de Tribulación de 7 años para establecer el Reino Milenario.

Apocalipsis 19:1-9 "Después de esto oí una gran voz de gran multitud en el cielo, que decía: !Aleluya! Salvación y honra y gloria y poder son del Señor Dios nuestro; porque sus juicios son verdaderos y justos; pues ha juzgado a la gran ramera que ha corrompido a la tierra con su fornicación, y ha vengado la sangre

de sus siervos de la mano de ella. Otra vez dijeron: Aleluya! Y el humo de ella
sube por los siglos de los siglos. Y los veinticuatro ancianos y los cuatro seres
vivientes se postraron en tierra y adoraron a Dios, que estaba sentado en el trono,
y decían: Amén!! Aleluya! Y salió del trono una voz que decía: Alabad a nuestro
Dios todos sus siervos, y los que le teméis, así pequeños como grandes. Y oí
como la voz de una gran multitud, como el estruendo de muchas aguas, y como
la voz de grandes truenos, que decía: Aleluya, porque el Señor nuestro Dios
Todopoderoso reina! Gocémonos y alegrémonos y démosle gloria; porque han
llegado las bodas del Cordero, y su esposa se ha preparado. Y a ella se le ha
concedido que se vista de lino fino, limpio y resplandeciente; porque el lino fino
es las acciones justas de los santos. Y el ángel me dijo: Escribe: Bienaventurados
los que son llamados a la cena de las bodas del Cordero. Y me dijo: Estas son
palabras verdaderas de Dios."

Ahora, estoy pensando que *todo el cielo* está un poco entusiasmado con
el regreso de Jesucristo, ¿y usted? ¡Ligeramente! ¿Qué una alabanza servicio!
Aleluya, alabado sea Dios, darle gloria! ¿Por qué? ¡ porque esto es una noticia
increíble! Jesucristo está volviendo a poner fin al mal y al sufrimiento de una vez
por todas, y él va a establecer su reino milenario ¡y para aquellos que pertenecen
a Él nos ponemos para ser una parte de la mayor celebración de todo el tiempo
llamado la *Cena de Matrimonio del Cordero!* ¡Va a ser impresionante!
¡llegaremos a estar con nuestro Rey Jesús para siempre! ¡Aquel que nos
salvó y nos rescató del *dominio de la oscuridad!* ¡Ha derrotado la muerte, el
infierno y la tumba y vuelve para conseguirnos antes de que la Tribulación de 7
años comience y lancemos una fiesta de bodas asombrosa! ¡ eso es algo para
emocionarse!
Así que ¿ adivinen qué? ¡Esto es lo que conseguimos para ser una parte
de cuando el Rapto ocurra! ¡Nuestro Señor Jesucristo, sabe, El qué decimos que
amamos, *vuelve para conseguirnos* Su Novia! ¡Nuestro Rey, nuestro
Comandante Divino, nuestro Príncipe de la Paz vuelve para nosotros! Llegamos a
ver a nuestro rey cara a cara y lo que es un rey, como este hombre comparte:

"La Biblia dice que mi Rey es un Rey de siete vías." *Él es el rey de los judíos, Él*
es el Rey de Israel, Él es el Rey de la Justicia, ¡Es el Rey de los años, Él es Rey
de Cielo, Él es Rey de Gloria, Él es Rey de Reyes y es Él Señor de Señores!
Él es mi Rey,

¿lo conoce?

Mi Rey es un rey soberano. Es verdaderamente fuerte, es completamente sincero, es eternamente firme, es inmortalmente agraciado, es imperialmente poderoso, es imparcial misericordioso.

¿lo conoce?

Él es el mayor fenómeno que ha cruzado el horizonte de este mundo! ¡ Él es hijos de Dios, Él es EL Salvador de los pecadores, Él es la pieza central de la civilización, ÉL es único! Es incomparable, sin precedentes,

Él es altísima idea en literatura, Él es la máxima personalidad en filosofía, Él es El supremo problema en alta crítica, que es la doctrina fundamental de la verdadera teología, É l es el milagro de la edad,

Él es - Él es sí, el superlativo de todo lo bueno que usted elija para llamar a Él, Él es Él único que está calificado para ser todo suficiente salvador;

¿Lo conoces?

Él suministra la fuerza para el débil, Él está disponible para el Tentaciones frustraciones, Él simpatiza y al salvar, Él ahorra, Él consolida y sostiene,Él guarda y guía, cura a los enfermos, limpió a los leprosos,

Él perdona a los pecadores, Él vertidos deudores, imparte los cautivos, defiende Él débil, bendice a los jóvenes, sino que sirve a los desafortunados, considera que las personas de edad, Él recompensa la diligente y embellece el manso. Él recompensa la diligente y embellece el manso.

¿Lo conoces?

Mi Rey es la clave del conocimiento: la fuente de la sabiduría; la puerta de la liberación; el camino de la paz; el camino de la justicia; ¡la carrera de santidad y la entrada de la gloria!

Su oficina es diversa: Su promesa está segura. Su luz es incomparable. Su calidad es ilimitada. Su misericordia es eterna. Su reinado es justo. Su yugo es fácil, y su carga es ligera. ¡Lamento que no le pudiera describir para usted, pero es indescriptible! ¡Es Comprensible! Él es invencible! Él es irresistible!

¡ No puedes sacarlo de tu mente o de tus manos! ¡ no puedes vivir con Él y no puedes vivir sin Él! La muerte no podía manejar, Él y la tumba no pudo retenerlo!!

Ese es mi Rey, ese es mi Rey, ese es mi Rey, ¡ y ÉL es el Reino y el poder y la gloria-para siempre y para siempre y para siempre! ¡ Amén!

¿Lo conoce?" [10]

Esta es la razón por la que realmente creo que Jesús y Pablo dijeron acerca del rapto, "No deje que su corazón se turbe", y "consuela o anime a los demás con estas palabras." ¡Cuándo el Rapto pasa, va a ser imponente! Consigo un Nuevo Cuerpo, una Nueva casa, una Nueva Misión y Nueva Relación con Jesús. Puedo llegar a verlo cara a cara. No más problemas, no más dolor, no más rastros, no más tener que lidiar con este malvado sistema mundial, ¡ y puedo pasar la eternidad con mi Rey Jesús que los ha vencido a todos! ¡ es por eso que se llama la *esperanza bendita!* Recuerda, el rapto es inminente, podría ocurrir en cualquier momento, tal vez incluso mientras estás leyendo este libro. Lo que significa que todas estas cosas que acabamos de hablar están a punto de ocurrir. ¡ es hora de emocionarse al igual que todo el cielo! ¿Qué el viaje esperar, amén?

No dejes que tu corazón se turbe, animarnos unos a otros con estas palabras, consuelo uno al otro. Uno de estos días, incluso hoy, que va a ser nosotros, el Cristiano. Ya que un hombre declaró: *"¡Va a ser un destino eterno estupendo!"* [11]

Parte II

El Momento del Rapto

Capítulo Quatro

La Ceremonia de la Boda Judía

Naturalmente, esto todo lleva a la siguiente pregunta acerca del Rapto. ¿CUÁNDO? Para responder a esta pregunta, ahora vamos a mirar el **cuarto aspecto** para evitar ser engañados y **¿Cuál es el Tiempo del Rapto?** Lamentablemente, este es el lugar donde una gran parte de la confusión y la división parece venir a través de la enseñanza bíblica del rapto. Como dijo un investigador:

"El momento del Rapto es uno de los temas más controvertidos y a menudo discutidos en la escatología. La Biblia enseña que a algún punto en el futuro Jesús vendrá, y los cuerpos de todos los creyentes de la edad de la Iglesia difuntos serán resucitados Y todos los creyentes vivos serán arrebatados para recibir al Señor en el aire. La verdad del Rapto es acordada por la mayoría de los Cristianos, pero lo mismo no es cierto cuando se trata del momento del Rapto. Sencillamente, la cuestión clave es la siguiente: ¿Pasará la Iglesia por cualquier o toda la tribulación de siete años antes de que ocurra el rapto? O decirlo de otra manera- ¿Cuándo se irá el creyente?

Esta pregunta es mucho más que un simple teológico, torre de marfil debate. Hay mucho en juego en función de la vista que es Bíblico. Piénsalo. Si el Rapto ocurre en nuestra vida, su futuro será muy diferente dependiendo de cuál de estas opiniones es correcta. ¿Estarás aquí para ver al Anticristo? ¿se verá obligado a elegir si quiere tomar su marca en la mano derecha o la frente? ¿Serás testigo de la carnicería de la ira de Dios derramada en todo el mundo?

¿Serás testigo de la carnicería de la ira de Dios derramada en todo el mundo? O ¿estarán en el cielo durante este tiempo experimentando una gloriosa compañerismo e intimidad con el cordero y sus ovejas? ¿Tú y yo estaremos aquí por ninguno, tres cuartos o llamada de la tribulación? Es una pregunta importante y sobria" [1]

Esta es *precisamente la razón por la que estamos produciendo* este libro. Ya hemos observado varios pasajes de la Biblia que claramente enseñan acerca de un literal de rapto, pero esos pasajes no nos dicen exactamente *cuando* el Rapto ocurre, sólo que se hace.

De hecho, puedo ver claramente la lógica de por *qué* Dios no nos dijo la hora *exacta* del Rapto. Vuelve a lo que vimos antes. Si supiéramos exactamente cuándo, entonces estamos de nuevo en un escenario similar con las otras posiciones en el rapto, la mitad de la tribulación, o después de la tribulación. Si sabe el tiempo exacto, entonces tiene una tendencia de meter la pata - lejos, y hacerse mundano y perezoso, y aplazar en el compartimiento del Evangelio. Así que Dios dice, "Yo no voy a decirle exactamente cuándo. "¡ sólo tienes que estar listo en *todo momento* y hacer el máximo *provecho* de lo que te queda!" Una vez más, la inminencia es importante.

Sin embargo, a pesar de que la Biblia no nos da el día o la hora exacta del Rapto, creo que hay una cosa que podemos estar seguros de la Biblia, y es que el Rapto debe ocurrir *antes* de que comience la tribulación de 7 años. Esto es lo que se denomina la Pre Tribulación Rapto posición. La Iglesia es rescatada, arrebatados, justo antes de los 7 años de Tribulación.

La **primera evidencia** de que el Rapto tiene *lugar* a los 7 años de Tribulación es **en la Boda Judía Ceremonia.**

Creanlo o no, escondido en las antiguas tradiciones de la Ceremonia de la Boda Judía, encontramos un interesante paralelismo del Rapto de la Iglesia, la Novia de Cristo, y Jesucristo viene a buscarla. De hecho, hasta en el nacimiento de Jesús vemos cómo siempre ha estado planeando volver y conseguir a Su Novia.

Mateo 2:11 "Y al entrar en la casa, vieron al niño con su madre María, y postrándose, lo adoraron; y abriendo sus tesoros, le ofrecieron presentes: oro, incienso y mirra."

Ahora, estoy seguro de que la mayoría de nosotros muy familiarizados con este pasaje de las escrituras sobre los sabios y los regalos que trajeron a Jesús después de su nacimiento. Pero lo que la mayoría de la gente pierde acerca de este pasaje es el *propósito* de estos regalos y cómo ellos significan otra razón por la cual Jesús nació en este mundo en primer lugar. Se encuentra en la frase; Oro, Incienso y Mirra. Esto es lo que la mayoría de la gente olvida. Nunca olvidaré la primera vez que me encontré con esta pepita en un viejo la Tradición Judía y el Manierismo libro que tengo. En este libro en particular, hay una sección que trata de las Costumbres y los Manierismos Judíos para el Matrimonio. En una parte habla de los artículos que una novia y un novio se adornan con justo antes de su ceremonia de matrimonio. ¿ahora se puede adivinar lo que tres elementos del novio se adornan con cuando era hora *de ir a buscar a su novia?* Eso es correcto; Oro, Incienso, y Myrrah. [2]

Concedido, algunos dirían que el oro era usado para ayudar en su huida a Egipto, monetario por razones, y el incienso y la mirra eran simbólicos de su muerte por venir. Podría ser; no estoy descontando eso. Pero me parece interesante que lo que *sucede* es que la Biblia también habla de nosotros siendo *la Novia de Cristo* y aquí vemos a Jesús siendo dado los *tres elementos exactos* que un novio se adorna a sí mismo con cuando era el momento de conseguir su novia. No creo que sea por casualidad.

También me hace preguntarme si esto no es lo que la miríada de ángulos que aparecieron a los pastores también alegraba, que el tiempo había llegado finalmente para su Señor y el nuestro para ir *a buscar a Su Novia.* ¡ están reventando en alabanza, al igual que todo el cielo en Apocalipsis 19 cuando Jesús regresa en su segunda venida! ¿Por qué? ¡Como Jesús ha venido para conseguir a Su Novia y Su Novia va a la Casa del Padre, no la Tribulación de 7 años!

De hecho, si continúan estudiando las Costumbres Judías y el Manierismo va a ver esta maravillosa verdad por todo el lugar. Tanto así, que creo que Jesús fue a *grandes distancias* para asegurarse de que recibimos este punto. Esto se ve cuando comparamos nuestra relación con él en la Biblia con las **siete fases** de una Ceremonia Matrimonial Judía.

La primera fase de una ceremonia matrimonial judía se llama el **"Shiddukin"** o el **"partido"**.

Verás, a diferencia de hoy. Los matrimonios judíos fueron arreglados por los padres. Lo que el padre haría es una gran persona para ser el "casamentero" y encontrar una novia para su hijo. ¿Adivina qué? Eso es exactamente lo que la Biblia dice que Jesús hizo por ti y por mí.

Juan 15:16 "No me elegisteis vosotros a mí, sino que yo os elegí a vosotros, y os he puesto para que vayáis y llevéis fruto, y vuestro fruto permanezca; para que todo lo que pidiereis al Padre en mi nombre, él os lo dé."

Juan 6:37;44 "Todo lo que el Padre me da, vendrá a mí; y al que a mí viene, no le echo fuera."

Juan 6:44 Ninguno puede venir a mí, si el Padre que me envió no le trajere; y yo le resucitaré en el día postrero.

Ahora, me parece que Dios el Padre es aquel que nos emparejó con Jesús, ¿y usted? De hecho, si sigues pensando en ello, verá que esto es exactamente lo que hacemos cuando somos salvados. Aceptamos que la oferta de amor de Jesús es "combinada" o casada con Él para siempre. Ahora a veces este "Partido" ocurrió cuando tanto eran niños, como a veces ocurrió un año antes del propio matrimonio. Pero a menudo la novia y el novio ni siquiera hasta el día de su boda, que es igual que tú y yo. ¡ Estamos esperando nuestro matrimonio en gran expectación! Pedro lo pone de esta manera:

1 Pedro 1:8 "A quien amáis sin haberle visto, en quien creyendo, aunque ahora no lo veáis, os alegráis con gozo inefable y glorioso."

¿Por qué? Porque el día de nuestra Boda enfoques y estamos deseando ver a Jesús por primera vez!

La **segunda fase** en una ceremonia de matrimonio Judía fue llamada el **"Mohar"** o el **"Precio de la Novia"**.

Directamente después de que el "partido" fue hecho, un precio de la novia o mohar fue discutido entre ambos partidos sobre el valor de la Novia. Otra vez, esto es exactamente lo que la Biblia dice que Jesús hizo para usted y Yo. ¡De hecho, *Él precio de la Novia que pagó era muy alto!*

1 Corintios 6:19-20" ¿O ignoráis que vuestro cuerpo es templo del Espíritu Santo, el cual está en vosotros, el cual tenéis de Dios, y que no sois vuestros? Porque habéis sido comprados por precio; glorificad, pues, a Dios en vuestro cuerpo y en vuestro espíritu, los cuales son de Dios."

1 Pedro 1:18-19 "sabiendo que fuisteis rescatados de vuestra vana manera de vivir, la cual recibisteis de vuestros padres, no con cosas corruptibles, como oro o plata, **sino** con la sangre preciosa de Cristo, como de un cordero sin mancha y sin contaminación,"

Ahora, yo diría que es un precio muy alto de novia para pagar, ¿no crees? ¿Además, si Jesús *pagara esto grande de un precio de nosotros*, entonces diría que nos debe amar mucho, y usted?

Los **terceros introducen** una ceremonia de matrimonio judía progresivamente fue llamado el **"mattan"** o los **"regalos de amor"**.

En esta fase, el novio *ofrecería los regalos* de la novia a pesar de que no tenía que hacerlo. Simplemente lo hizo en señal de su amor por ella. ¿Ahora adivine qué? Esto es exactamente lo que la Biblia dijo que Jesús hizo para Usted y Yo. ¡ nos dio unos maravillosos regalos de amor! comprobarlo usted mismo:

VIDA ETERNA: **Juan 10:27-28"** Mis ovejas oyen mi voz, y yo las conozco, y me siguen, y yo les doy vida eterna; y no perecerán jamás, ni nadie las arrebatará de mi mano."

PAZ: **Juan 14:27** "La paz os dejo, mi paz os doy; yo no os la doy como el mundo la da. No se turbe vuestro corazón, ni tenga miedo."

PERDÓN: **1 Juan 1:9 "Si** confesamos nuestros pecados, él es fiel y justo para perdonar nuestros pecados, y limpiarnos de toda maldad."

ALEGRÍA: **Juan 15:11** "Estas cosas os he hablado, para que mi gozo esté en vosotros, y vuestro gozo sea cumplido."

Yo diría que esos son unos "regalos de amor" bastante impresionantes, ¿y usted? Ahora lo que tiene que tener presente es que estos "regalos de amor" son voluntarios. Jesús no les tuvo que dar. ¿Por lo tanto ya que realmente les dio, diría que seguro nos debe amar mucho, y usted?

La **cuarta fase** en un Judío ceremonia de matrimonio fue llamado el " **Shiluhim"** o la **"dote"**.

Ahora, en esta fase, el Padre de la novia le daría regalos. El propósito de estos regalos era ayudarla para la nueva vida con el novio. ¿otra vez, adivine qué? Esto es exactamente lo que la Biblia dice que que *Dios el Padre* ha hecho para usted y yo. Escuche cómo nos equipo:

EL ESPÍRITU PARA VIVIR PARA ÉL: **Juan 14:16-17** "**Y** yo rogaré al Padre, y os dará otro Consolador, para que esté con vosotros para siempre: el Espíritu de verdad, al cual el mundo no puede recibir, porque no le ve, ni le conoce; pero vosotros le conocéis, porque mora con vosotros, y estará en vosotros."

REGALOS ESPIRITUALES PARA SERVIRLE: **Romanos 12:6** "**De** manera que, teniendo diferentes dones, según la gracia que nos es dada, si el de profecía, úsese conforme a la medida de la fe.

UN ANILLO DE COMPROMISO PARA RECORDARLO: **2 Corintios 1:21-22** "Y el que nos confirma con vosotros en Cristo, y el que nos ungió, es Dios, el cual también nos ha sellado, y nos ha dado las arras del Espíritu en nuestros corazones."

La palabra "depósito" es realmente la palabra griega para "el anillo de compromiso" Por lo tanto, la Biblia dice que Dios nos da el Espíritu Santo como un recordatorio o prenda que un día estaremos con Él para siempre, *al igual que* el recordatorio de un *anillo de compromiso*. Qué regalo, ¿eh?

La **quinta fase** en una ceremonia de matrimonio judía fue llamada el **"Ketubah"** o el **"contrato de matrimonio."**

En esta fase, el matrimonio fue legalmente formalizado por un contrato escrito llamado Ketubah. Se registró el precio de la novia, la promesa del novio, y los derechos de la novia. ¿Adivina qué? Eso es exactamente lo que la Biblia dice que Dios ha hecho por ti y yo. Al darnos el Nuevo Contrato o pacto declarado por Jesús mismo.

1 Corintios 11:25 "Asimismo tomó también la copa, después de haber cenado, diciendo: Esta copa es el nuevo pacto en mi sangre; haced esto todas las veces que la bebiereis, en memoria de mí."

Si te das cuenta o no, cada vez que los cristianos tomamos la comunión, es un recordatorio de nuestro "contrato matrimonial" con Jesús. Así que si Jesús firmó nuestro contrato matrimonial con *Su propia sangre* entonces yo diría que es bastante seguro, ¿y tú?

La **sexta fase** en una ceremonia matrimonial Judía fue llamada el **"kiddushin"** o el **"betrothal"**.

Precisamente aquí después de que el contrato de matrimonio fue firmado la pareja se hizo lo que fue llamado el prometido. Una pareja prometida era, con todo propósito legal, considerada casado. Esta es la forma en que fue una gran noticia cuando María quedó embarazada y José reaccionó de la manera que lo hizo. Estaban legalmente casados bien, prometidos, pero aún no habían consumado el matrimonio. "apareció" María le había engañado. Pero, por supuesto, Jesús el Hijo, nacido del Espíritu Santo. Además, el período de compromiso fue un tiempo de preparación. Aunque estaban legalmente casados, la pareja aún no viven juntos. ¿Por qué? Porque todavía tenía que ir y hacer los preparativos para su nueva vida juntos. Por ejemplo, la novia tuvo una demostración de su *pureza* durante este tiempo. Se sometió lo que fue llamado Mikvah, un baño limpiador ritual. Ahora sabemos Quien por supuesto nos ha limpiado de nuestros pecados. ¡Así es! ¡Jesús!

1 Juan 1:9 "Si confesamos nuestros pecados, él es fiel y justo para perdonar nuestros pecados, y limpiarnos de toda maldad."

Pero la novia tiene que demostrar también que ella fue *fiel* en que ella no estaba embarazada. A menudo usaba un velo cada vez que salía de su casa para indicar que estaba "fuera de circulación", separada para el matrimonio de un hombre en particular. Esto permite que otros hombres sepan que ella es "hablada". Ya no está disponible porque ha sido comprada con un precio. Ella es apartada y consagrada a su novio *y* ella se *resistirá* a cualquier otra oferta mientras ella espera a su único amor verdadero que ha comprado y pagado por ella. Ella es su y su solo. En hebreo, ella se llama "mekudeshet", en el sentido de uno que está desposada, santificados, dedicada a otro. Esta es la forma que tenemos de la Iglesia, Esposa de Cristo, se supone que *ahora mismo* estamos esperando nuestro regreso del Señor. Estamos para demostrarnos a nosotros mismos puro de *pecado, mundano, los falsos maestros.* Es por eso que Pablo dijo lo siguiente:

2 Corintios 11:2 "Porque os celo con celo de Dios; pues os he desposado con un solo esposo, para presentaros como una virgen pura a Cristo."

Ahora el novio, también tenía sus preparaciones para hacer también. En primer lugar, de todos, estaba exento durante un año del servicio militar y, "Traiga la felicidad a su esposa".

Deuteronomio 24:5 "Cuando alguno fuere recién casado, no saldrá a la guerra, ni en ninguna cosa se le ocupará; libre estará en su casa por un año, para alegrar a la mujer que tomó."

Los sabios Judíos también dijeron que tenía que "Cosechar un viñedo". En otras palabras, básicamente probar que él podría "traer a casa el tocino", si se quiere. Pero el novio TAMBIÉN tuvo que volver a la casa de su padre y comenzar a construir una adición a la casa del padre llamada la aposento nupcial. Fue aquí donde la pareja consumaría su matrimonio y se asentará y vivirían juntos como una familia. Ahora adivinar qué? Eso es exactamente lo que la Biblia dice que Jesús está *haciendo ahora* para usted y yo vamos a volver a este pasaje sobre el Rapto de la Iglesia, ahora en este contexto.

Juan 14:1-3 "No se turbe vuestro corazón; creéis en Dios, creed también en mí. En la casa de mi Padre muchas moradas hay; si así no fuera, yo os lo hubiera dicho; voy, pues, a preparar lugar para vosotros. Y si me fuere y os preparare lugar, vendré otra vez, y os tomaré a mí mismo, para que donde yo estoy, vosotros también estéis."

Piense en esto. ¿Si Dios tomara 6 días para crear el cielo y la tierra en todo su esplendor, entonces puede imaginar cómo increíble nuestra cámara nupcial va a ser si Jesús ha estado trabajando en ello durante 2,000 años?

La **séptima etapa** en la boda Judía ceremonia fue la **"nisuin"** o la **"toma"**.

Ahora, una vez que la aposento se completó, el Padre lo inspeccione y decirle al hijo, " Bueno, ir a buscar a su novia". Puede ver la sabiduría en esto, por qué *el padre* era el que para tomar *la decisión final.* Quiero decir, piénsalo. ¡ Si fuera por el hijo, él está todo emocionado, él acaba de construir una choza o lean-a y se van y conseguir su novia! Pero el padre sabía que esto tenía que ser un lugar especial y construir y amuebladas justo. ¡Así pues, un día, cuando nuestro Padre Divino siente que nuestra Aposento Nupcial es correcta sólo, va a decir que Su Hijo Jesús para ir *consigue a su novia!*

Ahora la cosa romántica ordenada de esto era la novia Judía no tenía ni idea cuando su novio venía. Podría ser en cualquier momento. *Por lo tanto*, ella siempre tenía que estar lista para su llegada repentina. Típicamente, este "secuestro" ocurriría en el medio de la noche, cuando la novia Judía fue "robada" lejos. Los Judíos tenían una comprensión especial del corazón de una mujer. Qué emoción que fue para ella ser "secuestrada" y llevada en la noche, no por un extraño, sino por uno que la amaba tanto que pagó un precio de novia tan alto para ella. ¡ Muy romántico!

Y cuando lo hizo, la tomaba o la raptaba y la iba a llevar a la casa del padre. Pero *justo antes de que llegara allí*, el novio y sus asistentes pudieran hacer su camino por antorchas por las oscuras calles de la ciudad a la casa de la novia. Es por eso que ella siempre tenía que tener una "lámpara" y "aceite" para estar listo para ir. ¡No se duerma, siempre esperar! ¡Podría pasar en cualquier momento! Luego, a su llegada a la casa de la novia, el partido del novio anunciaría su llegada con un grito, "¡ He aquí el novio viene!" y haga volar el shofar, la "trompeta" tradicional hecha de un cuerno del carnero. ¿Ahora, adivine qué? ¡Esto es exactamente lo que la Biblia dice que tenemos que estar listos para! ¿Por qué? Como Jesús podría venir en cualquier momento y secuestrar nosotros, Su Novia, la Iglesia. Es mejor estar listo! No estar durmiendo! Se llama el Rapto!

1 Tesalonicenses 4:16-18 "Porque el Señor mismo con voz de mando, con voz de arcángel, y con trompeta de Dios, descenderá del cielo; y los muertos en Cristo resucitarán primero. Luego nosotros los que vivimos, los que hayamos quedado, seremos arrebatados juntamente con ellos en las nubes para recibir al Señor en el aire, y así estaremos siempre con el Señor. Por tanto, alentaos los unos a los otros con estas palabras."

¡Está seguro que es un estímulo! Como como vimos, las palabras "se pusieron al corriente" es de donde conseguimos nuestra palabra "Rapto". Lo que literalmente significa es una "captura o arrebatamiento" como un secuestro con una novia. ¿Crees que es por casualidad? De ninguna manera! Sí, no sabemos el día ni la hora, pero después de 2000 años, pensará que está bastante cerca de acabar la novia cámara, ¿amén? Es mejor obtener listo! Ahora, una vez que la pareja regresó a la casa del padre, que consuman el matrimonio y celebrar su banquete de bodas para los próximos siete días (durante el cual la novia permaneció encerrada en nuestra aposento nupcial). Y así es que también nosotros, como dice la Biblia se ve transportado y encerrado en nuestro Bridal aposento, durante los 7 años de la Tribulación. Estamos en el cielo a la casa del Padre disfrutando de nuestro Día de la Boda, mientras que el mundo incrédulo está pasando por desgracia Su Ira. Después de la Cena de Matrimonio, tradición Judía registros para nosotros que esto es cuando la novia y el novio se presenta al mundo como "hombre y mujer". Esto también sucede que corresponden a la hora cuando Jesús regrese a la tierra al final de los 7 años de Tribulación acompañado por Su Novia " vestidos de lino fino, blanco y limpio".

Apocalipsis 19:11-14 "Entonces vi el cielo abierto; y he aquí un caballo blanco, y el que lo montaba se llamaba Fiel y Verdadero, y con justicia juzga y pelea. Sus ojos eran como llama de fuego, y había en su cabeza muchas diademas; y tenía un nombre escrito que ninguno conocía sino él mismo. Estaba vestido de una ropa teñida en sangre; y su nombre es: EL VERBO DE DIOS. Y los ejércitos celestiales, vestidos de lino finísimo, blanco y limpio, le seguían en caballos blancos."

Es decir, la ropa de la Iglesia, Esposa de Cristo. Ahora cuando mueve todo esto juntos, esto es por qué Jesús repetidamente dice que tiene que estar listo para Su rapto. ¿Por qué? ¡ Porque un día, va a ser demasiado tarde! La oferta de convertirse en una Novia de Cristo no siempre va a estar allí. ¡ necesitas responder *ahora* si no estás salvado!

Si lo piensas bien, la Biblia es realmente un *Libro de Romance Divino*. ¡Es una *Historia de Amor Cósmica* de cómo Dios ha hecho un modo para nosotros de firmar una relación hermosa, cariñosa, íntima, personal con Él, una relación parecida a una Novia con Él, a través de Jesucristo! ¡Es imponente!

Pero la mala noticia es que un día, como dijo Jesús, si no respondes a esta maravillosa verdad, Su Propuesta de Amor, Su Invitación de Boda, vas a ser excluido, y la puerta va a estar cerrada a la *Cena Matrimonial del Cordero*. Un día se *podría encontrar dejado*. ¿Por tanto la pregunta es, "está listo"? Jesús vuelve, y vuelve para Su Novia justo como dijo que iba. Él está construyendo la Novia Aposento como hablamos, y cuando lo hace, el Padre va a Dar Permiso, "Hijo, ve a conseguir a Su Novia". Cuando lo haga, Jesús la arrebatará a ella, a la Iglesia, y nos raptará, como en una Ceremonia de Matrimonio Judíos.

Por lo tanto el *punto es esto*. Mejor se asegura que está listo para ir. Mejor se asegura que es realmente una Novia de Cristo. Por favor, esté preparado antes de que sea demasiado tarde. ¡Reciba el mayor Regalo de Boda de todos, el Regalo de la Vida Eterna, Ahora!

Capítulo Cinco

La Hora Desconocida

La **segunda evidencia** el Rapto tiene lugar *antes* de los 7 años de Tribulación es **La Desconocida Hora.**

Como ya hemos visto, el Rapto antes de la tribulación es inminente, puede suceder en cualquier momento, no hay ningún evento profético que deba ocurrir antes de que pueda tener lugar. También vimos que el apóstol Pablo confortaba y tranquilizaba a la iglesia de Tesalonicenses para no preocuparse de estar en la Tribulación de 7 años o de perder el Rapto porque el rapto se *produce antes* de que el " Día del Señor ", que se produce *durante* los 7 años de Tribulación.

Por lo tanto, desde ese "Día" obviamente no ha sucedido todavía, y sucede durante la Tribulación de Siete años y el Rapto sucede antes de eso, el rapto podría ocurrir en cualquier momento. Es inminente. Así que tenemos que estar listos en todo momento. Es por eso que la escritura nos dice repetidamente estar esperando, siendo paciente, alerta, viviendo vidas autocontroladas, a la luz del evento inminente.

Filipenses 3:20 "Mas nuestra ciudadanía está en los cielos, de donde también esperamos al Salvador, al Señor Jesucristo"

Colosenses 3:4 "Cuando Cristo, vuestra vida, se manifieste, entonces vosotros también seréis manifestados con él en gloria."

1 Tesalonicenses 1:10 "y esperar de los cielos a su Hijo, al cual resucitó de los muertos, a Jesús, quien nos libra de la ira venidera."

1 Timoteo 6:14 "Que guardes el mandamiento sin mácula ni reprensión, hasta la aparición de nuestro Señor Jesucristo"

Santiago 5:8 "Tened también vosotros paciencia, y afirmad vuestros corazones; porque la venida del Señor se acerca."

1 Tesalonicenses 5:6 "Por tanto, no durmamos como los demás, sino velemos y seamos sobrios."

Tito 2:13 "Aguardando la esperanza bienaventurada y la manifestación gloriosa de nuestro gran Dios y Salvador Jesucristo"

Apocalipsis 3:3 "Acuérdate, pues, de lo que has recibido y oído; y guárdalo, y arrepiéntete. Pues si no velas, vendré sobre ti como ladrón, y no sabrás a qué hora vendré sobre ti."

Estos versículos indican claramente que la llegada de Jesús ocurrirá cuando nadie lo espera. Siempre tienes que estar listo. Cuando suceda, va a ser repentino, sorprendente, y en un momento desconocido. De hecho, esto es lo que la palabra el Rapto implica, "quitar de repente o arrebatar o te tomen lejos, agarrar, llevarse". Es una salida rápida sorprendente. De nuevo, por eso la Biblia dice repetidamente: ¡ esté listo! No te hagas el tonto, no te pongas perezoso, y asegúrate de que estás realmente salvado en el primer lugar. Esto no es un juego. No querrá perderse la salida repentina o el arrebatamiento repentino. Esta es también la razón por la que el Rapto y La Segunda Venida son dos eventos distintos. El rapto podría ocurrir en cualquier momento sin signos proféticos que necesiten suceder antes de su cumplimiento. Sin embargo, La Segunda Venida de Jesús es claramente precedida por muchos acontecimientos, que ocurren *durante* la Tribulación de siete años. Tal como:

- El Surgimiento del Anticristo (Apocalipsis 12:13-17; Zacarías 13:7-9)
- Un Tratado con Israel (Daniel 9:27)
- La Reconstrucción del Templo Judío (Mateo 24:15; 2 Tesalonicenses 2:3-4; Apocalipsis 11:1-2)

- Las Plagas y Juicios y Persecuciones que Destruyen la Mayor parte de la Población Mundial (Apocalipsis 6-18)

Todos estos eventos y muchos más se producen durante los 7 años de Tribulación. Todas preceden a La Segunda Venida, que significa La Segunda Venida, a diferencia del Rapto, puede *convertirse* en una calculada evento si estás en los 7 años de Tribulación.

Por ejemplo, en la Revelación 12:6 vemos que el pueblo judío tendrá que esperar sobre el Señor durante 1,260 días, comenzando cuando el Anticristo esté de pie en el templo de Dios y se declara a sí mismo como Dios mencionado en 2 Tesalonicenses 2:4.

Apocalipsis 12:6 "Y la mujer huyó al desierto, donde tiene lugar preparado por Dios, para que allí la sustenten por mil doscientos sesenta días."

2 Tesalonicenses 2:4 "El cual se opone y se levanta contra todo lo que se llama Dios o es objeto de culto; tanto que se sienta en el templo de Dios como Dios, haciéndose pasar por Dios."

Este acontecimiento ocurrirá al a-mitad-del-camino-punto de la Tribulación de 7 años. Ha llamado la abominación de desolación.

Daniel 9:27 "Y por otra semana confirmará el pacto con muchos; a la mitad de la semana hará cesar el sacrificio y la ofrenda. Después con la muchedumbre de las abominaciones vendrá el desolador, hasta que venga la consumación, y lo que está determinado se derrame sobre el desolador."

Cuando el pueblo Judío huyó hacia el desierto, saben que todo lo que tiene que hacer es esperar esos 1,260 días. [2] Están en el punto intermedio.

Mateo 24:15-16 "**Por** tanto, cuando veáis en el lugar santo la abominación desoladora de que habló el profeta Daniel (el que lee, entienda), entonces los que estén en Judea, huyan a los montes."

Así como usted puede ver, La Segunda Venida hace evidente una calculada "conocida" del evento. Además, unos dirían hasta que podría predecir el margen de tiempo general de la Segunda Venida tan atrás como el comienzo de la tribulación de siete años cuando el Anticristo hace un tratado o pacto con la nación de Israel ya mencionado en Daniel 9:27. El período de Tribulación es un período de 7 años, la semana final de la 70 profecía de la semana de Daniel, así sólo añada más 1,260 días para la primera mitad a la segunda mitad ya mencionada, que fue calculado como 1,260 días, y consigue un total de 2,520 días para todo el asunto. Pero espere un segundo. ¿No crea esto una contradicción en la Escritura? Pensé que Jesús dijo al referirse a su Segunda Venida en Mateo 24 que nadie "sabría" el día o hora de su Segunda Venida.

Mateo 24:36 "Pero del día y la hora nadie sabe, ni aun los ángeles de los cielos, sino sólo mi Padre."

Mateo 24:42 "**Velad**, pues, porque no sabéis a qué hora ha de venir vuestro Señor."

Mateo 24:44 "Por tanto, también vosotros estad preparados; porque el Hijo del Hombre vendrá a la hora que no pensáis."

Mateo 24:50 "Vendrá el señor de aquel siervo en día que éste no espera, y a la hora que no sabe,"

Mateo 25:13 "Velad, pues, porque no sabéis el día ni la hora en que el Hijo del Hombre ha de venir."

Todos estos versos están hablando acerca de La Segunda Venida de Jesús, por ¿lo que es? ¿" sabremos" cuando ocurra su Segunda Venida o no? Bueno, en primer lugar, los acontecimientos mencionados en Mateo 24 (guerras, rumores, de guerras, terremotos, pestilencias, signos en el cielo, abominación de la desolación, el martirio, etc.) como "signos" de Su Venida se significa sólo para eso. Ellos son los "signos" de quienes en los 7 años de Tribulación para " saber" cuando estaba regresando. Jesús dio esos signos en responde a las preguntas de los discípulos a ÉL, "Díganos cuando esto pasará y lo que será el signo de Su llegada". Estos "signos" realmente en efecto les dan la capacidad de saber el *período de tiempo general* del "principio" de la Segunda venida, con el "Signo" del Hijo de Hombre. Pero no darles *exactamente el día o la hora* del "resto de eventos" que "seguir" la segunda venida, es decir, el establecimiento del reino y la sentencia. Uno investigando lo pone de esta manera:

"El período de tiempo de la Segunda Venida será conocido, tiene que ser conocido. Tiene que ser conocido debido a toda la secuencia de acontecimientos. La abominación de la desolación será un acontecimiento histórico. Los tremendos conflictos mundiales, las guerras y los rumores de guerras, la nación alzándose contra nación, y reino contra reino, las hambrunas, la pestilencia, Las descripciones de Apocalipsis 6 a 18, donde las aguas frescas es devastada y el agua salada es devastada y el mar se convirtió en sangre y donde el día se activa su ciclo normal y se acorta la luz del día y hay una mayor cantidad de oscuridad, y todos esos eventos que son muy observables indicará que es el período general y el tiempo general de la Segunda venida.

Pero el día y la hora no serán conocidos. Que vendrá con rapidez de una manera inesperada. Sabemos que la venida del hijo del hombre es inmediatamente después de la Tribulación. Pero, ¿cómo de inmediato el establecimiento del Reino y el juicio que sigue, no sabemos?

Para acercarse a ello otra manera, recuerde esto: Que tanto Daniel en el Antiguo Testamento y Juan en el Nuevo Testamento escrito en el Apocalipsis nos dicen que la Gran Tribulación, la segunda mitad de la Tribulación de 7 años, es un período de tres años y medio, 42 meses, 1.260 días. Encontramos que en Daniel 7:25, 9:27, y 12:7. Lo encontramos en Apocalipsis 11 versículos 2 y 3, en Apocalipsis capítulo 12 versículo 14 y Apocalipsis 13 versículo 5.

Por lo tanto, hay todos esos indicadores, muy claramente, que dicen que la segunda mitad es un período-de-tres-años y medio. Comienza con la abominación de la desolación en el versículo 15, el Anticristo estableciendo su propia adoración. así que eso es muy observable.

Inmediatamente después, dice el verso 29, viene el "signo" del Hijo del Hombre en el cielo. Ahora, cómo inmediatamente después de que él Viene y Establece Su Reino, ¿no sabemos.? Hay algo de latitud en eso. Hay un período de tiempo allí.

Daniel nos da una pista de esta latitud porque en Daniel 12:11 donde habla de un período de pruebas y tribulación (después de la abominación de desolación, el punto intermedio de la Tribulación de 7 años) de 1,290 días, agrega otros 30 días al final.

Y luego en Daniel 12:12, habla de 1,335 días-añade otro 45, haciendo un total de 75 días. así que Daniel ve un período-de-tres-años y medio, 42 meses, 1,260 días, y luego ve otro período, que no se describe en cuanto a su contenido de 75 días. Es al menos de 75 días de intervalo que vemos, pero podría incluso ser más que eso. Realmente no lo sabemos porque no sabemos específicamente a lo que se refiere Daniel. Pero hay un período de tiempo allí que es indefinido.

Por lo tanto, habrá todos estos "signos" que conducen al "signo" del Hijo del Hombre en el cielo, el comienzo de su venida, y luego "algún tiempo" después de eso, Jesús va a establecer Su Reino y juez. Ningún hombre lo sabe. Está oculto de los hombres probablemente porque se te a sí mismos de distancia pensando que en ese último y último momento podrían tomar las medidas para hacer las cosas bien justo en el momento oportuno.

Por lo tanto Dios no dice exactamente el día o la hora".[3]

Así que la gente que está en la Tribulación de 7 años tendrá "signos" para darles la capacidad de conocer el "Signo del Hijo del Hombre", El comienzo de la Segunda Venida, pero no sabrán exactamente el día o la hora de los eventos restantes que siguen a la Segunda Venida, el establecimiento de el reino de Jesús y el juicio. No hay contradicción en absoluto.

De cualquier manera, el punto es este. La Segunda Venida, el comienzo de éste, puede convertirse en un " evento calculado" si estás en los 7 años de Tribulación. Sin embargo, el rapto sigue siendo un "acontecimiento desconocido" *sólo* si se lleva a cabo "antes" de la Tribulación de 7 años. Una vez que una persona está en los 7 años de Tribulación, eventos serán calculables.

Por lo tanto, la única manera de que estos dos puntos de vista para ser verdadero, un conocido caso, la señal del Hijo del Hombre, el principio parte de Jesús La Segunda Venida, y un evento desconocido, el Rapto de la Iglesia, es separar estos dos eventos distintos. Uno, el Rapto de la Iglesia, que viene antes de los 7 años de tribulación en un tiempo desconocido, y dos, La Segunda Venida de Jesús, que tiene lugar al final de la tribulación de siete años, un momento conocido.

Esta es la razón por la que las Escrituras claramente presenta el Rapto y la Segunda Venida como dos acontecimientos distantes. Aquí hay 20 diferencias:

El Rapto	La Segunda Venida
Cristo viene en el aire	Cristo viene a la tierra
Cristo viene por sus santos	Cristo viene con Sus santos
Los creyentes son llevados	Los incrédulos son llevados
Cristo reclama a Su novia	Cristo viene con Su novia

Cristo reúne Sus propios	Ángeles reúnen los elegidos
Cristo viene a recompensar	Cristo viene a juzgar
No hay señales. Es inminente	Muchos signos preceden
Revelado sólo en el Nuevo Testamento	Revelado en Los Nuevos y Antiguos Testamentos
Misterio	Anunciar
El Monte de los olivos no ha cambiado	El Monte de los olivos se divide
Es un tiempo de bendición y consolador	Es un tiempo de destrucción y juicio
Involucra a los creyentes solamente Gentiles	Involucra a Israel y a las naciones
Ocurrirá en un momento al parpadeo de un ojo	Será visible al mundo entero
Comienza la tribulación	Comienza el Milenio
El Señor lleva a los creyentes al cielo	Los creyentes regresan del cielo
Los creyentes vivos obtienen cuerpos glorificados	Elegir permanecer en el mismo cuerpo
Creyentes van a la Casa del Padre	Los Electos se quedan la tierra
Satanás permanece libre	Satanás está atado
Falso profeta y AntiCristo en general	Falso Profeta y anti cristo lanzados en El lago de fuego
Los incredulos permanecen en la tierra	los incredulos van al nfierno[4]

Así como pueden ver, el Rapto y la Segunda Venida son claramente dos diferentes eventos separados. Uno es conocido y el otro es desconocido y por lo tanto deben suceder en diferentes momentos. El Rapto podría ocurrir en cualquier momento sin previo aviso. La Segunda Venida es precedida por muchos signos y se puede calcular. Sólo la Pre-Tribulación posición permite que el rapto siendo un desconocido hora. Recuerde, si me encuentro en los 7 años de tribulación entonces el "desconocido" los eventos se convierten en un "evento conocido" porque puedo "calcularlo", basándose en los signos dados durante ese período de 7 años.

Esto es precisamente lo que hacen las otras posiciones en el Rapto. Por ejemplo, si creyera que el rapto iba a ocurrir en el punto medio de la tribulación de siete años, la mitad de la tribulación, o 3/4 el camino a través de la tribulación, La pre-ira posición, o todo el camino hasta el final con el Post-Tribulation, entonces el Rapto se convierte en un *conocido caso*.

Al igual que las naciones de Israel, a quien Mateo 24 está dirigido, Ahora todo lo que tengo que hacer es prestar atención a todas las "señales"Que tengan lugar durante los siete años de tribulación que se menciona en el libro de Apocalipsis, Mateo 24 y en otros lugares, Como la Junta de juicios, las trompetas del juicio, las copas del juicio, El Anticristo, todas esas cosas, y calcular en consecuencia. Todas esas posiciones destruir la posibilidad de que el rapto sea un evento desconocido.

Por lo tanto, el Rapto tiene que ocurrir antes de los 7 años de Tribulación y de sus siete años de signos para calcular el evento! Si estás en él, usted lo puede calcular. La Pre-Tribulación posición es la única posición que dice que no hay jefes de advertencia, y lo que es mejor estar preparado y estar preparados en todo momento! No puede ser conocido. Estar listo ahora!

Capítulo Seis

La Ausencia de la Iglesia

La **tercera evidencia** que el Rapto tiene lugar antes de la tribulación de 7 años es **la Ausencia de la Iglesia.**

Usted ve, usted pensaría que si la Iglesia de Jesucristo realmente iba a ser de empuje en el peor momento de la historia de la humanidad, los 7 años de tribulación, como dijo Jesús, entonces encontrarías la Iglesia por todo el lugar durante ese tiempo. Sin embargo, un estudio de la Escritura revela que hay una ausencia completa de la Iglesia, que sólo tan resulta apoyar el Pre -posición de Tribulación.

El **primer camino** que vemos que la Ausencia de la iglesia en la Tribulación de 7 años es con **el Contorno de Revelación.**

Mira, y sólo resulta que el Libro de Revelación es naturalmente guiado en un camino que promueve el Rapto de Pre-tribulación.

"LAS COSAS QUE HA VISTO"
Capítulo 1-la visión de Juan de Jesús

"LAS COSAS QUE SON AHORA"
Los capítulos 2-3 - las 7 iglesias de Asia Menor

"LAS COSAS QUE OCURRIRÁN MÁS TARDE"
Capítulos 4-19-La Tribulación (70 semanas de Daniel)
Capítulo 20-El Reinado Milenario de Cristo
Capítulos 21-22-El Nuevo Cielo y Nueva Tierra

Observe cómo los capítulos 2-3 tratan claramente con la Iglesia antes de los eventos futuros que tendrán lugar en la tribulación de 7 años. Sin embargo, la Iglesia deja de convertirse en un tema en todos los eventos futuros. El punto es este. Hay tanta información y tantos capítulos dedicados a la horrible tiempo en el Libro de Apocalipsis, uno podría pensar que si la Iglesia iba a estar allí, ellos 'd ser objeto de atención de vez en cuando como si estuvieran en el Capítulo 2-3. Sin embargo, no es. Parecería por el Libro del propio contorno de las Revelaciones que la razón por qué la Iglesia deja de hacerse un tema de discusión durante la Tribulación de 7 años horrible porque la iglesia no va a ser parte de la horrible 7 años de tribulación. La Iglesia deja de convertirse en un tema porque han dejado de estar en el planeta en ese momento. Su futuro está en otra parte, por lo tanto, no hay nada que discutir. ¿Realmente crees que la manera en que el Libro de Apocalipsis es contorno es por casualidad? Por cierto, este no es un bosquejo ingenioso que los eruditos de Pre-tribulation han juntado solamente para apoyar su propia posición en el Rapto. En realidad es dado a nosotros por Dios en el primer Capítulo del libro de Apocalipsis.

Apocalipsis 1:19 "Escribe las cosas que has visto, y las que son, y las que han de ser después de estas."

La **segunda manera** en que vemos la Ausencia de la Iglesia en los 7 años de Tribulación es con **La Omisión de la Palabra Iglesia.**

El Libro de Apocalipsis es una de las mayores fuentes proféticas de información concerniente a los trágicos sucesos de la tribulación de siete años, la última semana de su profecía de la semana 70 de Daniel. En sus páginas se nos dan cantidades masivas de información detallada en relación a este horrible tiempo y por lo tanto, nuevamente, pensarías si la Iglesia de Jesucristo iba a ser parte de esta marco, entonces la "palabra" Iglesia repetidamente estaría allí. Sin embargo, no lo es. La palabra "Iglesia" se menciona repetidamente en los capítulos 1-3, pero nunca se menciona como en la tierra en los capítulos 4-18, los capítulos que se ocupan del período de siete años de la tribulación. ¿es por casualidad? De nuevo, creo que no. ¡ la palabra "Iglesia" está ausente porque la

Iglesia está ausente! Se fueron en el rapto antes de la tribulación de siete años. Usted ve esta ausencia para usted con el siguiente gráfico:

El uso de la palabra "Iglesia" en Apocalipsis

Apocalipsis 1-3	Apocalipsis 4-18	Apocalipsis 20-22
"Iglesia" 19 veces	"Iglesia" 0 veces	"Iglesia" 1 veces

Pensar en ello. Si la Iglesia iba a experimentar alguno o todos de los próximos horrible 7 años de tribulación, entonces usted no sólo esperaría una advertencia del llamado de Jesús "para" la Iglesia, sino también una profunda en profundidad, larga y detallada presentación "a" la Iglesia sobre cómo manejarlo, conducir ellos mismos, consejos para tratar de sobrevivir, etc ..de alguna manera, sin embargo, no vemos nada de eso.Sin embargo, a lo largo de los otros libros del nuevo testamento vemos demasiada información detallada a la Iglesia sobre cómo comportarse en este momento, Cómo vivir en este mundo en este momento, frente a la persecución etc., pero no hay instrucciones que mencionar la Iglesia en absoluto durante el "tiempo" de la tribulación de siete años. Su pregunta sería: "Por qué". ¿podría ser la razón por la que la iglesia no se da instrucciones y mucho menos mencionado en absoluto durante la tribulación de siete años? ¿Es porque la iglesia no se encuentra en ninguna parte durante la tribulación de siete años y por lo tanto no hay necesidad de instrucciones para ser dado? Eso creo. También lo hace este investigador:

"Es es notable, que en la sección clave que trata con la Tribulación de 7 años en la Biblia, Revelación 4-18, hay un silencio absoluto sobre la Iglesia. Y ese silencio ensordecedor. La palabra griega para " Iglesia" ekklesia ocurre 20 veces en el libro de Apocalipsis. En Apocalipsis 1-3 la iglesia se menciona específicamente 19 veces donde Jesús dirige siete cartas a siete iglesias específicas en Asia menor: Éfeso, Smyrna, Pérgamo, Tiatira, Sardis, Filadelfia, y Laodicea. En estas cartas el Señor da instrucciones detalladas y amonestaciones a las Iglesias.

Pero entonces, de repente, comenzando en Apocalipsis 4, Juan cambia de profundo mensaje a la Iglesia, en total silencio sobre la Iglesia durante 15 capítulos. Increíblemente, la Iglesia nunca se menciona una vez en Apocalipsis 4-18. Este silencio absoluto es sorprendente y explicable si la Iglesia continúa en la tierra durante la Tribulación.

62

En Apocalipsis 4:1, el Apóstol Juan, quien es miembro de la Iglesia, está llamado al cielo y proyectada hacia el futuro en una especie de espiritual la máquina del tiempo. En los 15 capítulos subsecuentes, de Apocalipsis 4-18, Juan mira abajo en la tierra mientras que los acontecimientos de la tribulación se desarrollan. Pero la iglesia no aparece de nuevo hasta el capítulo 19 donde es fotografiada como una novia, bellamente adornada para su marido, que regresa a la tierra con su glorioso novio en la Segunda Venida.

***Apocalipsis 19:7** "Gocémonos y alegrémonos y démosle gloria; porque han llegado las bodas del Cordero, y su esposa se ha preparado."*

Esto indica claramente que la Biblia ya ha estado en el cielo desde hace algún tiempo, ya que ella se ha "preparado". La iglesia es entonces referida otra vez específicamente por la palabra Ekklesia en Apocalipsis 22:16 por la hora final. El lugar de la iglesia en el Libro de Revelación, es pruebas convincentes que la iglesia no estará presente en la tierra durante la tribulación. [3]

Otro libro clave en la Biblia que detalla los terribles acontecimientos de la tribulación de siete años no es sólo el libro de Apocalipsis, sino el libro de Mateo capítulo 24. Ahora, aunque la palabra "Iglesia" no se menciona allí, algunos erróneamente dicen que estos eventos se aplican a la Iglesia y, por tanto, la Iglesia está en los 7 años de tribulación. Sin embargo, una mirada rápida a los hechos de nuevo revela que la iglesia está ausente allí también. [4]

En primer lugar, como con Apocalipsis 4-18, la palabra "iglesia" no se menciona en absoluto en Mateo 24. Ni una sola vez. Nada, Nada ¿Por qué? Porque el contexto en Mateo 24 claramente revela que no tiene nada que ver con la iglesia. La Iglesia no entrar en existencia hasta Hechos capítulo 2. Más bien, Mateo 24 está tratando con el pueblo judío que es una de las principales razones por las que hay una tribulación de 7 años en primer lugar.

Además, sabemos que Mateo 24 no puede referirse a la iglesia porque Jesús comienza el capítulo diciendo que el templo judío será derribado al suelo y destruida, lo que sucedió en 70 AD. Pero luego, unos pocos versos más adelante relata un reconstruido templo judío regresa a la existencia con el pueblo judío aparentemente adorando al nuevo. Vemos esto con Su referencia a la abominación de la desolación en el libro de Daniel donde como vimos, el Anticristo sube a ese Templo y se declara a sí mismo como un buen medio en la Tribulación de siete años.

El punto es esto. el Templo Judío destruido o reconstruido no tiene el significado para la Iglesia.Jesús dice que la Iglesia no necesita un hombre-hecho Templo porque tenemos el Templo de Dios por el Espíritu Santo.

1 Corintios 3:16 "¿No sabéis que sois templo de Dios, y que el Espíritu de Dios mora en vosotros?"

Así la Iglesia sólo está preocupado por "ser", el templo de Dios, no un Templo Judío. Sin embargo, un Templo Judío hecho por el hombre que fue destruido y reconstruido es un tema muy importante para el pueblo Judío a quien se dirige este capítulo.

Además, Jesús también le dice a la gente durante ese tiempo que "huyan a las montañas".

Mateo 24:16 "Entonces los que estén en Judea, huyan a los montes."

Observe lo que dice, " aquellos en Judea." ¿Dónde está? Israel! Esta no es la Iglesia ni puede ser la Iglesia. Pensar en ello. Sólo una pequeña fracción mínima de la Iglesia, i.e. Los cristianos viven en Israel. Si esto se refería a la iglesia, haría que esta orden huyera absolutamente sin sentido. En segundo lugar, la orden de huir es, "a las montañas". La mayoría de los eruditos creen que al lugar mencionado aquí es la antigua roca de Petra. Pregunta: "¿Puede la iglesia entera caber en Petra?" Yo no lo creo. Sin embargo, el remanente del Pueblo Judío. Después vemos a Jesús mencionar que aquella gente de ese tiempo es por lo visto "guardan días de reposo ".

Mateo 24:20 "Orad, pues, que vuestra huida no sea en invierno ni en día de reposo"

Pregunta: "la Iglesia observa un tradicional Sábado Judío días de reposo?" No. ¡ pero el pueblo judío incluso hasta el día de hoy! Nosotros los cristianos no sólo adoramos el domingo en honor a la resurrección de Jesucristo, sino que nunca se nos da el mandamiento de adorar en el día de reposo judío. ¿ Por qué? Porque tenemos el Señor días de reposo, Jesús Cristo. Tenemos la "realidad" no la "sombra". Es por eso que la Biblia dice lo siguiente cuando se refiere a la Iglesia y el días de reposo judío:

Colosenses 2:16-17 "Por tanto, nadie os juzgue en comida o en bebida, o en cuanto a días de fiesta, luna nueva o días de reposo, todo lo cual es sombra de lo que ha de venir; pero el cuerpo es de Cristo."

Técnicamente, somos libres para adorar a Jesús cualquier día queremos como los Cristianos del Nuevo Testamento. Sin embargo, tradicionalmente típicamente venimos juntos "el primer día de la semana" (Domingo) en honor a la resurrección de Jesús.

Hechos 20:7 "El primer día de la semana, reunidos los discípulos para partir el pan, Pablo les enseñaba, habiendo de salir al día siguiente; y alargó el discurso hasta la medianoche."

Por lo tanto, el punto es esto. ¿Cómo podría Jesús estar hablando de la Iglesia en Mateo 24 cuando dice que estas personas necesitan "orar para que su vuelo no tener lugar en el día de reposo "¿si la iglesia no adora en el día de reposo?" ¿puede ser que se refiera a la gente judía que todavía lo hace a la adoración en el día de reposo? Eso creo. Además, el capítulo comienza con los apóstoles preguntando a Jesús Cuáles son los signos de Su venida.

Mateo 24:3 "Y estando él sentado en el monte de los Olivos, los discípulos se le acercaron aparte, diciendo: Dinos, ¿cuándo serán estas cosas, y qué señal habrá de tu venida, y del fin del siglo?"

Esta *"venida"* a la que se refiere no es el Rapto sino la Segunda Venida de Jesús que ocurre al final de la Tribulación de siete años. Esta es la razón por la que los acontecimientos que siguen, los "signos" de su segunda venida, son todos signos que tengan lugar durante los 7 años de tribulación. Esto se puede demostrar fácilmente en paralelo a los acontecimientos del discurso de los Olivet Esto se puede demostrar fácilmente por el paso paralelo en Lucas 21, con Apocalipsis 6, el punto inicial de la tribulación de siete años.

Olivet Discurso & Apocalipsis 6

Señales de Su Venida	Primeros seis sellos
24:4-5: Falso Cristo	6:1-2: Caballo Blanco (Anticristo)

24:6-7: La Guerra	6:3-4: Caballo Rojo (Guerra Mundial)
24:7: El Hambre	6:5-6: Caballo Negro (Hambre Mundial)
24:9: La Muerte	6:7-8: Caballo Pálido (Muerte Global)
24:9-13 El Martirio	6:9-11: 5ª Altar del Sello de Almas (Martirio global)
Lucas 21:11: Signos en el Cielo	6:12-17 6° Sellar (Los Signos en el Cielo)[5]

Como ya hemos visto, la iglesia no se menciona una vez y está claramente ausente durante estos eventos horribles mencionado en Apocalipsis capítulo 6-18. No van a ser parte de los 7 años de tribulación. Entonces, ¿por qué los acontecimientos de Mateo 24 se habla de la Iglesia cuando estos actos paralelos perfectamente los eventos en Apocalipsis capítulo 6 que ocurren durante los siete años de tribulación?

Además, esto también significaría que los siguientes pasajes a menudo mal citados de la escritura en Mateo 24, que algunos dirían que se refiere al Rapto de la iglesia, no *se puede r*eferir a la iglesia también. El Capítulo entero de Matthew se refiere a Israel, no la Iglesia.

Mateo 24:31 "Y enviará sus ángeles con gran voz de trompeta, y juntarán a sus escogidos, de los cuatro vientos, desde un extremo del cielo hasta el otro."

Mateo 24:40-41 "Entonces estarán dos en el campo; el uno será tomado, y el otro será dejado. Dos mujeres estarán moliendo en un molino; la una será tomada, y la otra será dejada."

Lamentablemente, muchas personas no entienden estos pasajes como Rapto pasajeros cuando no lo están. Uno, ya hemos demostrado que Mateo 24 no tiene nada que ver con la Iglesia, sino más bien con Israel. Por lo tanto, lo que está ocurriendo en estos pasajes está sucediendo a Israel. En segundo lugar, cuando se comparan estos pasajes en Mateo 24, que algunos dicen que se refieren al rapto de la iglesia, A la indiscutible pasaje en 1 Tesalonicenses 4, que claramente tiene acuerdo con el Rapto de la Iglesia, nos revela que éste *no puede* ser el mismo evento.

1 Tesalonicenses 4:15-18 " Por lo cual os decimos esto en palabra del Señor: que nosotros que vivimos, que habremos quedado hasta la venida del Señor, no precederemos a los que durmieron. Porque el Señor mismo con voz de mando, con voz de arcángel, y con trompeta de Dios, descenderá del cielo; y los muertos en Cristo resucitarán primero. Luego nosotros los que vivimos, los que hayamos quedado, seremos arrebatados juntamente con ellos en las nubes para recibir al Señor en el aire, y así estaremos siempre con el Señor. Por tanto, alentaos los unos a los otros con estas palabras.

Ahora contrasta esto con los eventos de Mateo 24:

- ¿Dónde se menciona 1 Tesalonicenses 4 del oscurecimiento del sol? (Mateo 24:29)
- ¿Dónde se menciona 1 Tesalonicenses 4 que la luna no da su luz? (Mateo 24:29)
- ¿Dónde 1 Tesalonicenses 4 mencionar las estrellas cayendo del cielo. (Mateo 24:29)
- ¿Dónde 1 Tesalonicenses 4 menciona las potencias de los cielos serán conmovidas. (Mateo 24:29)
- ¿Dónde 1 Tesalonicenses 4 mencionar lamentarán todas las tribus de la tierra (Mateo 24:30)
- ¿Dónde 1 Tesalonicenses 4 menciona verán al Hijo del Hombre viniendo sobre las nubes del cielo, con poder y gran gloria. (Mateo 24:30)
- ¿Dónde 1 Tesalonicenses 4 mencionan Dios enviando Ángeles (Mateo 24:31)
- En Mateo 24 el hijo del hombre viene en las nubes, mientras que en 1 Tesalonicenses 4 los creyentes ascendentes están en las nubes
- En Mateo 24 los Ángeles reúnen a los elegidos, mientras que en 1 Tesalonicenses 4 el Señor Mismo reúne a los creyentes. Además, 1 Tesalonicenses 4 sólo habla de la "voz" del Arcángel.
- En Mateo 24 no se dice nada sobre una resurrección, mientras que en 1 Tesalonicenses 4 es el punto central.
- En Mateo 24 el orden de ascenso está ausente mientras que en 1 Tesalonicenses 4 es otro punto central.
- En Mateo 24 los elegidos se reunieron después de la llegada de Cristo a la tierra, mientras que en 1 Tesalonicenses 4 los creyentes son reunidos en el aire y llevados al cielo.[6]

Claramente estos dos eventos distintos, diferentes que tratan con dos grupos distintos de personas. Entonces, ¿cuáles son los pasajes de Mateo 24 tratando con respecto a los ángeles que vienen y reuniendo a los "elegidos" con una persona que se toma mientras que otro se queda? Simple. Están hablando de la cosecha de Ángel al final de la tribulación de siete años donde los "elegidos" o Israel y cualquier "creyente" gentiles que no han muerto durante la tribulación de 7 años están "reunidos" para entrar en el Reino Milenario. Los "otros" son los incrédulos no redimidos que son arrojados al infierno. Obviamente, no llega a ser una parte del reino milenario. Vemos este ángulo "cosecha" en Apocalipsis 14, el "jalar" del trigo y las taras de Mateo 13, y en la "separación" de las "ovejas y cabras" en Mateo 25.

Apocalipsis 14:14-16" Miré, y he aquí una nube blanca; y sobre la nube uno sentado semejante al Hijo del Hombre, que tenía en la cabeza una corona de oro, y en la mano una segadora afilada. Y del templo salió otro ángel, clamando a gran voz al que estaba sentado sobre la nube: toma tu segadora, y sega; porque la hora de segar ha llegado, pues la cosecha de la tierra está madura. Y el que estaba sentado sobre la nube metió su segadora en la tierra, y la tierra fue segada."

Mateo 13:36-43 "Entonces, despedida la gente, entró Jesús en la casa; y acercándose a él sus discípulos, le dijeron: Explícanos la parábola de la cizaña del campo. Respondiendo él, les dijo: El que siembra la buena semilla es el Hijo del Hombre. El campo es el mundo; la buena semilla son los hijos del reino, y la cizaña son los hijos del malo. El enemigo que la sembró es el diablo; la siega es el fin del siglo; y los segadores son los ángeles. De manera que como se arranca la cizaña, y se quema en el fuego, así será en el fin de este siglo. Enviará el Hijo del Hombre a sus ángeles, y recogerán de su reino a todos los que sirven de tropiezo, y a los que hacen iniquidad, y los echarán en el horno de fuego; allí será el lloro y el crujir de dientes. Entonces los justos resplandecerán como el sol en el reino de su Padre. El que tiene oídos para oír, oiga."

Mateo 25:31-34,41,46 "Cuando el Hijo del Hombre venga en su gloria, y todos los santos ángeles con él, entonces se sentará en su trono de gloria, y serán reunidas delante de él todas las naciones; y apartará los unos de los otros, como aparta el pastor las ovejas de los cabritos. Y pondrá las ovejas a su derecha, y los cabritos a su izquierda. Entonces el Rey dirá a los de su derecha: Venid, benditos de mi Padre, heredad el reino preparado para vosotros desde la fundación del mundo." Entonces dirá también a los de la izquierda: Apartaos de mí, malditos, al fuego eterno preparado para el diablo y sus ángeles. E irán éstos al castigo eterno, y los justos a la vida eterna.

En otras palabras, como dijo un investigador:

"Está hecho. Las cabras son destruidas, las taras son destruidas, y las buenas se guardan, las ovejas y el trigo."[7]

O como Mateo en el capítulo 24 dice, "los elegidos". Todavía otro investigador mira lo siguiente:

"Es muy claro que como la iglesia no se menciona en Mateo 24, entonces el versículo 31 no puede ser una referencia al rapto de la iglesia. En su lugar, como se estudia el contexto, resulta bastante claro que nuestro Señor habla de un final de los tiempos de retorno de electo de Israel para regresar a la tierra durante el Milenio. En vez de usar líneas aéreas de El Al, el Señor usará a transportistas angelicales para transportar a Su gente atrás a su tierra."[8]

Así que, como ves, estos acontecimientos en el libro de Apocalipsis, y mucho menos Mateo 24 no están tratan con la iglesia en absoluto. Están tratando con Israel. Están lidiando con eventos que ocurren durante la tribulación de siete años, y el final de la tribulación de siete años, justo antes del Reino Milenario, incluyendo la cosecha del ángulo de los elegidos en el momento, no la Iglesia. La iglesia no se menciona en absoluto en estos pasajes porque la iglesia fue retirada en el rapto y se quedó ausente justo antes de la tribulación de 7 años.

Capítulo Siete

La Ubicación de la Iglesia

Muchas personas que no están de acuerdo con el rapto previo a la tribulación de la iglesia dicen en lo que respecta a la ubicación de la iglesia, " Bueno, eso fácil de responder. La ubicación de la Iglesia se encuentra en los 7 años de la Tribulación". Por supuestas pruebas que mencionan la palabra "santo" y lo atribuyen a la "Iglesia". Ahora la palabra "Santo" aparece durante los acontecimientos mencionados en el libro de Apocalipsis sobre la Tribulación de 7 años, sin embargo, una mirada rápida a los hechos revela que no puede referirse a la iglesia.

En primer lugar, la palabra "santo" en la Biblia simplemente significa "santo". Y cuando veas las Escrituras, el Antiguo y el Nuevo Testamento, verás que hay muchos *tipos diferentes de personas* a las que se refieren como "Santo" o "Santo". Hay Santos del Antiguo Testamento, Santos del Nuevo Testamento, futuros Santos de la tribulación, e incluso Santos en el Reino Milenario. Así pues, sólo porque ve que la palabra "santo" no significa que se refiere a usted y Yo hoy, los "Santos de la Edad de la iglesia". Hay todo tipo de "santos" en toda la Biblia. Más bien, lo que determina la "identidad" de la palabra "Santo" y a quién se refiere es su "contexto". Al igual que su dijo que las tres cosas más importantes en bienes raíces es la ubicación, ubicación, ubicación, por lo que es con la interpretación correcta de la Biblia; contexto, contexto, contexto.

Por ejemplo, tome una palabra en inglés, "cool". Puedo usarlo de muchas maneras diferentes. Aunque se deletrea exactamente de la misma manera, con las mismas letras exactas, el contexto determina su significado. Por ejemplo, lo que si yo fuera a declarar las tres frases siguientes:

- "Wow"! Ese traje que tienes esta Cool!"
- " Hey, está todo bien? Su actitud hacia mí es una especie cool".
- "Brrrr. El clima fuera esta cool."

Ahora, note cómo las tres veces, la palabra "cool" se deletrea exactamente de la *misma manera* con las mismas letras exactas, pero cada uno tenía un significado *totalmente diferente.* Lo que decidió que el *sentido correcto* era el "contexto" en el cual ocurrió. Así es con la palabra "santo". ¿se refiere a un santo del Antiguo Testamento, a un santo del Nuevo Testamento, a un Santo de tribulación de 7 años, o a un Santo milenario? El contexto determina el sentido correcto. Por lo tanto, así es como debemos interpretar con razón "santo" y su uso durante los horribles eventos de la Tribulación de 7 años. Por ejemplo, tome estos pasajes:

Apocalipsis 13:7 "Y se le permitió hacer guerra contra los santos, y vencerlos. También se le dio autoridad sobre toda tribu, pueblo, lengua y nación."

Apocalipsis 13:10 "Si alguno lleva en cautividad, va en cautividad; si alguno mata a espada, a espada debe ser muerto. Aquí está la paciencia y la fe de los santos."

Apocalipsis 17:6 "Vi a la mujer ebria de la sangre de los santos, y de la sangre de los mártires de Jesús; y cuando la vi, quedé asombrado con gran asombro."

Muchas personas que no están de acuerdo con la Posición de Rapto antes de la Tribulación a menudo citan estos versículos junto con otros y dicen, Mira, la iglesia está en la tribulación de siete años porque dice Santo.! en Serio! ¿Quiénes son estos "santos" mencionados aquí? Ciertamente estos no son santos del Antiguo Testamento porque ese marco de tiempo ya ha pasado. En segundo lugar, no puede referirse a los santos del Reino Milenario porque eso todavía está en el futuro. Asimismo quiero decir ni puede estar refiriéndose a la Iglesia del Nuevo Testamento la edad santos porque, como ya hemos visto, hay pruebas contundentes de que la Iglesia del nuevo testamento dejó en el rapto de la iglesia antes de estos eventos en la tribulación de 7 años y todavía tenemos un largo camino por recorrer con esa evidencia. Por lo tanto, eso sólo deja otra opción. Estos pasajes deben referirse a los Santos de la tribulación que se salvan "después de" el Rapto "durante" la Tribulación de 7 años.

En primer lugar, sabemos que la gente puede y se salvará durante la tribulación de 7 años debido a la poderosa campaña de evangelismo que se está haciendo en el mundo a través los 144.000 hombres judíos evangelistas, los dos testigos y el ángel que vuela por el cielo declarando el evangelio eterno.

Apocalipsis 7:4,9 "Y oí el número de los sellados: ciento cuarenta y cuatro mil sellados de todas las tribus de los hijos de Israel. **9** Después de esto miré, y he aquí una gran multitud, la cual nadie podía contar, de todas naciones y tribus y pueblos y lenguas, que estaban delante del trono y en la presencia del Cordero, vestidos de ropas blancas, y con palmas en las manos;

Apocalipsis 11:3 "Y daré a mis dos testigos que profeticen por mil doscientos sesenta días, vestidos de cilicio."

Apocalipsis 14:6 "Vi volar por en medio del cielo a otro ángel, que tenía el evangelio eterno para predicarlo a los moradores de la tierra, a toda nación, tribu, lengua y pueblo,"

Por lo tanto, los Santos de la tribulación, los que se salvan "durante" la tribulación de siete años, son los "santos" a quienes los pasajes antedichos se refieren. La lección es que deberían haberse salvado "antes" del rapto ocurrido antes de la tribulación de 7 años. Si, finalmente te salvaste; Alaba a Dios por eso, pero ahora estás en un montón de problemas. Esto se debe a que el libro de Apocalipsis claramente dice que la mayoría de las personas que se salvan durante ese horrible tiempo de marco serán terriblemente asesinados y martirizados e incluso cortaran sus cabezas.

Apocalipsis 6:9-10 "Cuando abrió el quinto sello, vi bajo el altar las almas de los que habían sido muertos por causa de la palabra de Dios y por el testimonio que tenían. Y clamaban a gran voz, diciendo: ¿Hasta cuándo, Señor, santo y verdadero, no juzgas y vengas nuestra sangre en los que moran en la tierra?"

Apocalipsis 20:4 "Y vi tronos, y se sentaron sobre ellos los que recibieron facultad de juzgar; y vi las almas de los decapitados por causa del testimonio de Jesús y por la palabra de Dios, los que no habían adorado a la bestia ni a su imagen, y que no recibieron la marca en sus frentes ni en sus manos; y vivieron y reinaron con Cristo mil años." Por lo tanto, el punto es esto. ¡Sea salvado ahora antes que sea demasiado tarde! ¡no quiere estar allí! Pero creo que está claro cuando haces la tarea, sólo porque ves la palabra "Santo" en el libro de

Apocalipsis, no significa en absoluto que se refiere a ti y a mí hoy, la "era de la Iglesia Santa". *Más bien, se refiere a aquellos que cometieron un enorme error horrible y postergaron demasiado tiempo para ser salvados.* El contexto determina su sentido.

Además, no solo *no podemos ver* la Iglesia, y mucho menos la palabra "Iglesia" mencionados durante los horribles sucesos que ocurren durante los siete años de tribulación, que incluye el uso de la palabra "santo" no se aplica a la Iglesia del Nuevo Testamento en el libro de Apocalipsis, pero hay evidencia poderosa *que nos hacen* ver la ubicación de la iglesia en el libro de Apocalipsis. Y sorpresa, sorpresa, no están en ninguna parte de la tierra durante la tribulación de siete años. Más bien resulta que están en el cielo, lo cual resulta ser el lugar donde nosotros los cristianos vamos tras el Rapto.

La **primera evidencia** de la iglesia que va al cielo después del rapto antes de la tribulación de siete años es la fase, "**Ven Aquí**".

Apocalipsis 4:1 "Después de esto miré, y he aquí una puerta abierta en el cielo; y la primera voz que oí, como de trompeta, hablando conmigo, dijo: Sube acá, y yo te mostraré las cosas que sucederán después de estas."

Así que aquí vemos justo después del capítulo 1-3 donde en el libro de Apocalipsis la "palabra" iglesia se menciona repetidamente una y otra vez 19 veces, el próximo Capítulo 4 comienza con un comando a " venir aquí". " aquí" o la localidad está claramente definida por las palabras, " una puerta abierta en el *cielo.* " De aquí en adelante, la Iglesia no se menciona de nuevo hasta el final de los 7 años de tribulación con el retorno de Jesucristo en su Segunda Venida. El foco ahora cambia a la gente Judía y la ira de Dios que se derrama sobre las naciones Gentiles. Ahora, a pesar de que este mandamiento se está dando al apóstol Juan, que por cierto es parte de la iglesia, muchos creerían que esta es una referencia profética al rapto de la iglesia antes de que todos los horribles acontecimientos de la tribulación de siete años comienzan en el Capítulo 6. Porque, en primer lugar, la frase "ven aquí" resulta ser exactamente la misma frase usada en Apocalipsis 11 que habla de los dos testigos que son asesinados en el medio de la tribulación de siete años que son entonces "corporal" resucitado y ascender en "el cielo" también.

Apocalipsis 11:12 "Y oyeron una gran voz del cielo, que les decía: Subid acá. Y subieron al cielo en una nube; y sus enemigos los vieron."

La segunda pista de que Apocalipsis 4:1 se refiere al rapto de la iglesia se encuentra en la siguiente frase: "una puerta de pie abierta en el cielo." hasta el final de la Tribulación de siete años donde esta vez los ejércitos del cielo, incluyendo la iglesia, se dejan salir en La Segunda Venida de Jesús.

Apocalipsis 19:11, 14 "Entonces vi el cielo abierto; y he aquí un caballo blanco, y el que lo montaba se llamaba Fiel y Verdadero, y con justicia juzga y pelea. Y los ejércitos celestiales, vestidos de lino finísimo, blanco y limpio, le seguían en caballos blancos."

Observe la frase, " vestidos de lino fino, blanco y limpio." Esta es una clara referencia a la Iglesia como Apocalipsis 19 revela.

Apocalipsis 19:7-8 "Gocémonos y alegrémonos y démosle gloria; porque han llegado las bodas del Cordero, y su esposa se ha preparado. 8 Y a ella se le ha concedido que se vista de lino fino, limpio y resplandeciente; porque (el lino fino es las acciones justas de los santos.")

La "novia de Cristo" "su" "la iglesia" es dar "lino fino" que es los "actos rectos de los Santos". Esto es claramente una referencia a la iglesia al final de la tribulación de siete años que regresa con Jesús en Su Segunda Venida. El Cielo se abre para recibir la Iglesia. El Cielo se abre de nuevo para dejar la Iglesia.

Así que, de acuerdo a las Escrituras, parecería que la Iglesia va al cielo en Apocalipsis 4, antes de los 7 años de Tribulación, y luego vuelve a salir en Apocalipsis 19 al final de la tribulación de 7 años. Este se ajusta claramente a la línea de tiempo de la Pre-tribulación Rapto escenario. De nuevo, esta es la razón por la cual la iglesia es mencionada en todos los capítulos 1-3 pero luego "desaparece" hasta la segunda venida de Jesús al final de la tribulación de siete años. La pregunta obvia para mí es: "¿crees que este orden de acontecimientos en el libro de Apocalipsis es por casualidad?" Creo que no, especialmente cuando se examina la alternativa.

Ve, si la iglesia realmente debiera estar alrededor durante este margen de tiempo horrible en la Tribulación de 7 años, entonces uno esperaría que una orden diferente sea dada. No! "Sube aquí" pero, "se quedan allí abajo", oh! "Buena suerte en medio de todo eso", oh "Muchachos, esperen hasta que vean lo que viene después y lo que van a tener que pasar," o "nos vemos en siete años", o incluso, "Diviértete tratando de sobrevivir ahora." Sino, lo que vemos es el comando, al igual que en el rapto, "*Ven aquí* " y la Iglesia desaparece y está ausente hasta la Segunda Venida. No creo que sea por casualidad. Encaja perfectamente con el escenario de Rapto antes de la tribulación.

Además, también hay que señalar que la iglesia estará ocupada durante la tribulación de siete años mientras está en el cielo, y nada de esto tiene nada que ver con experimentar la ira de Dios como este investigador declara:

"Mientras la Tribulación de 7 años ocurre, los ocurriendo de la Biblia la iglesia estará ocupada de tres acontecimientos. Ninguno de los tres tiene que ver con el sufrimiento en un mundo destruido.

El primer evento del rapto Iglesia participará en es un juicio de Dios el juicio de los justos. Este juicio sobre las obras no es para determinar el destino eterno, sino para determinar los grados de recompensa (2 Corintios 5:10; Apocalipsis 19:6-9).

El segundo evento es La Cena Matrimonial del Cordero. Esta fiesta celebra el Matrimonio espiritual de la Novia de Cristo-la Iglesia-a su Salvador. (Apocalipsis 19:7-9).

El tercer evento sigue el matrimonio Super del cordero y la Iglesia tiene la preparación para seguir el Rey de Reyes en la batalla de Armagedón en la conclusión de la Tribulación. Este acontecimiento es la Segunda venida de Jesús de Cristo (Zacarías 14: 1-21; Mateo 24:29-31; Marcos 13:24-27; Lucas 21:25-27; Apocalipsis 19:11-21). Apocalipsis 19:14 identifica a la iglesia en su "lino fino, blanco y limpio," que se les dio durante el primer evento-el juicio de los justos. La Iglesia y angélico fuerzas siga los Reyes de Reyes en Su Segunda Venida a la tierra, pero sólo Jesús Mismo va a participar en la batalla y ganar las meras palabras derrota a las naciones de asedio contra Jerusalén."[1]

Hablando de lo que la iglesia está "vistiendo", esto nos lleva a **la segunda evidencia** de que la Iglesia va al cielo en el Rapto antes de la Tribulación de siete años, y esa es la frase, **"los 24 ancianos"**.

Pues sucede que vemos un "grupo de personas" claramente se menciona " en el cielo", mientras que los horribles acontecimientos se desarrollan " sobre la tierra" durante los 7 años de Tribulación. Ese grupo son los Veinticuatro Ancianos.[2]

Apocalipsis 4:4 "Y alrededor del trono había veinticuatro tronos; y vi sentados en los tronos a veinticuatro ancianos, vestidos de ropas blancas, con coronas de oro en sus cabezas."

Apocalipsis 4:10-11 "Los veinticuatro ancianos se postran delante del que está sentado en el trono, y adoran al que vive por los siglos de los siglos, y echan sus coronas delante del trono, diciendo: Señor, digno eres de recibir la gloria y la honra y el poder; porque tú creaste todas las cosas, y por tu voluntad existen y fueron creadas."

También se mencionan en los capítulos 5, 7, 11 y 14 de Apocalipsis y en todos los casos están claramente ubicados en el cielo. Así que la pregunta natural, lógica es, "¿quiénes son estos 24 Ancianos en el cielo?" Bueno, una vez más, una mirada rápida en el contexto revela la respuesta. ¡es la iglesia! Ahora, algunos dirían que los 24 Ancianos se refieren a Ángeles, o Israel, e incluso a todos los redimidos Israel y la Iglesia. Pero creo que el contexto revela claramente que sólo puede ser la iglesia. Lo vemos de varias maneras.

La **primera evidencia** que los 24 ancianos se refiere a la iglesia es **el momento** oportuno.

Ahora, observe cómo la introducción inicial de estos 24 ancianos simplemente pasa a ser justo después de que el comando " venir aquí" se da. Ya hemos visto este comando se refiere a la Iglesia de ser rapto justo antes de los 7 años de tribulación. Por lo tanto, basado en el orden de la introducción de los 24 ancianos que siguen el rapto, esto nos dice que la iglesia los Rapto y luego obtienen una nueva identidad, los 24 ancianos.

La **segunda evidencia** que los 24 ancianos se refiere a la iglesia es la **ubicación.**

Una vez más, como hemos dicho anteriormente, notemos justo donde estos 24 Ancianos resultan ser. ¡ en el cielo! Como un investigador declara: *"¿Están en la tierra preparándose para la Tribulación? ¡No! Están en el cielo adorándole a Él quien se sienta en el trono y el Cordero. Desde su primera mención en Apocalipsis 4:4, los 24 ancianos están en el cielo, juzgados, recompensados y entronizados. Si los ancianos representan a la iglesia, este es otro indicio de que la iglesia debe ser arrebatada al cielo antes de que el primer juicio de la tribulación se desata en Apocalipsis 6:1.*

El único lugar encuentra la iglesia en la Apocalipsis 4-18 está en el cielo como los veinticuatro ancianos que son sentados en tronos, vestidos de blanco, coronados con coronas adorando el Cordero."[3]

Hablando de eso, la **tercera evidencia** que los 24 ancianos se refiere a la Iglesia son las **Coronas**.

En primer lugar, las coronas nunca se prometen a los Ángeles, ni los ángeles nunca visto que los usan. Sin embargo, la Biblia dice que la iglesia recibirá recompensas/coronas en el Rapto y el Asiento del Juicio de Cristo.

2 Timoteo 4:8 "Por lo demás, me está guardada la corona de justicia, la cual me dará el Señor, juez justo, en aquel día; y no sólo a mí, sino también a todos los que aman su venida."

1 Pedro 5:4 "Y cuando aparezca el Príncipe de los pastores, vosotros recibiréis la corona incorruptible de gloria."

Esta oportunidad de recibir las coronas también significaría que los 24 ancianos (la iglesia) no pudieron recibir sus coronas a menos que el rapto ya *haya tenido lugar.*Otra indicación del Rapto antes de la Tribulación. Además, las coronas también nos muestra los 24 ancianos no puede estar refiriéndose a Israel porque creyentes del Antiguo Testamento no serán resucitados y recompensados hasta que la tribulación termine.

Daniel 12:1-2 "En aquel tiempo se levantará Miguel, el gran príncipe que está de parte de los hijos de tu pueblo; y será tiempo de angustia, cual nunca fue desde que hubo gente hasta entonces; pero en aquel tiempo será libertado tu pueblo, todos los que se hallen escritos en el libro. Y muchos de los que duermen en el polvo de la tierra serán despertados, unos para vida eterna, y otros para vergüenza y confusión perpetua."

La **cuarta evidencia** que los 24 ancianos se refiere a la iglesia es el **Título.**

Ahora, la palabra "anciano" proviene de la palabra griega "presbuteros" y esto sólo ocurre para ser utilizado en el Nuevo Testamento se refieren a la "Iglesia" de liderazgo.

Tito 1:5 "Por esta causa te dejé en Creta, para que corrigieses lo deficiente, y establecieses ancianos en cada ciudad, así como yo te mandé;"

1 Pedro 5:1-2 "Ruego a los ancianos que están entre vosotros, yo anciano también con ellos, y testigo de los padecimientos de Cristo, que soy también participante de la gloria que será revelada: cuiden las ovejas de Dios que está entre vosotros, cuidando de ella, no por fuerza, sino voluntariamente; no por ganancia deshonesta, sino con ánimo pronto;"

La palabra "ancianos" o "presbuteros" es también de dónde viene la palabra de la iglesia "Presbiteriana". Es claramente un término que se usa en temas de "iglesia". Por cierto, esta es también la razón de que en ninguna parte de la Biblia son ángeles dirigido nunca, o consideradas "ancianos". Este es un término aplicado sólo a los seres humanos.

La quinta evidencia que los 24 ancianos se refiere a la iglesia es el **número**.

Creo que la otra pregunta que tiene que ser preguntado sobre los 24 ancianos es "¿por qué es exactamente el 24?" ¿por qué no 32 o 15 o 3 o incluso 178? ¿Por qué son estos ancianos numeradas como 24?". Bueno, una mirada rápida en el Antiguo Testamento revela la respuesta como este investigador comparte:

"El sacerdocio levítico en el Antiguo Testamento número en los miles (1 crónicas 24). Puesto que todos los sacerdotes no podían adorar en el templo al mismo tiempo el sacerdocio fue dividido en 24 grupos, y un representante de cada grupo sirvió en el templo En una rotación de basic cada dos semanas. Mientras que la nación de Israel era un reino de sacerdotes (Éxodo 19:6), solamente los hijos de Aarón fueron permitidos entrar en la presencia de Dios. Sin embargo, todos los creyentes en la iglesia son sacerdotes de Dios." [4]

1 Pedro 2:5,9 "Vosotros también, como piedras vivas, sed edificados como casa espiritual y sacerdocio santo, para ofrecer sacrificios espirituales aceptables a Dios por medio de Jesucristo." Mas vosotros sois linaje escogido, real sacerdocio, nación santa,pueblo adquirido por Dios, para que anunciéis las virtudes de aquel que os llamó de las tinieblas a su luz admirable."

Por lo tanto, estos 24 ancianos no son indicativos de Israel sino que representan la iglesia entera del nuevo testamento de Jesucristo.

La sexta evidencia que los 24 ancianos se refieren a la iglesia es la posición. No en un sofá. No es una cama de día. Ni siquiera un sillón. De todas las cosas en las que están sentados, sus *tronos*. Ahora esto es lo importante de esta postillón o colocación. ¡ sentarse en tronos o ser "entronizado con Cristo" es una promesa clara a la iglesia!

Apocalipsis 3:21 "Al que venciere, le daré que se siente conmigo en mi trono, así como yo he vencido, y me he sentado con mi Padre en su trono."

Los ancianos y la iglesia se sientan en la misma posición. No creo que sea por casualidad. Creo que son uno y lo mismo.

La séptima evidencia que los 24 ancianos se refiere a la iglesia es la **distinción**.

Cómo alguien puede decir que los 24 ancianos son Ángeles está más allá de mí cuando la Biblia dibuja una distinción clara entre los dos, incluso en el mismo verso exacto.

Apocalipsis 5:11 "Y miré, y oí la voz de muchos ángeles alrededor del trono, y de los seres vivientes, y de los ancianos; y su número era millones de millones,"

¿Cómo pueden los Ángeles ser los ancianos cuando son claramente dos entidades distintas en el mismo pasaje?

La octava evidencia que los 24 ancianos se refieren a la iglesia es **la redención**.

Si hay una cosa clara en las escrituras, es que Jesús murió por la gente, no por los Ángeles. Dio su vida y murió en la Cruz para "comprar" o "redimir" a los seres humanos a sí mismo, no a seres angelicales. Esto pasa a ser como los 24 ancianos se describen a sí mismos. Son personas que han sido compradas o redimidas y que sacan la verdad con la nueva canción que consiguen cantar.

Apocalipsis 5:9 "Y cantaban un nuevo cántico, diciendo: Digno eres de tomar el libro y de abrir sus sellos; porque tú fuiste inmolado, y con tu sangre nos has redimido para Dios, de todo linaje y lengua y pueblo y nación"

"Comprar" o "redención" a la gente es claramente una palabra usada para referirse a la salvación de la iglesia, no de los Ángeles. Pablo menciona que en otros lugares:

Gálatas 3:13-14 "Cristo nos redimió de la maldición de la ley, hecho por nosotros maldición (porque está escrito: Maldito todo el que es colgado en un madero, para que en Cristo Jesús la bendición de Abraham alcanzara a los gentiles, a fin de que por la fe recibiésemos la promesa del Espíritu."

¿por qué los ancianos cantan una canción de "redención"? Porque los ancianos son sinónimo de la iglesia que también ha sido "redimida".

La **novena evidenci**a que los 24 ancianos se refiere a la iglesia es **la ropa.**

Una mirada rápida a la ropa que estos 24 ancianos están usando claramente revela que también estamos lidiando con la iglesia. Son "vestidos en de blanco. Esta es precisamente la misma ropa de los redimidos en la "era de la iglesia"

Apocalipsis 3:5 "El que venciere será vestido de vestiduras blancas; y no borraré su nombre del libro de la vida, y confesaré su nombre delante de mi Padre, y delante de sus ángeles."

Apocalipsis 3:18 "Por tanto, yo te aconsejo que de mí compres oro refinado en fuego, para que seas rico, y vestiduras blancas para vestirte, y que no se descubra la vergüenza de tu desnudez; y unge tus ojos con colirio, para que veas."

Apocalipsis 4:4 "Y alrededor del trono había veinticuatro tronos; y vi sentados en los tronos a veinticuatro ancianos, vestidos de ropas blancas, con coronas de oro en sus cabezas."

Apocalipsis 19:7-8 "Gocémonos y alegrémonos y démosle gloria; porque han llegado las bodas del Cordero, y su esposa se ha preparado. Y a ella se le ha concedido que se vista de lino fino, limpio y resplandeciente; porque el lino fino es las acciones justas de los santos."

Así como se puede ver, la iglesia es ver en "blanco" prendas de vestir "antes" el rapto sucede (Apocalipsis 3) y luego se ve de nuevo con ellos después de que el rapto sucede "cielo" (24 mayores en la Revelación 4) y luego todavía los tiene en después de "dejar el cielo" y volver a la tierra con Jesús en Su Segunda venida (revelación 19).

Asimismo, esta "ropa" problema no sólo ayuda a identificar a los 24 ancianos de la Iglesia, sino que también contribuye a establecer una clara distinción entre quienes se salvan ahora (Era de la iglesia de Los Santos) y salir de este mundo en el Rapto de la Iglesia justo antes de los 7 años de Tribulación, y quienes procrastinan y salvos después del Rapto durante los 7 años de Tribulación (Tribulación Santos) como este investigador indica:

"Eso nos lleva a otra interesante distinción en el Apocalipsis. ¿Ha notado alguna vez la diferencia en la ropa de aquellos que están de pie antes del Trono de Dios en la Revelación? Cada vez que vemos a aquellos que son martirizados en la Tribulación están vestidos con túnicas blancas que tuvieron que ser lavadas antes de que pudieran estar delante del Trono.

Sin embargo, hay un segundo grupo de personas, (Iglesia del Nuevo Testamento) presente desde el principio del capítulo 4 que llevan la vestidura blanca del sacerdocio del cielo. Este es el mismo ropaje usado por el Señor Jesucristo.

Los mártires (Santos de Tribulación) son vestidos de trajes blancos que son ROBÓ en griego, Revelación 6:11, 7:9-14. La iglesia (los 24 ancianos) se visten en la vestidura blanca forrada del sacerdocio que son HIMATION en griego, Apocalipsis 3:5, 3:18, 4:4."[5]

¿No es interesante que veas dos prendas totalmente diferentes para dos grupos de personas totalmente diferentes? Los que se salvan ahora antes de los 7 años tribulación, y quienes procrastinan y salvos tarde. Una vez más, creo que la lección es clara. Sea salvado ahora!

Así que como pueden ver, no sólo está claro que los 24 ancianos están hablando de la iglesia, sino que ya que no están en ninguna parte de la tierra durante la horrible tribulación de 7 años, Pero más bien disfrutando y adorando a Jesús en el cielo, no hay manera de que puedas colocar la iglesia en los horribles acontecimientos de la tribulación de 7 años. Están ausentes, disfrutando de la bendición de Dios, debido a que el Rapto de la iglesia que tuvieron lugar antes de los 7 años de tribulación.

Capítulo Ocho

La Promesa de la Iglesia

Como si lo que hemos visto hasta ahora no es suficientemente claro que la iglesia está ausente de la tierra durante la tribulación de 7 años, incluso tenemos evidencia de la Biblia y el Mismo Jesús que la iglesia, su novia, no estaría en ninguna parte durante ese horrible marco de tiempo. De hecho, Dios ha hecho bold cubrió las promesas a los hechos.

La **primera promesa** de Dios que Su Iglesia no estará alrededor durante la Tribulación de 7 años es **La iglesia es Guardado a partir de esa Hora.**[1]

Esta es la promesa hecha por Jesús Mismo en el Libro de Apocalipsis a la Iglesia fiel de Filadelfia que había soportado algunas penurias graves mientras aún estaba en la tierra.

Apocalipsis 3:10 "Por cuanto has guardado la palabra de mi paciencia, yo también te guardaré de la hora de la prueba que ha de venir sobre el mundo entero, para probar a los que moran sobre la tierra."

En primer lugar, a pesar de que este pasaje está hablando directamente a la Iglesia de Filadelfia en ese momento, está claramente hablando a toda la iglesia de Cristo de todos los tiempos. De lo contrario, tendría que decir que todas las palabras de aliento y advertencias a la iglesia siete de la revelación del libro no son aplicables a nosotros hoy. Eso no sólo sería ridículo, sino que sería tan ridículo como decir, "el Libro de romanos (o cualquier otro Libro en El Nuevo Testamento para ese asunto) fue dirigido a los Romanos en ese momento" y por lo tanto no tiene ninguna aplicación para mí hoy. No es así. Al igual que con las otras epístolas en el nuevo testamento, sí a pesar de que fueron escritas a una iglesia específica en un hora específica, las verdades espirituales son aplicables a todas las iglesias de todos los tiempos, incluidos usted y yo hoy.

Así que, si nos fijamos en el contexto de este pasaje en Apocalipsis 3, verán que esta Iglesia era fiel para mantener la palabra de Dios, no negaron el Nombre de Jesús, y aguantan una seria persecución de los no creyentes. Obviamente, eran Verdaderos Cristianos Nacidos de Nuevo. Por lo tanto, Jesús promete a estos fieles cristianos que a pesar de que lo han tenido áspero aquí en la tierra por un rato ensordecedor y de pie para él y no renunciar, Él al menos los recompensará por "mantenerlos" o "librarlos" de "la hora de juicio que va a venir sobre el mundo entero para probar a los que viven en la tierra"

Ahora, note el "cronometraje" de esta promesa. Se le da a la iglesia "antes" de Apocalipsis capítulo 4 donde ya vimos que la iglesia es "tomada" hasta el cielo "antes" a la tribulación de 7 años que comienza en Apocalipsis capítulo 6. Así que esta promesa "de ser mantenida de" esta "hora de juicio" pasa a ser también apta para el momento de la orden de los acontecimientos en el Libro de Apocalipsis concerniente al Rapto.

También, observe la distinción de dos grupos diferentes de personas aquí: la iglesia que se "mantiene del camino" que está viniendo sobre el mundo entero, y los que se "prueban mientras que están en la tierra." Estos son claramente dos grupos distintos, diferentes de personas y así, como un investigador admite: "¿Que es eso si no el Rapto?" [2] Estoy de acuerdo por varias razones.

En primer lugar, la frase "hora de prueba" es la obra griega "hora peirasmos" que simplemente significa "tiempo de prueba" o "temporada de pruebas". No es específicamente "una hora", sino más bien un "período" específico o "temporada de tiempo" cuando aquellos que no son de la iglesia, que todavía están en la tierra, serán probados.

Segundo, Note el contexto de las pruebas, "el mundo entero". Este período de pruebas llegará a todo el planeta al mismo tiempo. Por lo tanto, esto no puede estar hablando de algún "evento localizado" en Filadelfia, de algún terremoto o alguna atrocidad o algún otro desastre o aún más persecución que ya estaban experimentando en algún tiempo futuro. Y tampoco se puede hablar de cualquier " evento local" en cualquier otra parte del mundo fuera de Filadelfia. Más bien tiene que estar hablando de algún "evento global" que afecte al "mundo entero" y no sólo por una "hora" o algún otro corto período de tiempo sino más bien un "sostenido" período de tiempo, literalmente una "temporada extendida". Si este plazo no está claramente hablando de los 7 años de tribulación, entonces no sé qué es. Ese "período de prueba" afectará al todo, a los que permanecen en la tierra, y duran por una temporada o período de tiempo, el de siete años.

Además, la promesa aquí a la iglesia no es una "exención" de "juicios generales" porque ya estaban en pruebas y Jesús lo deja claro que nosotros, los cristianos, experimentará la asamblea juicios mientras todavía aquí en la tierra, especialmente cuando vivimos para Él y predicar su verdad.

Mateo 5:11-12 "Bienaventurados sois cuando por mi causa os insulten y os persigan, y digan toda clase de mal contra vosotros, mintiendo. Gozaos y alegraos, porque vuestro galardón es grande en los cielos; porque así persiguieron a los profetas que fueron antes de vosotros."

Juan 16:33 "Estas cosas os he hablado para que en mí tengáis paz. En el mundo tendréis aflicción; pero confiad, yo he vencido al mundo."

Por lo tanto, esta promesa de Jesús en Apocalipsis 3:10, para ser "guardado de este tiempo de juicios" no puede estar hablando de problemas localizados generales que todos los cristianos enfrentan a través de toda la historia de la iglesia que Él claramente advirtió sobre. Más bien, se ha podido hablar de una promesa de estar exentos de los 7 años de tribulación, el período de tiempo específico de pruebas que viene en todo el mundo, como se describe en Apocalipsis 6-18. De lo contrario, no se trata de una promesa alentadora de Jesús. Usted está pasando por un ' camino general ' ahora pero voy a recompensar su fidelidad manteniendo desde ' un ensayo general ' más adelante en el futuro. No tiene sentido. Sin embargo, una promesa de nunca ser puesto bajo "la Ira de Dios" y tener que soportar el "peor momento de la historia de la humanidad sin parar durante siete años en el infierno en la tierra", Que alienten un cristiano en sus juicios!

Tercera, Noticia que esta promesa de Jesús es una promesa de ser "completamente tomada de" este período extendido si las pruebas. esto es importante porque hay aquellos que dicen que la iglesia está *en* la Tribulación de 7 años y aún Dios "los conserva" a través de ello. El problema es que no es todo lo que significa la palabra y una vez más niega el estímulo de la promesa.

La fase, "le guardan de" es un término muy explícito. Son las palabras griegas, "tereo ek", que significa "mantenerse fuera de" o "mantenerse separado de" o "mantenerse a seguro ". Por lo tanto, si esto "guarda de" se refiere de hecho a la Tribulación de 7 años que creo que claramente es cómo mencionada por los motivos encima.

la frase "le impiden" es un término muy explícito. Es las palabras griegas, " tereo ek" que significa " manténgase fuera de " o " mantenimiento separados de" o " mantener seguro de". Por tanto, si este " Mantenimiento de" es, de hecho, refiriéndose a los 7 años de tribulación que creo es claramente como se menciona por las razones anteriormente expuestas, Entonces esto nos muestra claramente que la Iglesia son *evacuadas* de los 7 años de tribulación, no *protegidos* a través de ella, como dirían algunos. Más bien, el sentido común nos dice que la única manera de ser "mantenido de", "separados de", "fuera" de los 7 años de tribulación es " quitar de ella" antes de que comience! ¡ suena como un rapto antes de la tribulación para mí!

De hecho, si eso no es suficientemente claro que la Iglesia tiene que ser "Retirado" antes de los 7 años de tribulación empieza en esta promesa, entonces echemos un vistazo a algunos otros sentido común analogías que se aplican "tereo ek" y me dice si esto no es lo que claramente implica.

La Analogía de Guerra: " La Segunda Guerra Mundial fue una época de el suplicio y problemas para gran parte del mundo. Suponga que vive en la tierra antes de esta gran guerra, y se le dio esta promesa: 'Usted será guardado del rastro de la segunda guerra mundial II.' Esto significa que usted no se enfrentaría a ninguna de las balas o bombas o batallas de la guerra.

Quizás estaría localizado en una parte del mundo no directamente implicado en el conflicto. Aún podrías estar en el mundo, pero protegido de la guerra. Pero suponga que le dieron esta promesa: "Será guardado a partir del TIEMPO de la Segunda Guerra Mundial".

Para que esto sea cumplido, usted no podría estar en la tierra durante todo el período de los años de 1941 a 1945. Estar exento a partir del tiempo debe ser ausente en el tiempo cuando los acontecimientos ocurren"[3]

La Prueba Analogía: " Supongamos que quiero anunciar un examen ocurrirá en tal y día en la clase regular del tiempo. A continuación, supongamos que digo, ' quiero hacer una promesa a los estudiantes cuyo grado promedio durante el semestre hasta ahora es 10. La promesa es: Yo te mantendré en el examen. '

Ahora podría mantener mi promesa a los estudiantes de esta manera: Les diría que vinieran al examen, que pasaran el examen a todos y les diera a los estudiantes que tenga 10 una hoja que contuviese las respuestas. Tomarían el examen y aún en realidad serían guardados del examen. Vivirían en el tiempo pero no sufren el juicio. Esto es post - Tribulacionismo: protección mientras dura.

Pero si le dijera a la clase, ' estoy dando un examen la próxima semana. Quiero hacer una promesa para todos los estudiantes que tienen 10. Mantendré a usted desde la hora del examen'. Entenderían claramente que ser guardado para la hora de la prueba los exime de estar presente durante esa hora. Este pre-tribulation, y este es el significado de la promesa de Apocalipsis 3:10. Y la promesa vino de nuestro Salvador elevado que Él mismo es el repartidor de la ira para venir. Gracias a Dios, seremos guardados de la hora de las pruebas". [4]

La analogía Miscelánea: " *Para mantenerse fuera* de la cárcel significa que la persona no va a estar detrás de las rejas. " Para mantenerse fuera de la piscina significa que la persona está exenta de mojarse. Para mantenerse fuera del ejército significa que la persona no *fue permitida* en el ejército, y por lo tanto estaba exento de servir en el ejército. Si un jugador de baloncesto se mantuvo fuera de todo el juego de pelota, significa que él no llegó a jugar en absoluto. Él no vio ninguna acción. Si un letrero en la propiedad de una persona dijo, "¡ MANTÉNGASE FUERA!" entonces esto significa que la persona no le quería en su propiedad en absoluto. Él no quería que su presencia allí en absoluto.

Moisés se mantuvo fuera de la tierra prometida, lo que significa que no entró en absoluto. Para MANTENERSE FUERA de "la hora de la prueba" que vendrá sobre todo el mundo significa que la persona no entrará en ese momento en absoluto. Estará exento a partir de ese tiempo. No estará presente en la tierra durante ese tiempo." [5]

De este modo, como puede ver, hasta con analogías del sentido común, está claro que la promesa de Jesús de "Guardar Su Iglesia a partir" de la "hora del juicio" que viene al "mundo entero" Es una completa extracción y evacuación de los 7 años de tribulación y definitivamente *no* es una preservación a través de ti como Post-Tribulacionismo, Pre-ira, y Mediados de-Tribulacionistas promover. Eso sería una negación clara de lo que las palabras " tereo ek" significa. Además, si Jesús hubiera pensado realmente decir que Su iglesia sería "conservada a través de" la tribulación de 7 años entonces habría usado la preposición griega "dia" que realmente lleva con ello ese sentido. Sin embargo, deliberadamente eligió "tereo ek" que claramente significa "una evacuación de."   Además, si la otra posición quiere decir que Apocalipsis 3:10 es una promesa de "protección"

para los creyentes "a través de" la tribulación, entonces cómo explican
¿Apocalipsis 6 y 7 que presenta a millones de creyentes siendo "martirizados"
durante la tribulación?

Apocalipsis 6:9-11 "Cuando abrió el quinto sello, vi bajo el altar las almas de los
que habían sido muertos por causa de la palabra de Dios y por el testimonio que
tenían. Y clamaban a gran voz, diciendo: ¿Hasta cuándo, Señor, santo y
verdadero, no juzgas y vengas nuestra sangre en los que moran en la tierra? Y se
les dieron vestiduras blancas, y se les dijo que reposasen todavía un poco de
tiempo, hasta que se completara el número de sus consiervos y sus hermanos, que
también habían de ser muertos como ellos."

Apocalipsis 7:9, 13-15 "Después de esto miré, y he aquí una gran multitud, la
cual nadie podía contar, de todas naciones y tribus y pueblos y lenguas, que
estaban delante del trono y en la presencia del Cordero, vestidos de ropas
blancas, y con palmas en las manos 13 Entonces uno de los ancianos habló,
diciéndome: Estos que están vestidos de ropas blancas, ¿quiénes son, y de dónde
han venido? Yo le dije: Señor, tú lo sabes. Y él me dijo: Estos son los que han
salido de la gran tribulación, y han lavado sus ropas, y las han emblanquecido en
la sangre del Cordero. Por esto están delante del trono de Dios, y le sirven día y
noche en su templo; y el que está sentado sobre el trono extenderá su tabernáculo
sobre ellos."

Como ya se ha esbozado anteriormente, la pre-tribulación simplemente
respondería que estas "personas mártires" se refieren a los Santos de la
tribulación que se salvan "después de" el Rapto y por lo tanto no hay
contradicción con la promesa en Apocalipsis 3:10 a ser "guardado de". Aquí hay
dos grupos diferentes de personas. Sin embargo, las otras posiciones tienen
claramente una contradicción en sus manos. Estas personas no están siendo
preservadas. Están siendo asesinados. ¿Podría ser porque su posición es
incorrecta? Creo que la respuesta es obvia, como este investigador dice:

*"De hecho, los creyentes del primer siglo que conformaron la Asamblea en
Filadelfia nunca vivieron para ver el tiempo de angustia que este versículo
describe." ' la hora de la prueba ' hablada por el Señor no se cumpliría por
unos 2000 años, y sin embargoes el Señor era fiel a su promesa a los creyentes
de Filadelfia incluso como él es fiel a esta misma promesa con respecto a los
creyentes de la Edad de la Iglesia que viven hoy.*

Llegará un día en que el mundo entero estará en juicio. Dios será el juez imponente y todos aquellos que moran en la tierra resistirán este tiempo de terribles pruebas. Será un tiempo que involucre a las terribles plagas y juicios que describen gráficamente en Apocalipsis 4-18.

Pero en Apocalipsis 3:10 el Señor prometió a sus creyentes de la edad de la iglesia que estarían exentos de la hora del rastro o de los problemas que vendrían sobre todo el mundo. No prometió mantenernos a través de este tiempo o mantenernos en este tiempo, pero prometió mantenernos fuera de este tiempo. Él nos mantendrá fuera de este horario quitando nosotros desde la tierra antes de los 7 años de la tribulación". [6]

La **segunda promesa** de Dios de que su iglesia no estará alrededor durante la Tribulación de siete años es **La Iglesia se Mantiene de su Ira.**[7]

Y si hay una promesa que está clara en la Biblia, tiene que ser ésta;("La Iglesia ya no está bajo la ira de Dios") Esta distinción es importante porque algunas personas que están en desacuerdo con la Pre-Tribulacional Rapto posición invariablemente va a estado algo como esto en cuanto a la Iglesia No está en los 7 años de tribulación, " Oh yeah? La Biblia dice que los cristianos están garantizados para pasar a través del "tribulación", por lo tanto, ¿cómo puede usted decir que no estarán en los 7 años de tribulación? " O como un investigador afirma:

"Muchas personas se oponen enérgicamente a la idea de que la Iglesia será rapto al cielo para escapar el tiempo de la tribulación sobre la tierra. Creen que es una forma de escapismo Cristiano. "después de todo, argumentan, ¿quiénes somos nosotros para pensar que de todas las generaciones de creyentes que han vivido que somos de alguna manera tan especial que será rescatado de la época venidera de problemas y tribulación? "[8]

Para mí, la respuesta a la objeción es simple. La tribulación de siete años no es lo mismo que la tribulación general. Como ya se ha dicho antes junto con ejemplos bíblicos, está claro que sí, nosotros la iglesia experimentamos e incluso nos prometemos juicios generales y persecución. Sin embargo, la tribulación de siete años es un derramamiento específico de la "ira" de Dios no sólo los senderos cotidianos o la tribulación general. De hecho, son dos palabras griegas completamente diferentes.

El general tribulation es la palabra griega, "thlipsis" que se refiere a "presión, opresión, aflicción, angustia, problemas o juicios". Sin embargo, la "ira" de Dios en el griego es la palabra "orge" que significa "enojo, emoción violenta, ira, o indignación." Así que sí, estamos claramente prometidos a experimentar la "tribulación general" "thlipsis" o "pruebas, problemas, y aflicción", no hay desacuerdo allí. Sin embargo, "ira" o "orge" se refiere a la "ira o indignación" de Dios y la Escritura es clara, Jesús puso su Iglesia libre de eso.

Romanos 5:8-11 "Mas Dios muestra su amor para con nosotros, en que siendo aún pecadores, Cristo murió por nosotros. Pues mucho más, estando ya justificados en su sangre, por él seremos salvos de la ira. Porque si siendo enemigos, fuimos reconciliados con Dios por la muerte de su Hijo, mucho más, estando reconciliados, seremos salvos por su vida. Y no sólo esto, sino que también nos gloriamos en Dios por el Señor nuestro Jesucristo, por quien hemos recibido ahora la reconciliación."

1 Tesalonicenses 1:10 "Y esperar de los cielos a su Hijo, al cual resucitó de los muertos, a Jesús, quien nos libra de la ira venidera."

1 Tesalonicenses 5:9-11 "Porque no nos ha puesto Dios para ira, sino para alcanzar salvación por medio de nuestro Señor Jesucristo, quien murió por nosotros para que ya sea que velemos, o que durmamos, vivamos juntamente con él. Por lo cual, animaos unos a otros, y edificaos unos a otros, así como lo hacéis."

Estas escrituras dejar abundantemente claro que, aunque sí tenemos la Iglesia puede experimentar " thlipsis" o "tribulación" en la tierra hoy aquí, *nunca* podremos experimentar Dios " orge" o su "ira" incluyendo el tiempo futuro de "ira" siendo derramado sobre la tierra durante los siete años de tribulación. Por cierto, esta "ira" aquí no se refiere a la "ira del infierno" como dirían algunos porque los Tesalonicenses ya sabían esto es el mensaje esqueleto del Evangelio. Además, el contexto de 1 Tesalonicenses 5 está claramente hablando de la ira de la tribulación de siete años, el día del Señor, no la ira del infierno. Por lo tanto, la ira que se habla de lo que se nos entrega es claramente la tribulación de 7 años.

Esta es también la razón por la cual vimos en la primera promesa que la iglesia debía ser "mantenida de" la tribulación de 7 años porque la tribulación de 7 años es un tiempo de la "ira " de Dios. y esta segunda promesa nos muestra claramente que estamos "salvados", "rescatados" y "no designados" a ese tiempo. Consistencia total.

De hecho, también encaja el cronometraje consecuente del estímulo de Paul a la iglesia Thessalonian. En el Capítulo 1 dice, "Jesús nos rescató de la ira de Dios", y luego en el capítulo 3 habla del rapto y de ser "atrapado junto a ellos en las nubes para encontrarse con el Señor en el aire y así estaremos con el Señor para siempre" Antes de los 7 años de tribulación. A continuación, en el capítulo 5 lo reitera de nuevo, "por lo tanto se animan unos a otros con estas palabras" la verdad que no estamos "designados a sufrir bajo la ira de Dios" durante la tribulación de 7 años. De nuevo, consistencia total. Es un flujo natural, sin costuras y lógico. Además, la fuerza de las palabras, "alégrate" y alentar. Pablo dice "alégrate" sobre esta verdad que somos "salvados" de la Ira de Dios y "animar" el uno al otro con ello. ¿por qué? Como "salvado" de la Ira de Dios y "rescatado" de la Ira de Dios, y ya "no designado" sufrir bajo la Ira de Dios incluso el tiempo cuando se derrama durante la tribulación de 7 años es algo para entusiasmarse. Que por cierto, es un grave problema para los que no están de acuerdo con la pre- Tribulación rapto posición. Si voy a tener que sufrir bajo la ira de Dios por 3 $\frac{1}{2}$ años, 5 $\frac{1}{2}$ años o todos los 7 años de la tribulación de siete años como la mitad de la tribulación, antes de la ira o después de la tribulación entonces, ¿qué tan reconfortante acerca de eso? Este es el infierno en la tierra. Este es el peor momento de la historia de la humanidad como dice Jesús. ¿Por qué y cómo me podría alegrar de esto? Esta orden de "animar" no tiene sentido a menos que su prometido para ser "salvado" y "rescatado", y "no designado" a ese margen de tiempo horrible. Un hombre declara esto:

"Los creyentes en cada generación se han enfrentado a problemas. Algunos se enfrentaron a terribles persecuciones e incluso al martirio. El Mismo Jesús dijo a sus discípulos: "En el mundo tendréis tribulación ' Juan 16:33). Hechos 14:22 el Apóstol Pablo dijo: ' a través de muchas tribulaciones debemos entrar en el Reino de Dios. '

Permítanme dejar muy claro que no creo que los cristianos estén de alguna manera exentos de los problemas de esta vida-incluso serios problemas. Una lectura superficial de la Biblia probaría este punto. Los verdaderos creyentes se enferman, tienen problemas familiares, se ocupan del estrés emocional, se enfrentan a la persecución, pierden sus empleos y mueren. Vivimos en un mundo caído y maldecido por el pecado. Pero hay una gran diferencia entre los problemas y tribulaciones de esta vida que todos enfrentamos y la Ira de Dios derramó en un planeta impío y pecaminoso en los últimos años de esta era. Es la diferencia entre la tribulación (con pequeño t') y LA Tribulación (con el artículo definido y 'T' grande)." [9]

Esta es también la razón por la que vemos a dos grupos de personas que están hablando en las cartas a la iglesia de Tesalonicenses concerniente al rapto, como este hombre comparte:

"En 1 Tesalonicenses 5:1-5 la interacción entre las distintas audiencias es crítica." Observe los pronombres que están en cursiva.

'Ahora como los tiempos y las épocas, hermanos, ustedes no tienen necesidad de nada para ser escrito. Por vosotros mismos conocidos muy bien que el día del Señor vendrá igual que un ladrón en la noche. Mientras están diciendo, paz y seguridad!" Entonces la destrucción vendrá sobre ellos repentinamente, como los dolores de parto a una mujer encinta, y no se escaparan. Pero usted, hermanos, no está en la oscuridad, ese día debería alcanzar le gusta un ladrón; ya que son todos los hijos de la luz e hijos del día. No somos de noche ni de oscuridad.'

Note el cambio dramático en este ajuste entre usted y nosotros (los creyentes) en la primera y segunda persona, y ellos y ellos (los incrédulos) en la tercera persona. Es sorprendente. Las palabras indican que cuando llega la tribulación habrá dos grupos de personas cada uno exclusivo del otro. Un grupo será arrebatado, y el otro se enfrentará a la destrucción. El día del Señor vendrá sobre ellos, y no se escaparan (5:3).

Entonces en 5:4 hay un contraste repentino: ' pero tú no estás en la oscuridad'. Están en fuerte contraste con los creyentes en vv. 4-11 que se escaparan. Esta clara distinción entre los incrédulos, que no se escaparan, y los creyentes, que se escaparan, es otra fuerte indicación de que los creyentes están exentos de la ira del día del Señor." [10]

De hecho, si uno se pone a pensar, ¿cómo podría no haber dos grupos de personas que se menciona aquí? Si no lo hubiera, no tendría sentido otra razón importante. ¿Cómo podría Dios tener Su Iglesia, la Novia de Cristo estar bajo Su Ira cuando claramente nos dio a Su Hijo para rescatarnos de Su Ira? La ira de Dios es horrible! ¿nuestro esposo celestial golpearía brutalmente a su novia antes de recibirla? ¿Qué clase de marido amoroso es ese? ¿es un golpeador de esposas? También, nosotros la Iglesia somos llamados el Cuerpo de Cristo. Si no hay dos grupos de personas aquí, ¿significa esto que Jesús también golpea Su propio cuerpo antes de que regrese? Yo creía que ya era "golpeado" por nosotros en la cruz para salvarnos de la ira? Creo que la respuesta es obvia ya que estos caballeros concurren:

"Uno se ve obligado a preguntar, ¿cómo puede el cordero de Dios morir y resucitar para salvar a la iglesia de la ira y luego permitirle pasar por la ira que derramará sobre aquellos que lo rechazan?" Tal incoherencia podría ser posible en el pensamiento de los hombres, pero no en los actos del hijo de Dios." [11]

La ira de Dios será algo que el mundo jamás haya visto. ¿Y somos obligados a hacer la pregunta - por qué abandonaría Dios a Su Novia en la tierra durante este tiempo? No tiene sentido. Cristo no es la intención de traer a su novia al cielo magullada, maltratada, sangrada, y gravemente dañada por las terribles persecuciones del Anticristo, que vendrá sobre el mundo durante la Tribulación. Más bien, él ha prometido llevar su casa de la iglesia de manera oportuna, de modo que ella será guardada de la hora de la tribulación en el mundo." [12]

Ahora, hay aquellos que dirían: "estoy de acuerdo contigo en que la Iglesia o la Novia de Cristo no es designada para la ira de Dios, pero la tribulación de 7 años no es un tiempo que está lleno de la ira de Dios." O en otras palabras, "¿no dura todos los 7 años?" Bueno, aquí es donde las posiciones del Rapto comienzan a bailar creativamente alrededor de esta verdad bíblica. Saben que la Biblia es clara que la iglesia es "no designada" a la ira de Dios, así que con el fin de "exprimir" la iglesia en la tribulación de siete años, tiene que de alguna forma, de alguna manera "hacer que parezca" la ira de Dios no se produce durante todo el período de tiempo, y/o llegar a algún otro escenario de incentivo. Por ejemplo:

- **Puesto de la Tribulation-** Ellos creen en la iglesia se quedará aquí en la tierra para pasar por todo este terrible tiempo de devastación, pero que Dios "protegerá" a su pueblo durante ese tiempo.

- **Pre- Ira-** Ellos acuerdan que los creyentes de la edad de la iglesia serán lanzados de la ira de Dios pero limitan el tiempo de la ira de Dios a la parte final de la Tribulación de siete años. Según ellos, toda la destrucción en los primeros tres cuartos de la tribulación de siete años se debe a la ira del hombre y la ira de Satanás y por lo tanto la iglesia no es arrebatada hasta después de eso cuando dicen que la ira de Dios comienza.

- **Mediados de la Tribulation-** Argumentan que la ira de Dios no se derrama hasta la última mitad de la tribulación de siete años y que los cristianos serán atrapados justo antes de que la ira de Dios comience en esa segunda mitad.

En respuesta a post - posición de Tribulación, ya vimos que no habrá "compasión" en absoluto durante este tiempo porque la Biblia está clara que millones de santos de Tribulación será martirizado en la tribulación de 7 años. También, los Santos de Tribulación no son la misma identidad que los Santos de la Edad de la iglesia. Por eso Dios realmente prometió a Sus Santos de la Edad de la iglesia que serían "salvados "," rescatados ", y no ser" designados" a *cualquier* de ese tiempo durante la Tribulación de 7 años, a diferencia de lo que el puesto de la -Tribulationalist que usted y yo creemos, que estamos en todo esto. Incorrecto. Todos de 7 años son un torrente de Su ira, por lo tanto evitamos *todo* esto.

Además, para responder a los creativos bailando alrededor de la ira de Dios en los 7 años de tribulación por la Pre-ira la posición y el Mediados-Tribulation posición, Los 19 juicios mencionados en Apocalipsis Capítulos 6-18 son la ira de Dios, y no sólo algunos de ellos. Asimismo, la junta de juicios, que se abrió en el comienzo de los 7 años de tribulación, son atraídos no por hombre o Satanás, pero por el Cordero Él Mismo, Señor Jesucristo.

Apocalipsis 6:1-2 "Vi cuando el Cordero abrió uno de los sellos, y oí a uno de los cuatro seres vivientes decir como con voz de trueno: Ven y mira. Y miré, y he aquí un caballo blanco; y el que lo montaba tenía un arco; y le fue dada una corona, y salió venciendo, y para vencer."

Como se puede ver desde el punto de inicio de la Tribulación de siete años, El Cordero, Jesús (Dios), está abriendo los sellos de su trono y la orden se da para que el juicio comience. Esto no viene del hombre o de satanás, sino de Dios Mismo, y al principio de la tribulación de siete años. Decir esto viene del hombre o satanás es una abominación. Dios es El que que da el pedido por Su ira para comenzar y sigue todo el final del período de 7 años. Ver para usted:

Apocalipsis 6:16-17 "Y decían a los montes y a las peñas: Caed sobre nosotros, y escondednos del rostro de aquel que está sentado sobre el trono, y de la ira del Cordero; porque el gran día de su ira ha llegado; ¿y quién podrá sostenerse en pie?"

NOTA: Aunque la palabra "ira" no se encuentra en la Revelación hasta 6:16-17, el hambre, la espada, la pestilencia, y bestia salvaje en los primeros cuatro juntas de sentencias son a menudo asociados Con la ira de Dios en otros lugares de la Biblia. (Jeremías 14:12; 15:2; 24:10; 29:17, Ezequiel 5:12, 17; 14:21). Además, el verbo "ha llegado" ni siquiera significa que la "ira" comenzó justo entonces. Es en el Griego aorist tensa que habla del evento pasado. Esto significa que la "ira" ya ha estado sucediendo y estas personas en este texto están ahora reconociendo.

Apocalipsis 11:18 "Y se airaron las naciones, y tu ira ha venido, y el tiempo de juzgar a los muertos, y de dar el galardón a tus siervos los profetas, a los santos, y a los que temen tu nombre, a los pequeños y a los grandes, y de destruir a los que destruyen la tierra."

Apocalipsis 14:10 "El también beberá del vino de la ira de Dios, que ha sido vaciado puro en el cáliz de su ira; y será atormentado con fuego y azufre delante de los santos ángeles y del Cordero"

Apocalipsis 14:19 Y el ángel arrojó su hoz en la tierra, y vendimió la viña de la tierra, y echó las uvas en el gran lagar de la ira de Dios."

Apocalipsis 15:1" Vi en el cielo otra señal, grande y admirable: siete ángeles que tenían las siete plagas postreras; porque en ellas se consumaba la ira de Dios."

Apocalipsis 15:7 "Y uno de los cuatro seres vivientes dio a los siete ángeles siete copas de oro, llenas de la ira de Dios, que vive por los siglos de los siglos."

Apocalipsis 16:1 "Oí una gran voz que decía desde el templo a los siete ángeles: Id y derramad sobre la tierra las siete copas de la ira de Dios."

Apocalipsis 16:19 "Y la gran ciudad fue dividida en tres partes, y las ciudades de las naciones cayeron; y la gran Babilonia vino en memoria delante de Dios, para darle el cáliz del vino del ardor de su ira."

Me parece que alguien tiene que dejar de "bailar alrededor" de las escrituras y dejar que hablen por sí mismos, que por cierto es como se supone que debemos interpretar correctamente la Biblia. Pero como pueden ver, incluso por la propia palabra de Dios, su ira se derramará *durante* toda la tribulación de siete años. Por lo tanto, no sólo es la posición de rapto antes de la tribulación la única posición que está de *acuerdo* con la Biblia, pero esto significaría que las otras posiciones y sus versiones de la ira de Dios son una *mentira*. Que es precisamente por lo que Dios nos ha dicho la *verdad* cuando prometió que su iglesia sería, "salvada", "rescatada" y no "designada" a ese marco de tiempo en absoluto, como este hombre concluye:

"La naturaleza de todo el período de la tribulación de siete años es uno de golpeando el juicio de Dios mismo contra un mundo rebelde. El juicio de Dios comienza con el primer sello que se abre en Apocalipsis 6:1 y continúa todo el camino hasta la Segunda Venida en Apocalipsis 19:11-21. Dios y el Cordero son la fuente de esta ira contra el mundo desde el principio hasta el final.

La mayoría de los estadounidenses son muy conscientes de lo que sucedió el 7 de diciembre de 1941. 'Fue un día que vivirá en la infamia.' Los japoneses bombardearon Pearl Harbor causando muchas bajas en la U. S. Marina y paralizando nuestra Flota del Pacífico. La mayoría de la gente también sabe lo que sucedió el 8 de diciembre de 1941. El presidente Franklin d. Roosevelt instó al Congreso a hacer una declaración formal de guerra contra Japón y las potencias del eje de Alemania e Italia.

Sin embargo, la mayoría de la gente probablemente no sabe lo que pasó el 9 de diciembre de 1941. El Presidente Roosevelt emitió una orden llamando a todos los embajadores estadounidenses a casa de Japón, Alemania e Italia. Debido a que desató la ira completa de la máquina militar estadounidense en estas naciones, quería asegurarse de que ningún civil estadounidense estuviera en peligro. La ira de América era para sus enemigos, no para su propio pueblo.

De la misma manera, antes de que Dios declare la guerra a este mundo impío al comienzo de la tribulación, Desatando su ira no mitigada, llamará a sus embajadores a casa (2 Corintios 5:20). La ira de Dios no es para los ciudadanos para Su reino divino."[13]

Capitulo Nueve

La Retirada de la Iglesia

La primera evidencia de la retirada de la iglesia antes de la Tribulación de siete años es con **los Creyentes de Tesalonicenses.**

Lo que sucede es que el Apóstol Pablo menciona claramente otro evento que debe tener lugar antes de que el Anticristo puede ser revelados durante los 7 años de Tribulación. Este evento es el "retiro del refrentador". Vamos a mirar a ese paso muy importante.

2 Tesalonicenses 2:1-8 "Pero con respecto a la venida de nuestro Señor Jesucristo, y nuestra reunión con él, os rogamos, hermanos, que no os dejéis mover fácilmente de vuestro modo de pensar, ni os conturbéis, ni por espíritu, ni por palabra, ni por carta como si fuera nuestra, en el sentido de que el día del Señor está cerca. Nadie os engañe en ninguna manera; porque no vendrá sin que antes venga la apostasía, y se manifieste el hombre de pecado, el hijo de perdición, el cual se opone y se levanta contra todo lo que se llama Dios o es objeto de culto; tanto que se sienta en el templo de Dios como Dios, haciéndose pasar por Dios. ¿No os acordáis que cuando yo estaba todavía con vosotros, os decía esto? Y ahora vosotros sabéis lo que lo detiene, a fin de que a su debido tiempo se manifieste. Porque ya está en acción el misterio de la iniquidad; sólo que hay quien al presente lo detiene, hasta que él a su vez sea quitado de en medio. Y entonces se manifestará aquel inicuo, a quien el Señor matará con el espíritu de su boca, y destruirá con el resplandor de su venida".

Ahora, como vimos antes acerca de este pasaje, el Apóstol Pablo es *reconfortante* y *tranquilizando* a los tesalonicenses desde un malentendido pasando alrededor en ese momento por algunos falsos maestros diciendo que estos cristianos se perdieron el rapto porque el día del Señor ya había llegado. Pero Paul dice, "¡No! ¡No! ¡No! ¡No!" Los cristianos *no van* a estar alrededor durante ese tiempo y es muy enfático.

En primer lugar, lo sabemos porque la Biblia dice que el día del Señor es todo acerca del juicio de Dios y que baja a la gente. Es un tiempo en el que derrama su ira, y la ira, y la desolación, y la venganza, y la destrucción. Es terrible. ¡ Es un tiempo de tristeza y oscuridad y angustia y problemas, y se refiere al catastrófico juicio final de Dios sobre los malvados, no la Iglesia! ¡ por eso Pablo dice "no te engañes" Y deberías saberlo mejor! "¿no te acuerdas que ya te dije esto?" En esencia, "¿por qué estás creyendo esto?" ¡ Sabes que no puedes estar ahí! Ya he repasado esto con ustedes. ¡ los Cristianos no están en ninguna parte en la tribulación de 7 años! ¡ nos fuimos en el rapto, antes de la tribulación de 7 años! Así que, "¡ no te asustes y escucha a estos falsos maestros!", dice. Una vez más, si los Tesalonicenses pensaron que el Rapto vino "después" de la Tribulación de siete años que comenzó, y recibieron una carta diciendo que el día del Señor ya había empezado lo que ocurre durante la tribulación de siete años, A continuación, podrían no estar emocionado más allá de las palabras? Por supuesto! ¡Claro! ¡ habrían tenido la esperanza de que el rapto estaba en la puerta porque los siete años ya habían comenzado! No habrían tenido problemas o miedo. ¡ habrían estado entusiasmados!

Sin embargo, ese es precisamente el punto. El Apóstol Paul escribe para aliviar sus *miedos* y *corazones preocupados* acerca de la carta falsa que dijo que el Día del Señor había comenzado ya y así estaban en la Tribulación. Esta *mentira* es lo que los asustó porque *sabían* que el rapto ocurrió *antes* de este horrible marco de tiempo. Esta es la razón por la que Pablo dice *consuelo* o se *animan* unos a otros con estas palabras. No vas a estar aquí durante ese tiempo. Cálmate. ¡ el rapto se produce antes de todo eso!

Entonces, como no era lo suficientemente claro, que la iglesia no va a estar en la tribulación de siete años, el Apóstol Paul entonces continúa a dar a los creyentes de Thessalonian *otras* pruebas que la iglesia no estará en ninguna parte alrededor durante la tribulación de 7 años. Eso es en las frases, "el que lo sostiene de nuevo" y "continuará haciéndolo *hasta* que sea sacado del camino"

Así que esa es la pregunta $64.000. ¿Quién es el que "sostiene todo esto" y quién es el "uno sacado del camino" para que todos estos eventos "pueden" suceder, es decir, ¿la Tribulación de 7 años y la revelación del Anticristo?

Bueno, en realidad, a lo largo de la historia de la Iglesia ha habido muchas sugerencias en cuanto a quién es este. Por ejemplo, algunos han dicho que es:

- El Imperio Romano
- El Estado Judío
- El apóstol Pablo
- La predicación del Evangelio
- Gobierno humano
- satanás
- Elías
- Un ser celestial desconocido
- El arcángel Miguel
- El Espíritu Santo
- La Iglesia [1]

Como pueden ver, las opiniones sobre la identidad del "refrenador" varían mucho. Sin embargo, creo un estudio cuidadoso de éstos el paso revelará la identidad de este "uno" "contiene todo esto". En primer lugar, la frase, " la frena" es " katecho" en el Griego y significa simplemente, " para frenar, retrasar, o para obstaculizar el curso o el progreso de". En segundo lugar, es precedida por la palabra "ahora" como en "ahora lo sostiene detrás" que es la palabra Griega "arti" y significa, "ahora mismo, en este mismo tiempo, en este mismo momento." En tercer lugar, la palabra "uno" como en "el que ahora lo sostiene de nuevo" se refiere tanto a los neutros como a los masculinos. Cuarto, la frase "sacada del camino" son las palabras griegas "ginomai meso" que significa, "surgir del medio" o "hacerse o terminar de entre".

Por lo que poner todo esto en el contexto y creo que puede empezar a reducirlo. Quienquiera que esté "uno" es debe ser "desprendible," y debe ser también al mismo tiempo "bastante poderoso sostener detrás" o "refrene el mal" y la "aparición del Anticristo" en *este momento*. A mí, que le dejaría con sólo una opción y esto es la presencia del Espíritu Santo en la Iglesia hoy.

Piense en ello. ¿No somos la "sal y luz" de la tierra, manteniendo los decretos honrados de Dios cuál "retiene" el mal de marchar adelante sin la restricción total? ¿También, no está nuestra presencia aquí en la tierra "que previene" el aspecto del Anticristo? Quiero decir, ¿no seríamos los primeros en señalar al mundo, soplando el silbato, arruinando sus planes y advirtiendo a todos que no caigan en sus mentiras y engaños? ¡Claro!

Por lo tanto, una vez que la iglesia "surgen del medio" y se "quitan del camino" antes de que este período de tiempo comience, la tribulación de siete años, después no hay nada "que sostiene detrás" el Anticristo de "aparecer" y sus "planes malvados" y "el mal en general" de difundir "desenfrenado". Verdaderamente se convierte, " la peor época en la historia de la humanidad" como Jesús previene y cómo este hombre comparte:

Segundo Tesalonicenses 2:3-8 esboza y describe en términos generales tres edades importantes que nos llevan de la Presente Edad a la Eternidad."

La Edad Presente *(Antes del Rapto)*	*La Edad de estricción*
La Tribulación Edad *(Después del Rapto)*	*La Edad de Rebelión*
La Era Mesiánica *(Después de la Segunda Venida)*	*La Era de la Revelación*

Extraordinariamente, esta Edad Presente en la cual vivimos es descrita como el tiempo o la edad de la Restricción. Hay algo o alguien que está restringiendo o reteniendo la explosión completa del mal que está por venir cuando el Anticristo es liberado. ¿Si este mal mundo en el cual vivimos ahora es descrito como el tiempo de la restricción a que en el mundo parecerá cuando la restricción sea quitada? ¿Qué va esto parecer cuando toda la restricción contra el Anticristo y su maldad sea tomada del camino? Será como quitar una presa de un lago- el mal se desborde en este mundo e inunda todo en su camino" [2]

En otras palabras, usted no quiere estar alrededor durante ese marco de tiempo. Además, la presencia del Espíritu Santo en la iglesia es la única explicación que también responde a la identidad del "uno" como "ambos" neutro y masculino al mismo tiempo. En la Biblia la palabra para el espíritu es "pneuma"(aliento) que es neutra, y sin embargo al mismo tiempo la Biblia se refiere consistentemente al Espíritu Santo en lo masculino. Caso cerrado. El "uno" que es tanto neutro como masculino al mismo tiempo es la presencia del Espíritu Santo en la iglesia de hoy.

Ahora, observe y no digo esta identidad fue " sólo" el Espíritu Santo mismo, sino la presencia del Espíritu Santo en la Iglesia de hoy. Eso es porque el Espíritu Santo es Dios que es omnipresente y por lo tanto no puede ser retirado de la tierra completamente. En segundo lugar, también sabemos, como ya se ha mencionado, que millones de personas serán salvadas durante los siete años de tribulación que requieren el Espíritu Santo para seguir funcionando en la tierra y condenarlos por la necesidad de salvación. Por lo tanto tiene que ser la "influencia de restricción" del Espíritu Santo en la Iglesia de hoy. Su Ministerio en la tierra en ese momento simplemente volverá a la forma en que fue en el Antiguo Testamento antes de que la Iglesia estuviera en existencia, como estos hombres afirman:

"Aquel que sostiene la embestida de satanás, es la influencia refrenante de Dios el Espíritu Santo, Que actualmente refrena el mal a través de la Iglesia. En hechos 2 el Espíritu Santo vino a la tierra en una nueva capacidad que Él no había cumplido antes. Él estaba presente en la tierra antes de ese tiempo, pero ahora llegó a cumplir un nuevo Ministerio.

El espíritu estuvo presente durante la creación según Génesis 1:2, y estuvo en la tierra durante todo el tiempo del Antiguo Testamento para condenar a los pecadores y empoderar únicamente cierto de las personas de Dios. Pero en el día de Pentecostés Él vino a la tierra con un nuevo Ministerio-para residir cada creyente individual y la iglesia en su totalidad.

Y la presencia del espíritu en todos los creyentes individualmente y corporativamente es el medio que Dios usa en esta era para refrenar el mal. Esa influencia de restricción estará allí siempre y cuando la iglesia esté aquí. El regreso del Espíritu Santo al cielo no será una retirada completa de la tierra, sino un retorno en el sentido de que Él vino en el principio de la edad de la iglesia."

"La eliminación del Espíritu Santo no tiene que ser una proposición de todo o nada." Creo que su ser ' quitarse del camino ' sólo será un grado de remoción. Antes de la Edad de la Iglesia, la gente era capaz de encontrar la salvación, que obviamente significaba que el Espíritu Santo estaba en el trabajo en la tierra. Cuando el derramamiento del Espíritu Santo ocurrió en Pentecostés, no tuvimos un segundo Espíritu Santo venido a la tierra. Su retirada en el rapto sólo será una inversión o un final de la efusión (abundancia) Pentecostal"

"Para cuando la iglesia se retira en el rapto, el Espíritu Santo va con la Iglesia en la medida en que su poder de restricción se refiere. Su trabajo en esta Edad de la Gracia será terminado. En adelante, durante la tribulación de siete años, el Espíritu Santo seguirá aquí en la tierra, por supuesto-¿cómo puedes librarte de

Dios? Pero Él no va a estar morando (escogiendo) creyentes como lo hace ahora. Mejor dicho, volverá a Su ministerio del Antiguo testamento de 'encontrar' a la gente especial." [3]

Así que sólo nos deja con una pregunta final. ¿Cuándo entonces la iglesia y así la influencia del "refrenamiento" del Espíritu Santo serán quitadas de la tierra? Bueno, creo que la respuesta es obvia una vez más basado en el contexto. Tiene que ser "antes" de la Tribulación de siete años comienza.

Ya vimos que todo el contexto de este pasaje está lidiando con el día del Señor, la tribulación de siete años, y la manifestación del Anticristo. Pablo ya aliviaba el "temor" de la iglesia de Tesalonicenses de la *mentira* que iba alrededor que estaban en el día del Señor, de ahí la tribulación de 7 años, y así "les animó" que la iglesia *no* iba a estar en cualquier lugar durante ese tiempo. Así que la iglesia, la "influencia de restricción" debe ser retirada antes de este evento, la Tribulación de siete años.

Además, la manifestación del Anticristo también se predijo en Daniel 9:27, que es el mismo evento que inicia la Tribulación de 7 años.

Daniel 9:27 "Y por otra semana confirmará el pacto con muchos; a la mitad de la semana hará cesar el sacrificio y la ofrenda. Después con la muchedumbre de las abominaciones vendrá el desolador, hasta que venga la consumación, y lo que está determinado se derrame sobre el desolador."

Estos "siete" que el Anticristo hace un convenio con la gente de Israel son la semana final de la 70 profecía de la semana th de Daniel acerca de Israel y las naciones del Gentil, no la Iglesia. La iglesia ni siquiera viene a la existencia hasta literalmente siglos después. Si Dios quiere, lo veremos en mayor detalle en sólo un poco. Además, este " semana " o " siete" es la razón por la que tenemos 7 años de tribulación en el primer lugar.

Pero como pueden ver, la manifestación original del Anticristo "comienza" en el "principio" de la tribulación de siete años con el Tratado de paz con Israel y la iglesia no se encuentra en ninguna parte durante este marco. Más tarde en el "medio" de los siete, a mitad de la tribulación de 7 años, el Anticristo comete la "abominación que causa la desolación" declararse Dios en el templo judío reconstruido. Esto sucede para caber el marco de tiempo exacto del rapto pre tribulación de la iglesia mencionada por Pablo en 2 Tesalonicenses 2

Uno - El Rapto de la Iglesia antes del Comienzo

2 Tesalonicenses 2:1-2 "Pero con respecto a la venida de nuestro Señor Jesucristo, y nuestra reunión con él, os rogamos, hermanos, que no os dejéis mover fácilmente de vuestro modo de pensar, ni os conturbéis, ni por espíritu, ni por palabra, ni por carta como si fuera nuestra, en el sentido de que el día del Señor está cerca. "(Pablo reafirma que la iglesia se ha ido antes de la tribulación de 7 años)

Daniel 9:27 "Y por otra semana confirmará el pacto con muchos" (la iglesia no se menciona en este "siete", porque se ocupa de Israel gentil Naciones)

Dos - La Revelación del Anticristo al Principio

2 Tesalonicenses 2:3 "Nadie os engañe en ninguna manera; porque no vendrá sin que antes venga la apostasía, y se manifieste el hombre de pecado, el hijo de perdición."

Daniel 9:27 "Y por otra semana confirmará el pacto con muchos."

Tres - La Abominación del Anticristo en el Medio

2 Tesalonicenses 2:4 "El cual se opone y se levanta contra todo lo que se llama Dios o es objeto de culto; tanto que se sienta en el templo de Dios como Dios, haciéndose pasar por Dios."

Daniel 9:27 "Y por otra semana confirmará el pacto con muchos; a la mitad de la semana hará cesar el sacrificio y la ofrenda. Después con la muchedumbre de las abominaciones vendrá el desolador, hasta que venga la consumación, y lo que está determinado se derrame sobre el desolador."

Así como pueden ver, según la cronología de Daniel y de Pablo, el Anticristo es revelado "primero" cuando hace un tratado o "Pacto" con el pueblo de Israel al comienzo de la tribulación de siete años, la última semana de la 70 de Daniel la profecía de la semana. Luego en el "medio" de ese período de tiempo se declara a sí mismo como Dios en el templo judío reconstruido, i.e. la abominación de la desolación. Por lo tanto, el "uno" que lo detiene de hacer estas cosas debe ser "quitado del camino" antes de la semana 70 o la tribulación de 7 años comienza. Sólo la posición de rapto antes de la tribulación se ajusta al cronograma biblico, ya que estos investigadores también concluyen:

"La iglesia debe ser retirada antes de que el hombre de pecado sea revelado. El hombre de pecado será revelado cuando hace un tratado con Israel (Daniel 9:27), y esto marcará el comienzo de Daniel's 70 semana. Así la iglesia debe ser quitada antes del principio de Daniels de 70 semanas (antes de la Tribulación de 7 años)."

"Porque la revelación del Anticristo coincide con el comienzo de la tribulación de 7 años comenzando con su Tratado de paz con Israel (Daniel 9:27), entonces el refrentador tiene que ser eliminado antes de la tribulación. Por lo tanto, el Rapto y la eliminación de la Iglesia debe coincidir, y al comienzo de los siete años".

"Tratar de identificar al Anticristo es sólo una pérdida de tiempo porque no será revelado hasta después del rapto (2 Tesalonicenses 2:1-12). Sólo después del Rapto de la Iglesia se revelará la identidad del Anticristo.

En otras palabras, no quieres saber quien es el. ¡ Si alguna vez averiguan quién es! te has quedado atrás!" [4]

La **Segunda Evidencia** de la retirada de la Iglesia antes de la tribulación de siete años es con los **Creyentes Anteriores.**

Algunas personas se mofan de la idea de un rapto de la Iglesia, porque ellos no pueden ver Cómo Dios podría " Reserva" de algunas personas en un momento de su juicio mientras los otros "tienen" que estar "en" ello. Reclaman es "injusto" para que algunos escapen del juicio de Dios, al igual que el rapto de la iglesia de la tribulación de siete años, mientras que otros han sufrido "a través de" él. Sin embargo, de nuevo, no debemos ser sorprendidos por este gesto misericordioso de Dios. Lo ha hecho muchas veces a lo largo de la Biblia.

LA SALVACIÓN DE NOÉ & LOT

Si mira a las historias tanto de Noah como de Lot, creo que puede ver claramente que ellos y sus familias inmediatas no eran sólo "salvadas" del juicio de Dios, pero la gente alrededor de ellos tenía una oportunidad de afiliarse a ellos en ellos en el rescate de Dios, sin embargo, desgraciadamente rechazaron su oferta misericordiosa y por lo tanto sufrieron las consecuencias.

Génesis 7:7 "Y por causa de las aguas del diluvio entró Noé al arca, y con él sus hijos, su mujer, y las mujeres de sus hijos."

Génesis 19:23-25,29 "El sol salía sobre la tierra, cuando Lot llegó a Zoar.Entonces Jehová hizo llover sobre Sodoma y sobre Gomorra azufre y fuego de parte de Jehová desde los cielos; y destruyó las ciudades, y toda aquella llanura, con todos los moradores de aquellas ciudades, y el fruto de la tierra. Así, cuando destruyó Dios las ciudades de la llanura, Dios se acordó de Abraham, y envió fuera a Lot de en medio de la destrucción, al asolar las ciudades donde Lot estaba."

Así que aquí vemos a Noé y su familia "escapó" las aguas de la inundación y Lot (junto con dos hijas como se menciona en Génesis 19) fueron "sacados" de ese tiempo de la catástrofe. De hecho, todos ellos no eran solamente "salvados" de la sentencia, pero los juicios por sí mismos no " inició " hasta que estuvieron "seguros". La inundación no llegó hasta que Noé y su familia estuvieron "seguros". en la arca Del mismo modo el fuego no bajó y destruyó Sodoma y Gomorra hasta que Lot y sus hijas fueron llevadas "con seguridad" lejos.

Así será con el rapto de la iglesia. "escaparemos" y seremos "salvados" de la tribulación de 7 años, y es sólo cuando la iglesia es "traída hacia fuera" y deja "con seguridad en el cielo" que el tiempo de juicio, la tribulación de siete años comenzará.

Sin embargo, algunos dirían que Noé y Lot son en realidad ejemplos de Dios "preservando" a su pueblo "a través de" su tiempo de juicios y así se convierten en ejemplos de cómo Dios "preservará" a la iglesia "a través de" la tribulación de 7 años. Sin embargo, ya hemos visto una multitud de ejemplos de por qué la iglesia no estará alrededor durante la tribulación de 7 años. Sin embargo, vamos a tomar una mirada más cercana a éstos pasó y vamos a ver si hay realmente una "conservación" que continúa aquí.

En primer lugar, observe cómo Noé y su familia están "por encima" de las aguas no "en" las aguas con el resto del mundo " glub glub bing" durante este tiempo de juicio. Noé no sostenía su aliento tratando de sobrevivir o "preservar" su vida bajo el agua. Está "fuera del agua" "por encima de todo." Eso no es una imagen de "preservar", que una imagen de "escapar" como dice el texto.

En segundo lugar, si Dios realmente hubiera querido que Noé y su familia fueran preservados "en" esta época de juicio "bajo" el agua, entonces creo que habría instruido a Noé para construir un "submarino" para ser "sumergido en" para que pudiera caminar "a través de él" como todos los demás.

Sin embargo, Dios le dijo a Noé que construyera un "Arca" para que usted y su familia "flotaran" "escaparan" y fueran "rescatados" "por encima de" las aguas y "salvados" del juicio "abajo".

Del mismo modo, Lot y sus dos hijas fueron "llevadas" del lugar del juicio y no se les dijo que construyeran un refugio "en medio" del juicio. Un refugio "en" estaría "preservando", pero un "líder" es claramente un "ahorrador". Todavía otro ejemplo de "cierta gente" que es "salvada" de un tiempo del juicio de Dios sería el escape de Israel de Egipto según es lo mencionado en Ambos antiguo y Nuevo Testamentos:

Hebreos 11:29 "Por la fe pasaron el Mar Rojo como por tierra seca; e intentando los egipcios hacer lo mismo, fueron ahogados."

Así como la liberación de Rahab en Jericó como también se menciona en el Antiguo Testamento y el libro del nuevo testamento de Hebreos:

Hebreos 11:31 "Por la fe Rahab la ramera no pereció juntamente con los desobedientes, habiendo recibido a los espías en paz."

Está claro que no hay nada "injusto" aquí y que Dios realmente perdonará a "ciertas personas" antes de que su juicio caiga. Su misericordia todavía se está extendiendo hoy; ¿Cómo te atreves a llamarlo "injusto"? Nadie "tiene" que sufrir a través de alguno de los próximos juicios, los 7 años de tribulación, si ellos simplemente responder a Dios el "rescate" llamada "hoy" a través de Jesucristo.

Sin embargo, al igual que en el día de Noé y Lot, si se resisten, no es culpa de Dios, es de ellos. *Ellos mismos serán responsables de encontrarse en ese horrible momento de juicio.* Tenían su salida, pero lo rechazaron. En la esencia, son estos responsables de ser dejados atrás. Las similitudes se están repitiendo, como este hombre comparte:

"Dios no destruiría a los malvados en la opinión de Noé hasta que Noé y su familia estuvieran a salvo a bordo del arca. Ni una gota de lluvia cayó hasta que Noé y su familia estaban en el aca y Dios cerró la puerta. Después, las lluvias cayeron y los malvados fueron completamente destruidos. Lo mismo ocurre con Lot y su familia. De la misma manera, la iglesia será traducida (arrebatada) lejos de este mundo maldecido por el pecado antes de la Tribulación de 7 años." [5]

Sin embargo, el Rapto de la Iglesia no es sólo estar "salvados" del juicio de Dios como los ejemplos bíblicos anteriores. Es una completa " Extracción" del juicio de Dios. Sin embargo, una vez más, desafortunadamente, algunas personas también se burlaran de la idea del Rapto de la iglesia antes de la Tribulación de 7 años porque dicen que no se puede encontrar en otra parte de la Biblia. Por lo tanto, dicen que no es prudente construir una doctrina fuera de él, por no hablar de poner su esperanza en él. Realmente? En realidad, incluso una lectura superficial de la Biblia, incluyendo el primer libro de la Biblia, el libro de Génesis, muestra que esta no es la primera vez que vemos a Dios "completamente" rescatando a "ciertas personas" de un horrible marco de tiempo, incluso Su juicio sobre el planeta entero, como la Tribulación de 7 años será. Vamos a mirar a otro ejemplo bíblico.

El RAPTO DE ENOC

Enoc vivió en este mundo antes de la época de El Diluvio de Noé y la Biblia menciona algo que le sucedió a él, que era muy exclusivo.

Génesis 5:21-24 "Vivió Enoc sesenta y cinco años, y engendró a Matusalén. Y caminó Enoc con Dios, después que engendró a Matusalén, trescientos años, y engendró hijos e hijas. Y fueron todos los días de Enoc trescientos sesenta y cinco años. Caminó, pues, Enoc con Dios, y desapareció, porque le llevó Dios."

En primer lugar, si nos fijamos en todo Génesis capítulo 5, antes y después de la cuenta de Enoc, se verá que todos los demás que mencionaron allí, salvar a Noé al final, murió. En algún "especial" le pasó a Enoc. En segundo lugar, las palabras "se lo llevaron". explique lo que era tan "especial". Es la palabra hebrea "laqach" que significa, "llevar, agarrar o sacar de, o traer o ser quitado." Tercero, el momento de esta "búsqueda", "eliminación" o "incautación" es "anterior" a la inundación global donde Dios derrama su juicio sobre este pecado mundo la primera vez. Además, se nos dan más detalles sobre la cuenta "especial" de Enoc en el libro del nuevo testamento de Hebreos:

Hebreos 11:5 "Por la fe Enoc fue traspuesto para no ver muerte, y no fue hallado, porque lo traspuso Dios; y antes que fuese traspuesto, tuvo testimonio de haber agradado a Dios."

Así que aquí vemos que Enoc no fue sólo "tomado" o "llevado" o "eliminado", sino que fue eliminado "sin experimentar la muerte". Suena como un rapto escenario para mí! De hecho, la palabra "tomada" en el Nuevo Testamento es "metathesis" y literalmente significa "transferencia de un lugar a otro". No, me extraña "no podía ser encontrado". Dios tenía "Rapto" o "transfirió a Enoc al cielo" ¡ sin experimentar la muerte! Que es como el Nuevo Testamento, el Rapto de la Iglesia! De hecho, Dios repentinamente ha "transferido a la gente" más de una vez en las escrituras:

- Elías subió por un torbellino al cielo (2 Reyes 2:11)
- Felipe fue Arrebatado (de repente quitado) de un lugar a otro (Hechos 8:39)
- Pablo fue Arrebatado al tercer cielo (2 Corintios 12:2-4)
- El Señor Jesús fue llevado al cielo en la ascensión (Hechos 1:1-2; Apocalipsis 12:5)[6]

Por lo tanto, como puede ver, es esto realmente un acontecimiento "raro" para Dios a literalmente "transfiere a alguien de un lugar al otro" al cielo antes de que Él derramó Su juicio sobre nuestros malvados y mundo pecaminoso? Creo que no, como la escritura revela claramente, y como estos investigadores también afirman:

"Enoc era un hombre que nunca murió. ¡Lo que pasó a él era muy extraño! ¡ Pero lo asombroso es que la Biblia nos dice que lo que le sucedió a Enoc volverá a suceder otra vez, quizás muy pronto! Y esta vez no va a ocurrir a un solo hombre, sucederá a muchas personas. Habrá un grupo entero de personas que nunca verán la muerte. Habrá un grupo entero de personas que de repente serán removidos de la tierra y no serán encontrados por los que permanecen en la tierra. Este evento inusual en el futuro se llama el Rapto.

"Mientras que el rapto de la iglesia es la primera vez que Dios llevará a un gran grupo de personas de la tierra al cielo sin experimentar la muerte, no habrá sido la primera vez que Dios lleva a los individuos al cielo de esta manera. Hace varios años tenía una comida con uno de los teólogos Reformados más conocidos en América. El propósito de nuestra junta fue discutir el tema de la profecía bíblica. Varias veces a lo largo de nuestra conversación se detendría en la oración intermedia y hacer un comentario acerca de lo absurdo que era el concepto entero del Rapto. No estaba cuestionando el momento del Rapto en este punto, sino la misma idea y concepto de un Rapto. Por supuesto, mi respuesta fue que a pesar de que pensó que era ridículo, la Biblia enseña este extraño acontecimiento. De hecho, el Rapto de la Iglesia no será el primer Rapto en la historia".[7]

En otras palabras, Dios escogió "quitar" y "llevarse" "ciertos grupos de su pueblo" antes de su derramamiento de su juicio sobre nuestro malvado y pecaminoso planeta, no está en absoluto en "probabilidades" con las Escrituras, tanto Viejos como Nuevos Testamentos, tampoco es "injusto" de Él hacer así. Como lo fue en los días de Noé y Lot, así es hoy. Usted tiene una oportunidad de "escapar" a través de Jesús. Él estará dispuesto a "quitarte" "llevarte lejos", y "transferirte al cielo" antes de Su próximo derramamiento de juicio sobre este planeta en la Tribulación de siete años, Si tan sólo pudieras invocar el nombre de Jesús hoy y ser salvado. La opción es la suya. Pero sabiendo esto, si usted elige decir no ahora, entonces apenas como la gente descubrió la manera dura en el día de Noé y de la porción, usted de su propio ir, no Dios, habrán escogido "permanecer" en la tierra y "sufrir" el peor momento en la historia de la humanidad, la horrible tribulación de 7 años. La pregunta es, "¿Estás listo para el Rapto?"

Capítulo Diez

El Propósito de la Tribulación

Es asombroso para mí cuántas maneras y medios diferentes y los intentos de la gente, que están en contra de la posición de Rapto antes de la Tribulación, tratará de "apretar" la iglesia "en" la Tribulación de 7 años. Incluso después de todas las pruebas que hemos visto hasta ahora en lo contrario, seguirán persistiendo ciegamente. Aunque no estoy de acuerdo puedo entender por qué, porque toda su posición para el momento del rapto es completamente "dependiente" de la iglesia estando en ese horrible marco de tiempo.

Pero el problema es que si la iglesia no está ahí, ¿por qué persiste en tratar de hacerlo así? ¿Es así como se supone que debemos interpretar correctamente las escrituras? No es la Biblia para decir "fuera" a "nosotros" lo que tiene que decir a "nosotros", no al revés, "nosotros" hablando "en la Biblia ¿Qué queremos que diga?" Sin embargo, esto es precisamente lo que hacen estas otras posiciones con respecto al momento del rapto. Uno de los mayores indicadores de que esto es exactamente lo que están haciendo es cuando se vuelve a la cuestión central de la tribulación de 7 años y ese es su *propósito.*

Lo creas o no, todo el propósito de la tribulación de siete años no tiene nada que ver con la Iglesia. ¡ no es de extrañar que no se encuentre en ninguna parte! No debería ser una sorpresa. Más bien, tiene que ver con que Dios cumpla sus promesas con el remanente del pueblo judío y el derramamiento de su ira sobre las naciones gentiles rebeldes. Vamos a mirar a donde la Tribulación de 7 años todos comenzaron en el Libro de Daniel.

Daniel 9:20-27 "**20** Aún estaba hablando y orando, y confesando mi pecado y el pecado de mi pueblo Israel, y derramaba mi ruego delante de Jehová mi Dios por el monte santo de mi Dios; aún estaba hablando en oración, cuando el varón Gabriel, a quien había visto en la visión al principio, volando con presteza, vino a mí como a la hora del sacrificio de la tarde. Y me hizo entender, y habló conmigo, diciendo: Daniel, ahora he salido para darte sabiduría y entendimiento. Al principio de tus ruegos fue dada la orden, y yo he venido para enseñarla, porque tú eres muy amado. Entiende, pues, la orden, y entiende la visión. Setenta semanas están determinadas sobre tu pueblo y sobre tu santa ciudad, para terminar la prevaricación, y poner fin al pecado, y expiar la iniquidad, para traer la justicia perdurable, y sellar la visión y la profecía, y ungir al Santo de los santos. Sabe, pues, y entiende, que desde la salida de la orden para restaurar y edificar a Jerusalén hasta el Mesías Príncipe, habrá siete semanas, y sesenta y dos semanas; se volverá a edificar la plaza y el muro en tiempos angustiosos. Y después de las sesenta y dos semanas se quitará la vida al Mesías, mas no por sí; y el pueblo de un príncipe que ha de venir destruirá la ciudad y el santuario; y su fin será con inundación, y hasta el fin de la guerra durarán las devastaciones. Y por otra semana confirmará el pacto con muchos; a la mitad de la semana hará cesar el sacrificio y la ofrenda. Después con la muchedumbre de las abominaciones vendrá el desolador, hasta que venga la consumación, y lo que está determinado se derrame sobre el desolador."

Si alguna vez te has preguntado por qué es específicamente un "7" año Tribulación y no 94 o 135 o incluso 2 años de tribulación, aquí está. Aquí es donde todo comenzó. Los 7 años de la tribulación es el final "siete" de " 70 sietes ", también conocido como la 70ª semana de la profecía del libro de Daniel. (KJV traduce "sevens" como "la semana" como en "siete" días en una semana) Y al examinar más de cerca este texto, verá claramente que este marco temporal no tiene nada que ver con la iglesia.

La primera razón por la que la semana final de la profecía de la semana 70 de Daniel no tiene nada que ver con la iglesia es el **palabrería.**

Cuando mira a esta carta y a quien es dirigida, verá claramente que NO es la Iglesia. No puede ser la iglesia. Mire para usted.

- Versículo 20 - "mi pecado y el pecado de mi pueblo Israel" (Daniel y el pueblo de Israel)

- Versículo 20 - "haciendo mi petición al Señor mi Dios por su Santa colina" (Daniel y Jerusalén)
- Versículo 22 - "Daniel, he venido ahora para darle" (Daniel una persona judía)
- Versículo 24 - "70 ' Sietes ' son decretados para su pueblo y su ciudad Santa (El pueblo Judío y Jerusalén)
- Versículo 25 - "De la emisión del Decreto para restaurar y reconstruir Jerusalén" (Jerusalén)
- Versículo 26 - " la gente del gobernante que vendrá destruirá la ciudad y el Santuario" (Jerusalén)
- Versículo 27 - "y en un ala del templo se establecerá una abominación que causa desolación" (Templo reconstruido en Jerusalén)

Preguntas, "¿dónde está la Iglesia en todo esto?". ¡ respuesta: en ninguna parte! ¿Por qué? Como la verbosidad claramente revela que es todo sobre el pueblo judío y Jerusalén y su Templo judío reconstruido, No a la Iglesia. De hecho, incluso el texto afirma claramente justo en el medio de él que " el setenta sietes" incluyendo la final, siete son "decretó" Por su gente, Daniel pueblo, el pueblo judío, no la Iglesia!

La segunda razón de la última semana de Daniel's 70 semana profecía no tiene nada que ver con la Iglesia es **el momento.**

La fecha aproximada para cuando Daniel escribió este libro que contiene esta 70 semana profecía que incluye la enseñanza de la tribulación de 7 años está entre 536-530 A.C. Pregunta, "¿Dónde estaba la iglesia cuando este libro y la profecía fue escrito?" Respuesta: ¡en ninguna parte! ¿Por qué? ¡ porque la iglesia ni siquiera vino a la existencia hasta que los hechos capítulo 2 que es casi 570 años más tarde! Por lo tanto, ¿cómo podría Daniel se refería a la Iglesia en este pasaje que trata con los 7 años de tribulación, la última semana de Daniel's 70 semana profecía, ¿Cuando la iglesia ni siquiera estaba en existencia todavía? Respuesta: "¡No puede!" Esta es también la razón por la cual el apóstol Pablo se refirió a la iglesia como un antiguo Testamento "misterio". La gente en ese momento no tenía conocimiento de ello.

Romanos 16:25 "Y al que puede confirmaros según mi evangelio y la predicación de Jesucristo, según la revelación del misterio que se ha mantenido oculto desde tiempos eternos"

Efesios 3:2-5 "si es que habéis oído de la administración de la gracia de Dios que me fue dada para con vosotros; que por revelación me fue declarado el misterio, como antes lo he escrito brevemente, leyendo lo cual podéis entender cuál sea mi conocimiento en el misterio de Cristo, misterio que en otras generaciones no se dio a conocer a los hijos de los hombres, como ahora es revelado a sus santos apóstoles y profetas por el Espíritu"

Efesios 5:32 "Grande es este misterio; mas yo digo esto respecto de Cristo y de la iglesia."

Colosenses 1:25 "de la cual fui hecho ministro, según la administración de Dios que me fue dada para con vosotros, para que anuncie cumplidamente la palabra de Dios, el misterio que había estado oculto desde los siglos y edades, pero que ahora ha sido manifestado a sus santos, a quienes Dios quiso dar a conocer las riquezas de la gloria de este misterio entre los gentiles; que es Cristo en vosotros, la esperanza de gloria"

Como puede ver, la Iglesia es un "misterio" para los escritores del Antiguo Testamento, que obviamente incluiría a Daniel. Así que de nuevo, ¿cómo podría Daniel estar refiriéndose a la iglesia en este pasaje que trata de la tribulación de siete años, La última semana de Daniel's 70 semana profecía, cuando la Iglesia no estaba aún en existencia *y* que él *no tenía conocimiento* de la época? ¡No puede!"

La tercera razón, la última semana de Daniel's 70 semana profecía no tiene nada que ver con la separación de la iglesia. Ahora, si nos fijamos en esta profecía de la semana 70 de Daniel, también verás que es básicamente Dios explicando cómo va a traer la consumación de la historia. Y en ese examen también se dará cuenta de que hay una separación notable, una gran separación, entre la semana 69 y la final de la semana 70. La pregunta es, "¿por qué?" Respuesta: "Esto es donde el período misterioso de la iglesia encaja". Tiene sentido. Déjame mostrarte lo que quiero decir. ¿por qué se le dio la visión a Daniel en primer lugar? ¿Cuál es la razón? bueno, vemos esa razón claramente indicada en el versículo 24.

Daniel 9:23-26 "Al principio de tus ruegos fue dada la orden, y yo he venido para enseñarla, porque tú eres muy amado. Entiende, pues, la orden, y entiende la visión.Setenta semanas están determinadas sobre tu pueblo y sobre tu santa ciudad, para terminar la prevaricación, y poner fin al pecado, y expiar la iniquidad, para traer la justicia perdurable, y sellar la visión y la profecía, y ungir al Santo de los santos.Sabe, pues, y entiende, que desde la salida de la orden para restaurar y edificar a Jerusalén hasta el Mesías Príncipe, habrá siete semanas, y sesenta y dos semanas; se volverá a edificar la plaza y el muro en tiempos angustiosos.Y después de las sesenta y dos semanas se quitará la vida al Mesías, mas no por sí; y el pueblo de un príncipe que ha de venir destruirá la ciudad y el santuario; y su fin será con inundación, y hasta el fin de la guerra durarán las devastaciones."

Así que aquí vemos que habrá un "total" de 70 sietes hasta que Dios básicamente envuelve la historia y cumple el resto de sus promesas que hizo al pueblo judío. Sin embargo, después de 62 sietes y 7 sietes para un total de 69 sietes han pasado, tras el decreto que va a restaurar y reconstruir a Jerusalén el tiempo de Daniel, El Ungido o el Mesías será " cortado". Eso es exactamente lo que vemos con la entrada triunfal de Jesús en Jerusalén. Registros de historia para nosotros la fecha en que el rey Artaxerxes emitió ese mandamiento para reconstruir Jerusalén en 445 A.C. Así que si usted toma los 69 sietes o años mencionados anteriormente que tiene que transpirar antes de que el Mesías es cortado, y los tiempos que por 7 por cada año, se obtiene un total de 483 años. Para calcular el número exacto de días usted necesita tomar los 483 años y épocas él por 360 (porque el calendario judío tenía solamente 360 días para cada año) entonces obtendrá un total de 173,880 días.

Entonces, ¿qué sucedió 173,880 días el decreto para reconstruir Jerusalén? ¡ bueno, eso sólo pasa a ser la fecha exacta en que Jesús hizo su entrada triunfal en Jerusalén donde fue rechazado o cortado de su pueblo! ¡ no es por casualidad! Y tampoco es la "separación" que se presenta en el siguiente versículo.

Daniel 9:27 "Y por otra semana confirmará el pacto con muchos; a la mitad de la semana hará cesar el sacrificio y la ofrenda. Después con la muchedumbre de las abominaciones vendrá el desolador, hasta que venga la consumación, y lo que está determinado se derrame sobre el desolador.

Ahora, ya hemos visto muchas veces este versículo se trata de los últimos días Anticristo que hace un pacto con el pueblo de Israel que es el mismo evento que desencadena o comienza la final "siete" o "semana" de la profecía de la semana 70, la tribulación de 7 años. Luego a la mitad de la séptima final, el "medio de los siete", el Anticristo sube al templo judío y se declara a sí mismo como dios, el cual es llamado la abominación de la desolación. Primero de todo, sabemos que esta final "siete" todavía es futuro, porque el pueblo judío tenía su templo destruido en 70 D.C. Y, por lo tanto, a fin de que este pasaje se cumpliera, debió existir otra reconstrucción del templo judío que obviamente no ha ocurrido aún. Sin embargo, están haciendo planes para ello ahora mismo mientras hablamos, pero aún no está completamente en existencia. Entonces la pregunta es, "¿Qué ha estado ocurriendo en esta "separación" entre las 69 semanas de esta 70 semana profecía donde el Mesías obtiene " cortar" hasta ahora Donde estamos esperando esta " última semana" la 70 semana que se desató cuando el anticristo hace un pacto con el pueblo judío y a mitad de camino en el que profane su templo? simple. Esto es donde el "misterio" de la iglesia cabe. Dios se centra en los Santos de la edad de la iglesia durante este período de "separación misteriosa", y cuando ese propósito para la "separación" se completa, La Iglesia se retira luego del rapto, y luego su Focus se remonta sobre el pueblo judío para consumar la " semana final, "como estos investigadores del estado:

"Durante la era de la Iglesia (la separación) Dios no ha tenido ningún programa específico con la nación de Israel. Mejor dicho, en este día de la gracia, ha estado llamando tanto al judío como Gentil a la fe en Jesucristo como el Salvador del mundo. Todos los que lo creen en este día son miembros del Cuerpo de Cristo. Pero Dios no ha abandonado por completo a su pueblo. Tiene un último ciclo de disciplina para Israel. Ese período de disciplina vendrán durante los Daniels septuagésima semana, la semana de los 7 años de la Tribulación". [1]

"La era de la iglesia comenzó el día de Pentecostés en Hechos capítulo 2. La edad de la iglesia es así casi 2000 años en duración. ¿Cómo entonces podemos explicar este "HUECO" asombroso entre el de 69 semanas y el de 70 semanas? Es como si Dios es el reloj para que Israel ha parado, esperando empezar marcando de nuevo en algún momento en el futuro. ¿Qué ha estado haciendo Dios entretanto? Durante este hueco de 2000 años Dios ha hecho:

- *La Construcción de Su Iglesia (Hechos 2:47, 1 Corintios 3:6-9;12:18, Efesios 2:21-22, 1 Pedro 2:5).*
- *Tomando de las naciones una gente para Su Nombre (Acciones 15:14).*
- *Trayendo la plenitud de los Gentiles (Romanos 11:25).*
- *Colocando a los creyentes al organismo vivo (1 Corintios 12:13).*
- *El ahorro de un "escaparate" que mostrará eternamente Su gracia incomparable (Ephesian 2:7).*

- *Manifestándose a sí mismo a través de su cuerpo que está sobre la tierra (1 Timoteo 3:15-16).*

Al igual que la iglesia tuvo un comienzo abrupto poco después de la conclusión de la semana 69 (la venida del espíritu en el día de Pentecostés), así que debemos esperar que la Iglesia tenga una retirada abrupta poco antes del comienzo de la semana 70.

El modelo antes a la tribulación armoniza perfectamente con la profecía de la semana de 70 de Daniel y al mismo tiempo reconoce la paréntesis y misteriosa naturaleza de la edad de la iglesia (misteriosa en el sentido de que no fue revelada en las páginas del Antiguo Testamento). El modelo antes de la tribulación explica mejor esta brecha de 2000 años y también nos impide mezclar la edad de la iglesia con la historia judía profética. [2]

En otras palabras, explica todo el asunto, sin contradicciones, que es como se supone que interpretemos correctamente la Escritura.

En cuarto lugar la última semana de Daniel's 70 semana profecía tienen nada que ver con la Iglesia es **la Audiencia.**

Ahora sabemos que esta semana final, la tribulación de siete años, va a ser un tiempo horrible o como Jesús dice, "el peor momento en la historia de la humanidad". Pero, ¿quién es la audiencia de ese tiempo? ¿Con quién trata? Bien, cuando mira a las Escrituras que rodean que siete años horribles, el auditorio no es claramente la Iglesia.

La **primera audiencia** que la tribulación de 7 años trata es **El Pueblo Judío.**

No sólo ya vimos por el contexto de Daniel capítulo 9 que toda la profecía de la semana 70 incluyendo la última semana de esa profecía, la tribulación de siete años, está claramente tratando con Daniel, una persona judía, todo el pueblo judío, Jerusalén, y el templo judío, y no la Iglesia, pero otros pasajes de la Biblia acerca de esta última semana revelan claramente a este mismo público como el pueblo Judío. Vamos a mirar a sólo algunos de ellos.

Deuteronomio 4:1,25,27-31 " Ahora, pues, oh Israel, oye los estatutos y decretos que yo os enseño, para que los ejecutéis, y viváis, y entréis y poseáis la tierra que Jehová el Dios de vuestros padres os da.Cuando hayáis engendrado hijos y nietos, y hayáis envejecido en la tierra, si os corrompiereis e hiciereis escultura o imagen de cualquier cosa, e hiciereis lo malo ante los ojos de Jehová vuestro Dios, para enojarlo Y Jehová os esparcirá entre los pueblos, y quedaréis pocos en número entre las naciones a las cuales os llevará Jehová. Y serviréis allí a dioses hechos de manos de hombres, de madera y piedra, que no ven, ni oyen, ni comen, ni huelen.Mas si desde allí buscares a Jehová tu Dios, lo hallarás, si lo buscares de todo tu corazón y de toda tu alma.Cuando estuvieres en angustia, y te alcanzaren todas estas cosas, si en los postreros días te volvieres a Jehová tu Dios, y oyeres su voz;porque Dios misericordioso es Jehová tu Dios; no te dejará, ni te destruirá, ni se olvidará del pacto que les juró a tus padres.

Claramente vemos a Moisés hablando a la audiencia de Israel y animandoles a que incluso aunque en el futuro desgraciadamente se rebelen contra Dios con lo cual los dispersará entonces alrededor del mundo, sin embargo, en los últimos días, tendrá misericordia de ellos y no los abandonará totalmente y aún cumplirá el Pacto que hizo con sus antepasados, los patriarcas. Aviso que no hay iglesia aquí. Ahora qué tal este pasaje:

Jeremías 30:4-7 Esta pues, son las palabras que habló Jehová acerca de Israel y de Judá. Porque así ha dicho Jehová: Hemos oído voz de temblor; de espanto, y no de paz Inquirid ahora, y mirad si el varón da a luz; porque he visto que todo hombre tenía las manos sobre sus lomos, como mujer que está de parto, y se han vuelto pálidos todos los rostros. !!Ah, cuán grande es aquel día! tanto, que no hay otro semejante a él; tiempo de angustia para Jacob; pero de ella será librado."

Observe una vez más a "quién" El Señor está hablando acerca de este horrible tiempo. ¡Es Israel y Judah, no la iglesia! Es por eso que Dios dice que va a ser un "Tiempo de Angustia de Jacob", no un "tiempo de angustia para la Iglesia". De nuevo, esta es la razón por la que vimos antes que las epístolas del nuevo testamento a la iglesia no estaban escribiendo a la iglesia sobre cómo "sobrevivir" a la tribulación de 7 años. Si la Iglesia iba a experimentar alguno o todos de los próximos horrible 7 años de tribulación como dirían algun entonces sólo no esperaría que una advertencia "para" la iglesia se prepare para este "tiempo del problema", sino también cómo tratar con ello, como Dios hace para Jacob o Israel. Sin embargo, no ves nada de eso.
En cambio, a través del nuevo testamento vemos una plétora de información detallada a la iglesia sobre cómo comportarse en este momento actual, Cómo vivir en este mundo ahora, tratar con la actual persecución, pero no

hay instrucciones ni mucho menos mencionar la iglesia durante el "tiempo de angustia" de la tribulación de 7 años. ¿Por qué? Porque la tribulación de siete años, la semana final de Daniel de la profecía de la semana 70, no tiene nada que ver con la iglesia. Es un tiempo de los problemas de Jacob, no de los problemas de la iglesia. No es "la perdición de Pablo" o "la muerte de Pedro" ni siquiera "la agonía de Ananías". ¡No! Es el problema de Jacob, un nombre judío, para un pueblo judío, durante un tiempo judío, no la Iglesia.

También, note que esto nos dice que Dios no ha terminado con el pueblo judío, incluso después de este "tiempo de angustia para Jacob". Dios una vez más muestra su misericordia hacia ellos por una vez más Reiterando que él aún eventualmente "los salvará". Vamos a mirar al siguiente paso.

Ezequiel 20:30,34-38 "Di, pues, a la casa de Israel: Así ha dicho Jehová el Señor: ¿No os contamináis vosotros a la manera de vuestros padres, y fornicáis tras sus abominaciones?³⁴ y os sacaré de entre los pueblos, y os reuniré de las tierras en que estáis esparcidos, con mano fuerte y brazo extendido, y enojo derramado; y os traeré al desierto de los pueblos, y allí litigare con vosotros cara a cara. Como litigue con vuestros padres en el desierto de la tierra de Egipto, así litigare con vosotros, dice Jehová el Señor. Os haré pasar bajo la vara, y os haré entrar en los vínculos del pacto; y apartaré de entre vosotros a los rebeldes, y a los que se rebelaron contra mí; de la tierra de sus peregrinaciones los sacaré, mas a la tierra de Israel no entrarán; y sabréis que yo soy Jehová."

¿Quién es el público de este pasaje acerca de los últimos días, cuando Dios derrama Su ira? La "casa de Israel" y no el "Cuerpo de Cristo" o la Iglesia. De hecho, no puede ser porque como ya vimos, la Iglesia no es designada para la ira de Dios, que es lo que el pasaje está claramente tratando, por lo que no puede ser la Iglesia. Más bien, es un tiempo de "sufrimiento" y "ira" y "juicio" como se define por el texto para el pueblo judío que se ha rebelado contra Dios Que entonces les hará "pasar bajo la vara", la vara del pastor, y separar el verdadero remanente de Israel de la falsificación. Ningún judío insalvado entrará nunca en el Reino Milenario prometido al final de la tribulación de siete años, que Dios prometió a los patriarcas. Nuevamente, Dios está mostrando su misericordia incluso en medio de su "purga" o "purificación" de Israel, no de la Iglesia. Ahora vamos a mirar a éste:

Daniel 12:1 "En aquel tiempo se levantará Miguel, el gran príncipe que está de parte de los hijos de tu pueblo; y será tiempo de angustia, cual nunca fue desde que hubo gente hasta entonces; pero en aquel tiempo será libertado tu pueblo, todos los que se hallen escritos en el libro."

Ahora ya se ha establecido que la audiencia que Daniel está escribiendo en el libro de Daniel es el pueblo judío de Israel. Y está claramente compartiendo que en el futuro, el pueblo Judío pasará por un "tiempo de angustia" como nunca ha sucedido desde los comienzos de las naciones hasta entonces. Esto habla claramente de esta semana final de la profecía de 70 semanas de Daniel. Observe una vez más. Dios muestra su misericordia hacia el Pueblo Judío. Su gente Daniel, Israel, todos los que son salvados, serán entregados en ese tiempo. Como pueden ver, esto no tiene nada que ver con la Iglesia. De hecho, hablando del rescate de un remanente de Israel durante 7 años de tribulación, también vemos un pasaje paralelo de este acontecimiento en el libro de Apocalipsis esto también menciona que el Arcángel Michael "que protege" el pueblo judío durante este tiempo enmarca.

Apocalipsis 12:1-9 "Apareció en el cielo una gran señal: una mujer vestida del sol, con la luna debajo de sus pies, y sobre su cabeza una corona de doce estrellas. Y estando encinta, clamaba con dolores de parto, en la angustia del alumbramiento. También apareció otra señal en el cielo: he aquí un gran dragón escarlata, que tenía siete cabezas y diez cuernos, y en sus cabezas siete diademas; y su cola arrastraba la tercera parte de las estrellas del cielo, y las arrojó sobre la tierra. Y el dragón se paró frente a la mujer que estaba para dar a luz, a fin de devorar a su hijo tan pronto como naciese. Y ella dio a luz un hijo varón, que regirá con vara de hierro a todas las naciones; y su hijo fue arrebatado para Dios y para su trono. Y la mujer huyó al desierto, donde tiene lugar preparado por Dios, para que allí la sustenten por mil doscientos sesenta días. Después hubo una gran batalla en el cielo: Miguel y sus ángeles luchaban contra el dragón; y luchaban el dragón y sus ángeles; pero no prevalecieron, ni se halló ya lugar para ellos en el cielo. Y fue lanzado fuera el gran dragón, la serpiente antigua, que se llama diablo y Satanás, el cual engaña al mundo entero; fue arrojado a la tierra, y sus ángeles fueron arrojados con él."

La mujer de las 12 estrellas en su cabeza es la nación de Israel una de las 12 tribus. Estaba embarazada o dio al Mesías Jesús, que vino del linaje del pueblo Judío. Entonces Satanás trató de matar a Jesús, pero Jesús derrotó a Satanás en la Cruz y ascendió a la mano derecha del padre en el cielo y entonces volverá a gobernar las Naciones con un cetro de hierro. Entonces la mujer, Israel, huye al desierto por la mitad de la tribulación de siete años, los 1,260 días, donde es protegida por el Arcángel Miguel. ¿Por qué? Como otros pasos nos dicen que hay una matanza horrible del pueblo judío que continúa en este tiempo.

Zacarías 13:8-9 "Y acontecerá en toda la tierra, dice Jehová, que las dos terceras partes serán cortadas en ella, y se perderán; mas la tercera quedará en ella. Y meteré en el fuego a la tercera parte, y los fundiré como se funde la plata, y los probaré como se prueba el oro. El invocará mi nombre, y yo le oiré, y diré: Pueblo mío; y él dirá: Jehová es mi Dios."

Aquí vemos por el Profeta Zacarías que el pueblo Judío es "refinado por Dios, (Nótese que es el pueblo Judío consiguiendo" refinado "no la Iglesia") Y, finalmente, volver a Dios. Sin embargo, como vimos, se trata de un terrible precio. ⅔ del pueblo judío no lo hacen. Son derribados mientras que sólo ⅓ sobrevive. ⅓ sobrevive gracias a la protección del Arcángel Miguel como se mencionó anteriormente. También vemos en la Biblia que el responsable de cazar al pueblo judío y matar a ⅔ de ellos durante la segunda mitad de la tribulación de siete años, no es otro que el Anticristo. Esto es lo que Jesús advirtió acerca *del Pueblo Judío* en Mateo 24.

Mateo 24:15-21 "Por tanto, cuando veáis en el lugar santo la abominación desoladora de que habló el profeta Daniel (el que lee, entienda), entonces los que estén en Judea, huyan a los montes. El que esté en la azotea, no descienda para tomar algo de su casa; y el que esté en el campo, no vuelva atrás para tomar su capa. Mas !!ay de las que estén encintas, y de las que críen en aquellos días! Orad, pues, que vuestra huida no sea en invierno ni en día de reposo porque habrá entonces gran tribulación, cual no la ha habido desde el principio del mundo hasta ahora, ni la habrá."

Ahora, de nuevo, como vimos antes, Mateo Capítulo 24 no tiene nada que ver con la iglesia, y creo que se puede ver claramente por qué contextualmente. Obviamente está tratando con el pueblo judío en la segunda mitad de la tribulación de 7 años donde huyen del Anticristo después de su abominación que causa desolación esto ocurre en reconstruir el Templo Judío en el "medio" "del siete". Jesús entonces les dice que "huyan" rápidamente y que no se demoren ni siquiera piensen en volver por nada para que puedan ser parte de la ⅓ que recibe protección soberana de Dios, a través del Arcángel, y no terminar muerto como el otro ⅔. Pero este es el punto. Noten cómo todos estos pasajes concernientes a la tribulación de siete años (y hay muchos más créanme), ¡ el peor momento en la historia de la humanidad, el "día de angustia", el "tiempo de los problemas de Jacob", están hablando de Israel, del pueblo Judío, no de la Iglesia! Por? Porque la audiencia de la tribulación de 7 años no tiene nada que con la Iglesia. Todo se trata de Israel. Es un tiempo cuando Dios "refina" Israel, "redime" Israel y "realiza" todas Sus promesas hizo a Israel, hasta donde el tiempo de los Patriarcas y el rey David. Ahora mismo están bajo una dureza "temporal" hasta que la iglesia la Edad sea terminada, el "hueco" o lo que también ha llamado la "plenitud de los Gentiles". Cuando ese tiempo "entra" o es "terminado", la iglesia es quitada vía el Rapto, e Israel se hace el objeto del foco de Dios otra vez. Esto es lo que San Pablo dice en el libro de Romanos a la Iglesia:

Romanos 11:25-27 "Porque no quiero, hermanos, que ignoréis este misterio, para que no seáis arrogantes en cuanto a vosotros mismos: que ha acontecido a Israel endurecimiento en parte, hasta que haya entrado la plenitud de los gentiles; y luego todo Israel será salvo, como está escrito."

Vendrá de Sion el Libertador, Que apartará de Jacob la impiedad. Y este será mi pacto con ellos, Cuando yo quite sus pecados." Como pueden ver, Dios no ha terminado con el pueblo Judío. Como pueden ver, Dios no ha terminado con el pueblo Judío. Ahora mismo están endurecidos "en parte" a la verdad, pero una vez más, cuando la iglesia ha salido, "el número completo de los gentiles ha llegado", Dios "los entregará" otra vez y realizará Su "convenio" que hizo con ellos. ¡ y la tribulación de 7 años es el instrumento que utiliza para hacer el trabajo! Es la semana final de la profecía de la semana de 70 de Daniel concerniente al pueblo judío, no a la Iglesia, ya que estos investigadores reiteran:

"Israel ha entrado en un período de ceguera y alejamiento de Dios hasta un punto de tiempo llamado la plenitud de los gentiles, o la Iglesia de la Edad. Pero Dios no se ha finalmente y completamente desechado el pueblo Judío. La tribulación, entonces, será un tiempo de la conversión de Israel. La Tribulación de 7 años será, por lo tanto, un tiempo del gran renacimiento espiritual. Marcará la conversión de Israel y la gran actividad de Israel para la conversión del mundo. Traerá al pueblo judío a aceptar a Jesús como Mesías.

Esta es la razón por la cual en el libro de Mateo, cuya audiencia primaria son los judíos, Jesús explica a sus seguidores judíos como será la vida durante la Tribulación. Además, Apocalipsis 12 describe pintorescamente la mujer que da a luz y tiene que huir debido a la persecución durante la Tribulación. El contexto muestra que la mujer es Israel. Y de nuevo, la batalla del Armagedón es el mundo contra Israel. Las dos- terceras partes del pueblo Judío serán matadas. Estos textos y otros muestran que la tribulación es para la redención del pueblo judío.

¿Por qué área los judíos el objeto de la persecución durante la Tribulación? Por una parte, satanás odia al pueblo judío por dar al mundo las escrituras y el Mesías, así como él desea frustrar las promesas de Dios a los Judíos.

En segundo lugar, los judíos tienen que ser tan desesperadamente bajados que finalmente llaman a su Mesías 'Bendito es el que viene en el nombre del Señor' (Mateo 23:29; Lucas 13:35). La Tribulación, entonces, se utiliza para la redención de Israel, que también resulta en el castigo de los malvados.

La iglesia no cabe en este escenario, y quedan fuera del propósito de la tribulación de 7 años. Por lo tanto, Tendrían que ser retirados atrapados-antes de que la Tribulación de 7 años comience." [3]

"La Tribulación de 7 años no se ocupa de la iglesia en absoluto, sino de la purificación de Israel. No es el ' tiempo de los problemas de la iglesia ', sino el ' tiempo de los problemas de Jacob '. El énfasis de la Tribulación es sobre todo Judio. Este hecho queda corroborado por las Escrituras del Antiguo Testamento, por el Monte de los Olivos el discurso de Cristo, y por el libro de Apocalipsis.

Se trata de 'Daniel del pueblo, la venida del falso mesías,' La predicación del 'evangelio de reino' vuelo el Sabath', el templo y el 'lugar santo', la tierra de 'Judea,' 'Jerusalén,' los doce 'tribus de los niños de Israel,' la 'canción de Moisés,' 'firma' en el cielos, el 'pacto con la Bestia, el 'santuario', el 'sacrificio y la oblación' del ritual del templo.

Todos ellos hablan de Israel y demuestran claramente que la tribulación es en gran parte un tiempo de Dios que trata con su pueblo antiguo antes de su entrada en el Reino de la promesa. Las muchas profecías del Antiguo Testamento que aún deben cumplirse para Israel indican un tiempo futuro en el que Dios se ocupará expresamente de esta nación." [4]

Y podría añadir, *no la Iglesia* no está la parte de este auditorio en ninguna parte. Es claramente la audiencia del pueblo judío.

La **Segunda audiencia** que enfrenta la Tribulación de 7 años es **Las Naciones Gentiles.**

Ahora, aunque algunos admiten que los 7 años de la tribulación es un tiempo cuando Dios "redime" y "guarda" y "restaura" un remanente de Israel, realizando Sus promesas camino atrás hacia el tiempo de los Patriarcas y el rey David, todavía tratarán de "exprimir" la Iglesia en este marco diciendo que "otras personas" que se menciona en los 7 años de la tribulación es la Iglesia. ¡No creo! de hecho, una lectura superficial de los textos durante ese tiempo revela quiénes son estas personas, y claramente no es la Iglesia. Más bien, son las naciones gentiles las que están bajo la ira de Dios, o lo que la Biblia llama, "los habitantes de la tierra".

Apocalipsis 6:10 "Y clamaban a gran voz, diciendo: ¿Hasta cuándo, Señor, santo y verdadero, no juzgas y vengas nuestra sangre en *los que moran en la tierra*?"

Apocalipsis 8:13 "Y miré, y oí a un ángel volar por en medio del cielo, diciendo a gran voz: !!Ay, ay, ay, de *los que moran en la tierra*, a causa de los otros toques de trompeta que están para sonar los tres ángeles!"

Apocalipsis 11:10 "Y *los moradores de la tierra* se regocijarán sobre ellos y se alegrarán, y se enviarán regalos unos a otros; porque estos dos profetas habían atormentado a los moradores de la tierra."

Apocalipsis 13:8 "Y *la adoraron todos los moradores de la tierra* cuyos nombres no estaban escritos en el libro de la vida del Cordero que fue inmolado desde el principio del mundo."

Apocalipsis 13:12 " Y ejerce toda la autoridad de la primera bestia en presencia de ella, y hace que *la tierra y los moradores* de ella adoren a la primera bestia, cuya herida mortal fue sanada."

Apocalipsis 13:14 "Y engaña a los moradores de la tierra con las señales que se le ha permitido hacer en presencia de la bestia, mandando a *los moradores de la tierra* que le hagan imagen a la bestia que tiene la herida de espada, y vivió."

Apocalipsis 17:1-2 "Vino entonces uno de los siete ángeles que tenían las siete copas, y habló conmigo diciéndome: Ven acá, y te mostraré la sentencia contra la gran ramera, la que está sentada sobre muchas aguas; con la cual han fornicado los reyes de la tierra, y *los moradores de la tierra* se han embriagado con el vino de su fornicación."

Apocalipsis 17:8 "La bestia que has visto, era, y no es; y está para subir del abismo e ir a perdición; y *los moradores de la tierra*, aquellos cuyos nombres no están escritos desde la fundación del mundo en el libro de la vida, se asombrarán viendo la bestia que era y no es, y será."

Así que como pueden ver, hay una frase específica que se utiliza en la Biblia para describir la segunda audiencia de los *que estarán* en la tribulación de 7 años. Los que no son del pueblo judío son simplemente referidos como "los habitantes de la tierra". Ahora, Note que no dice la palabra Iglesia, punto. De hecho, la palabra "Iglesia" no está en ninguna parte ser encontrado. Este es un evidente e importante punto. ¿Por qué? ¿Como si estos "habitantes de la tierra" en efecto se refieran a la iglesia, entonces por qué no simplemente los llaman así y ser hecho con ello?

Mejor dicho, como vimos antes, aunque la iglesia de la "palabra" sea mencionada repetidamente en los Capítulos 1-3, *nunca* es mencionada como estando en la tierra en el Capítulo 4-18, los Capítulos que tratan de los 7 años de Tribulación. Es este por casualidad? De nuevo, no lo creo. ¡ La palabra "Iglesia" está ausente, porque la Iglesia está ausente! Se fueron al rapto antes de la tribulación de siete años y se fueron al "cielo". Por eso llaman a aquellos que son "dejados", "los habitantes de la tierra". La iglesia es ahora "habitantes del cielo".

Ahora, para no dudar de que hay una distinción que se está dibujando aquí entre los "habitantes de la tierra" y "la iglesia en el cielo", ya vimos que en Apocalipsis 3:10 la iglesia prometió no estar en la "hora" de la tribulación de 7 años. En ese mismo pasaje, vemos a aquellos que son "dejados en esa hora" son llamados "los habitantes de la tierra".

Apocalipsis 3:10 "Por cuanto has guardado la palabra de mi paciencia, yo también te guardaré de la hora de la prueba que ha de venir sobre el mundo entero, para probar a *los que moran sobre la tierra*."

Es increíbles a mí para que alguien diga que la Iglesia es la misma cosa como, "los habitantes de la tierra" ¡ que están en la tribulación de 7 años, cuando en el mismo verso exacto dibuja claramente una distinción entre los dos! "Usted" de la Iglesia, y "aquellos" que viven en la tierra. De hecho, es aún más claro que porque se usa exactamente la misma palabra en el pasaje de arriba, "los que viven en la tierra" que se traduce en los otros pasajes como "habitantes de la tierra". Ambos son la misma palabra griega "katoikeo" que significa "habitantes de la tierra" como este investigador declara:

"La palabra griega 'katoikeo' significa, 'aquellos que se han establecido sobre la tierra, quienes se han identificado con ello'. La palabra transmite la idea de la permanencia y la identificación completa con el mundo. Como tal, difícilmente sería conveniente si describía o incluso incluía a los miembros de la Iglesia, Que en el momento de la tierra son peregrinos y extranjeros (Hebreos 11:13) y cuya ciudadanía está en los cielos (Filipenses 3:20)."[5]

Así sobre la base de este versículo por sí solos, no hay manera de que pueda incluir la Iglesia en esta identidad de los "habitantes de la tierra", que será dentro de los 7 años de Tribulación. Mejor dicho, a la iglesia le prometen ser un "morador del cielo" no un "morador de la tierra". Mejor dicho, a la iglesia le prometen ser un "morador del cielo" no un "morador de la tierra".de lo contrario, negaría la promesa de Apocalipsis 3:10 ¿verdad? o como este hombre lo pone:

"¡ Si la iglesia va a pasar por la Tribulación de 7 años, entonces adiós esperanza bendita, entonces acoja con satisfacción el ataúd, entonces tres veces bienvenida el funerario!" [6]

No son buenas noticias si fueran una y la misma cosa! La buena noticia es que ¡no es así! Se trata de dos identidades separadas. No son buenas noticias si fueran una y la misma cosa! La buena noticia es que ¡no es así! Se trata de dos identidades separadas. La Iglesia ha sido prometía ser "un cielo morador" y no una "tierra morador".

Pero ya que puede ver, basado en la Escritura, La iglesia *no puede* ser "los habitantes de la tierra". Y tampoco puede tener ambas cosas. Y tampoco puedes tenerlo en ambos sentidos. Si intentas persistir, entonces estás creando una contradicción en la escritura y Dios no se contradice a sí mismo, Lo que significa que estás equivocado. La Iglesia no está presente durante este tiempo, como este hombre comparte:

"Es evidente que la tribulación también se refiere al juicio de Dios sobre las naciones gentiles que rechazan a Cristo. Babilonia, que, hizo que todas las Naciones beban del vino de la ira de su fornicación" Apocalipsis (14:8), Será

ella misma "quemada con fuego, porque poderoso es el Señor Dios quien juzgar ella" (Apocalipsis 18:8).

Las "ciudades de las Naciones" caerán, después de lo cual Satanás será atado "que él debe engañar a las Naciones no más, hasta que los millares de años deban ser cumplidos" (Apocalipsis 20:3).

El juicio de Dios cae también sobre el individuo malvado, los reyes de la tierra, los grandes, los ricos, y los poderosos, todos los hombres de la Unión y todo hombre libre (Apocalipsis 6:15-17). Recae sobre todos los que blasfeman el nombre de Dios y se arrepienten de no darle gloria (Apocalipsis 16:9).

Pero uno mira en vano para la iglesia de Cristo, que es Su cuerpo, hasta que alcance el diecinueve capítulo. Allí es vista como la novia divina de Cristo, y cuando vuelve a la tierra para hacer a Sus enemigos Su escabel (reposapiés), es vista volviendo con Él (1 Tesalonicenses 3:13)."[7]

Así que como ves, hay claramente dos grupos de personas que conforman la audiencia durante la Tribulación de 7 años. El pueblo judío, y las naciones gentiles que también son conocidas como "los habitantes de la tierra". La Iglesia no se encuentra en ninguna parte porque se fueron en el Rapto. Dios derramará su ira sobre estos habitantes de la tierra esta vez, que de nuevo, como vimos antes, es otra razón por la cual no puede ser la Iglesia. La iglesia no es designada para la ira de Dios.

Sin embargo, al igual que con la primera audiencia, el pueblo judío, Dios también extenderá su misericordia a esta segunda audiencia, las naciones gentiles o "los habitantes de la tierra". También tendrán una oportunidad para ser salvada, pero la mayor parte de ellos serán matados. Como vimos antes, esto explica identificar de los santos de Tribulación que *no* es también la iglesia. La Iglesia sale en el Rapto antes de los 7 años de tribulación empieza y estos "santos" mencionados son" Naciones Gentiles" que son dejados atrás y se salve "después" del Rapto.

Sin embargo, la lección es que deberían haberse salvado "antes" del rapto de la iglesia para evitar todo. ¿Por qué? Como como vimos antes de la mayor parte de ellos ser horriblemente asesinados y martirizados y tienen sus cabezas cortar.

Apocalipsis 6:9-10 "Cuando abrió el quinto sello, vi bajo el altar las almas de los que habían sido muertos por causa de la palabra de Dios y por el testimonio que tenían. Y clamaban a gran voz, diciendo: ¿Hasta cuándo, Señor, santo y verdadero, no juzgas y vengas nuestra sangre en los que moran en la tierra?"

Apocalipsis 20:4 "Y vi tronos, y se sentaron sobre ellos los que recibieron facultad de juzgar; y vi las almas de los decapitados por causa del testimonio de Jesús y por la palabra de Dios, los que no habían adorado a la bestia ni a su imagen, y que no recibieron la marca en sus frentes ni en sus manos; y vivieron y reinaron con Cristo mil años."

Por lo tanto, el punto es este. ¡ Consiga ser salvado ahora antes de que sea demasiado tarde! ¡ no quieres estar ahí! ¡ no quieres ser un Santo de la tribulación! Se tiene que hacer un Santo de la Edad de la Iglesia *ahora* antes de que sea demasiado tarde y evite todo el asunto ya que este hombre comparte:

"Para aclarar, el período de la Tribulación será un tiempo cuando Dios derrama Su ira sobre la humanidad a causa de su maldad; pero el propósito primordial del período de la Tribulación es preparar a Israel para recibir a su Rey, JesuCristo.

El libro de la revelación, por lo tanto, anuncia una asombrosa multitud de 144,000 testigos que representan a las doce tribus de Israel. Estos habrán sido convertidos durante los días de la tribulación y tendrán un efecto profundo sobre el mundo.

La Tribulación será un tiempo de conversión masiva de Gentile multitudes. El Libro de Revelación dice, 'Después de esto yo veía y he aquí una gran multitud, que ningún hombre podría numerar, de todas las naciones, y afines, y la gente, y las lenguas, se puso delante del trono, y antes el cordero, vestida de túnicas blancas, y las palmas en sus manos (Apocalipsis 7:9).'

Increíble espiritual resultados ocurren cuando el mundo llega al final de la misma, dándose cuenta de que nada en la tierra tiene valor alguno. Entonces se convierte en grandes números a la fe en Cristo como Mesías, trayendo en un tiempo de evangelismo que será uno de los más grandes y más eficaces en la historia del mundo. La angustia de la tribulación produce un resultado más saludable. ¡ pero un tiempo terrible que será!" [8]

¡En otras palabras, usted no quiere estar allí! Si no aceptas a Jesús ahora como tu Señor y Salvador cuando es relativamente fácil hacerlo, ¡ entonces no te engañes pensando que lo harás cuando veas que millones de personas desaparecen y el rapto y ahora tu cabeza está en el bloque de picar! ¡Sea *salvado ahora*! ¡No cometes el peor error peor de tu vida! ¡ Tome el camino de salida, la única salida a través de Jesucristo *ahora*! Conviértete en parte de la Iglesia *hoy* y deja en el Rapto con el resto de nosotros antes de la horrible tribulación de 7 años. Usted no quiere ser dejado atrás durante ese tiempo! Hágase un "morador del cielo" no "morador de la tierra". ¡Ha sido advertido!

La Parte III

Las Objeciones al Rapto Antes de la Tribulación

Capítulo Once

Las Objeciones de los Arenques Rojos

La **quinta cosa** que vamos a mirar para evitar ser engañados ¿**qué pasa con las objeciones del rapto antes de la tribulación?**

Cree o no, incluso con la enorme cantidad de evidencia bíblica ya hemos visto que apoya claramente una pre tribulacional Rapto de la Iglesia, algunos serán objeto de esta enseñanza y en lugar de lanzar varias acusaciones contra él. Así ahora vamos a mirar a algunos de aquellos acusaciones a menudo repetidas contra la posición de Pre Tribulación, y me dice si sostienen algún peso.

La **primera acusación** contra la posición anterior a la tribulación es que el Rapto **Antes de la Tribulación No Se Encuentra en la Biblia.**

Ahora, por sorprendente que suene, algunas personas rechazan toda la idea de un Rapto de la época de la Iglesia, Porque dicen, " La palabra "Rapto" no se encuentra en la Biblia". Pero como vimos al principio de este libro, la palabra Inglesa "rapto" proviene del sustantivo Latino "ruptura" que es una traducción de la palabra Griega del Nuevo Testamento "harpazo". "Harpazo" se utiliza 14 veces en el nuevo testamento y la idea básica de la palabra es, "quitado repentinamente o un arrebatamiento repentino o un secuestro repentino lejos, para agarrar, para llevar". por lo tanto, se ha convertido en la palabra ilustrativa perfecta para describir el acontecimiento, el Rapto, donde Dios repentinamente toma o arrebata su Iglesia de la tierra al cielo. Jesús viene en las nubes, nos atrapa o nos secuestra, la iglesia de la tierra, luego volvemos al cielo con Él.

Así que mientras que sí, la palabra en inglés "Rapture" no aparece en nuestras actuales Biblias Inglesas, la palabra griega "harpazo" aparece repetidamente, 14 veces, en el texto original Griego, que es donde traducimos nuestra palabra en Inglés, "Rapto" de, lo que significa lo mismo cosa. ¿Cuál es tu punto? No hay "conspiración" aquí. No "no es broma" con la Biblia sólo para apoyar una "Doctrina de Rapto". Está ahí mismo en el texto. Tiene que ser retraducido al inglés porque ninguno de nosotros habla el Griego Koiné original que es lo que el Nuevo Testamento fue escrito en. Por ejemplo, ¿ cuántos de ustedes pueden leer el siguiente pasaje? Este es 1 Tesalonicenses 4:16-18 el Rapto pasaje, en el original Griego:

4:16 οτι αυτοσ ο κυριοσ εν κελευσματι εν φωνη αρχαγγελου και εν σαλπι γγι θεου καταβησεται απ ουρανου και οι νεκροι εν χριστω αναστησονται πρωτον **4:17** επειτα ημεισ οι ζωντεσ οι περιλειπομενοι αμα συν αυτοισ α ρπαγησομεθα εν νεφελαισ εισ απαντησιν του κυριου εισ αερα και ουτωσ παντοτε συν κυριω εσομεθα **4:18** ωστε παρακαλειτε αλληλουσ εν τοισ λο γοισ τουτοισ[1]

¿Puede ver la palabra "Rapto" en aquí? Yo no lo Ve. ¿ Como sobre los muertos en Cristo ascendiendo o Jesús descendía del cielo para encontrarnos en el aire? No. La palabra "Rapto" no se encuentra en ninguna parte de este texto incomprensible porque ninguno de nosotros lo habla y mucho menos leerlo, que en Koiné Griego. Esta es precisamente la razón por la que tenemos que tener la nueva traducción que tenemos hoy. El lenguaje cambia con el tiempo y Dios quiere que todas las personas de cada idioma conozcan su palabra, la Biblia. Así pues, como las lenguas cambian con el tiempo, la Biblia es traducida de nuevo para mantenerse al corriente de los cambios. A veces las palabras cambian desde el "anterior" traducción porque el "nuevo" el idioma está siendo traducido a tiene una "nueva palabra" sino el "sentido" sigue siendo el mismo. Como se dijo anteriormente, el Nuevo Testamento fue escrito en Griego Koine que fue traducido al Latina, porque él Latina había suplantado la lengua Griega para convertirse en el idioma dominante del día. S mantuvo así durante muchos siglos hasta que finalmente el idioma inglés se convirtió en el nuevo lenguaje dominante del dia, por eso tradujimos la Biblia en las nuevas versiones inglesas que usamos hasta hoy. Lo que significa que, *técnicamente,* la palabra "Rapto" se encuentra en la Biblia, si puede volver a una versión anterior del mismo, como este hombre comparte:

"En primer lugar, la palabra 'Rapture' se encuentra en la Biblia, si usted tiene la Vulgata Latina producida por Jerónimo en los primeros 400's. La Vulgata (la Biblia) de la medieval iglesia occidental hasta la Reformación. Sigue hasta este día como la traducción latina primaria de la Iglesia Católica Romana.

Aún, más tarde, era el protestante que introdujo la palabra 'Rapto' a la lengua inglesa del Latín. No debería ser sorprendente a nadie, que una palabra inglesa fue desarrollada del latín que usamos hoy conocido como 'Rapto'.

En Europa, durante la Edad Media y la Reformación períodos, los teólogos procedían de diversos países y, por lo tanto, Habla diferentes lenguas nativas. Sin embargo, la lengua sola de la iglesia, tanto católico como protestante era Latina. De Hecho, muchos del primer libro escrito y publicado en las Colonias Americanas durante el siglo XVII estaban en Latín.

Por ejemplo, la historia famosa de Cotton Mather's de las colonias Americanas durante   el siglo diecisiete fue escrito en latín y llamó a Magnalia Christi Americana, O las grandes obras de Cristo en los Estados Unidos. Porque fue hecho en Latín se podría leído en toda Europa por la clase educada. Por lo tanto, no debería sorprender a nadie que muchas palabras nuevas entrarán en el idioma Inglés de una fuente Latina, especialmente en el Reino de la teología. Rapto es una palabra." [2]

Además, la lógica de diciendo, "no debemos creer en el rapto, porque la palabra "rapto" no se encuentra en la Biblia" Es acerca de cómo "ilógico" como diciendo "no debemos creer en la Biblia, porque la palabra "biblia" no aparece en la Biblia," ¿Sabías que? De hecho, hay todo tipo de "palabras bíblicas" que utilizamos para describir "doctrinas bíblicas" *que no aparecen* en la Biblia.

Por ejemplo, ¿significa esto que no debe creer en la "Trinidad"? ¿Sabías que la palabra "trinidad" no aparece en la Biblia? Pero la "enseñanza" o "doctrina" de la Trinidad. O cómo sobre la palabra "milenio" no aparece en ninguna parte de la Biblia. Hacemos, por tanto, ¿ no creen en un reino milenario literal? O ¿Simplemente reconocemos que la palabra "milenio" es la palabra en inglés traducido de la palabra griega en la Biblia, "chilioy", lo que significa 1.000 años que es lo que la palabra inglesa significa"Milenio"

¿O cómo sobre Lucifer? ¿ Vamos a negar la existencia de un literal de satanás porque la palabra "Lucifer" no aparece en el texto original? No por la forma como usted sabe. O Simplemente reconocemos que " Lucifer" es una palabra latina utilizada para describir a satanás en el texto original, al igual que la palabra "rapto" viene de una palabra latina utilizada para describir la "la captura de distancia " en el original Griego.

Es simplemente increíble para mí la gente llegara a usar esta línea de razonamiento para tratar de negar la enseñanza bíblica del rapto, como afirma este investigador:

"Me sorprende que algunas personas que me escriben, cuestionando la validez del Rapto, simplemente porque la palabra "Rapto" no aparece en la Biblia.

Su lógica falla porque hay un gran número de palabras que no aparecen en la Biblia. Porque la Palabra de Dios fue escrita originalmente en Hebreo y Griego, uno podría decir que la verdad no hay palabras en Inglés que están en la Biblia.

Para el registro, la palabra 'Rapto' viene de la palabra latina "rapturo', que a su vez fue una traducción del verbo griego "la captura" en 1 Tesalonicenses 4:17. También se le puede llamar el Pre-Tribulation Rapto o Pre-Tribulation "Atrapados"- que viene a ser lo mismo.

El arrebatamiento literal evento es claramente enseñado. La Biblia enseña que el Señor descenderá del cielo en el aire, y considera al cielo al lugar que él ha preparado para ellos. Simplemente porque el término no se utiliza en un texto, no significa que el evento no está allí.

Esta objeción es uno de estos vacíos 'arenque-rojo"(mal aconsejar) objeciones que simplemente no tiene ninguna sustancia. De hecho, en ninguna parte de las escrituras ¿La palabra 'biblia' aparece, pero que la gente no deja de referirse a las escrituras colectivas como la 'Santa Biblia' ". [3]

La segunda acusación contra la posición Pre-Tribulación es que **El Rapto Secreto No es un Evento**.

Mi respuesta es, " Así que dice que era?"¡ Ciertamente no Pre-Tribulacional quienes apoyan el rapto de la Iglesia! Más bien, esto es sólo una continuación de la ilógica falacia que estamos cubriendo. Es otro "Red Herring" argumento lanzado contra la posición Pre-tribulación como este hombre comparte:

"Apenas si pasa una semana en que no recibo material el rapto Pre-Tribulación opuestos que se llena con todos los tipos de error, tanto históricos y Las

escrituras. Por ejemplo, me encontré un artículo titulado "El origen de la teoría del Rapto Secreto." La primera oración dice, ' se puede sorprender incluso impresionar que ni la palabra "rapto" ni la enseñanza de un rapto secreto es mencionado en toda la literatura cristiana antes de 1830- incluyendo la Biblia!".[4]

¿Qué? Nos acabamos de ocupar de eso con gran detalle en el punto anterior, exponiendo cuán ilógico y falacia es una afirmación como la que realmente es. Sin embargo, aquí lo está utilizando de nuevo realmente? "En serio?" Parece que sólo sigues tirando por ahí esperando que algo se pegue. Es chocante como este hombre declara:

"Estoy sorprendido de que cualquiera podría empacar tanto error en una sola frase."[5]

Yo estaría de acuerdo de todo corazón. Pero esto es lo que aquellos que rechazan a los Pre-Tribulacional Rapto de la Iglesia. Se sigue repitiendo los mismos malos consejos de argumentos, las fallas históricas y bíblicas, y abrigamos la esperanza de que algo se pegue.

Sin embargo note que han añadido alguna cosa al primer argumento de arenque rojo. No es que simplemente la palabra "rapto" no se encuentra en la Biblia, sino que la palabra "rapto"(secuestro) no se encuentra en "cualquier literatura cristiana antes de 1830". ¿Realmente? Una rápida mirada a los hechos históricos revela que esto es otra falsedad:

"No es difícil averiguar cuándo las palabras inglesas se introdujeron por primera vez en el idioma. Uno sólo tiene que comprobar *El Diccionario Inglés de Oxford (OED)* y citará ejemplos de la historia del uso de la palabra. La antigua palabra en el 'Rapture' familia es "rapt" OEG cita ejemplos de "rapt" ocurridos en 1400 en literatura Inglesa. Los primeros casos de 'Rapture' en secular literatura inglesa son citados como 1605,1607, y 1608.

OED ofrece siete matices de la palabra (Rapture) Rapto. 'La cuarta entrada es la bíblica define como el acto de transportar a una persona de un lugar a otro (esp.) al cielo; el hecho de estar tan transmitido'. Dos ejemplos de este uso son citados a partir del siglo XVII. El primero por un escritor llamado Ward en 1647 y el otro por J. Edwards (no el Americano Jonathan) en 1693. No toma mucho tiempo darse cuenta de que estos ejemplos están bien antes de 1830."[6]

¡Tanto para ese argumento de arenque rojo! (falso testimonio) ¡ah, pero espere, hay más! Noten de nuevo cómo estos objetantes a la posición pre-tribulación del rapto de la iglesia también han añadido un "tercer" arenque rojo a la ecuación. Esto está la palabra del bromista allí. ¡Ooh "secreto"! ¿esto parece diabólico, verdad? Lo que hacen es decir que tenemos que enseñar una Pre-Tribulation Rapto de la Iglesia son, en realidad, abogando por un "Rapto Secreto" que es anti bíblico o un "mito" Realmente? Enserio? Como otro investigador afirma: "aparentemente disfrutan peleando con otro hombre de paja." [7]

En primer lugar, de nuevo, ¿quién dijo que este acontecimiento el Rapto era "secreto"? No los que enseñan la posición Pre-Tribulación, como este hombre comparte:

"Lo siento, pero este otro error, otro mito. En toda mi lectura de pre tribulación y discusión con los pre tribuladores, yo nunca, que pueda recordar, escuche una pre-tribulación Rupturista usar la nomenclatura de 'secret' raptó a describir nuestro punto de vista. Sólo he escuchado la frase 'secret' el Rapto como un término peyorativo utilizado exclusivamente por Anti-Pretribulacionistas."[8]

Esta línea de pensamiento es tan salvaje como alguien acusando a alguien más que come hamburguesas de queso como un "secreto" comedor de hamburguesas. ¿Qué dices? Por supuesto comen hamburguesas con queso. Sin embargo nunca dijeron ni haga alguna vez los comen en "el secreto". Esa acusación vino de "usted" no ellos. No tratan de "esconder" algo. ¡Es una locura!

Lo mismo ocurre con el "Rapto Secreto" proponentes. Esta enseñanza viene de "ellos" y no el "Pre-Tribulacionalistas". Sin embargo, usted todavía tiene el descaro de decir que somos "nosotros" los que "engañan" a la gente y "llevan a los demás por el mal camino" con este "secreto", Rapto. ¿Qué dices? No se nos ocurrió, ¡ lo hiciste! ¡ no nos estamos escondiendo de nada!

Además, mientras que el rapto pre-tribulación puede tener lugar en cualquier instante (la doctrina de inminencia como vimos antes) esto no es de ninguna manera decir que es una especie de "secreto". En primer lugar, ¿cómo puedes decir que es un "secreto" cuando ha sido grabado para nosotros en la Biblia durante los últimos 2,000 años para que alguien lea en cualquier momento de la historia? De hecho, el apóstol Pablo incluso dijo que estaba escribiendo sobre el rapto de la iglesia para que nadie fuera "ignorante" al respecto!

1 Tesalonicenses 4:13,16-17 "Tampoco queremos, *hermanos, que ignoréis acerca de* los que duermen, para que no os entristezcáis como los otros que no tienen esperanza. Porque el Señor mismo con voz de mando, con voz de arcángel, y con trompeta de Dios, descenderá del cielo; y los muertos en Cristo resucitarán primero. Luego nosotros los que vivimos, los que hayamos quedado, seremos arrebatados juntamente con ellos en las nubes para recibir al Señor en el aire, y así estaremos siempre con el Señor."

En segundo lugar, el rapto pre-tribulación va a ser claramente un evento global con ramificaciones globales "sentidas" por todo el planeta, como estos investigadores afirman:

"El Rapto de la Iglesia (todos los creyentes nacidos de nuevo en Jesucristo para la salvación desde la Edad de la Iglesia comenzó en Pentecostés) será cualquier cosa menos un 'secreto'. El mundo entrará instantáneamente en un caos catastrófico en el momento en que se produce un evento impresionante. La imaginación está muy presionada para comprender las ramificaciones de lo que ocurrirá cuando millones de repente se desvanecen.

El Rapto será desconcertante, y para algunos un fenómeno inexplicable, pero no será un secreto. Que va a ocurrir antes de los ojos de un planeta embrutecidos de izquierda detrás de la tierra -habitantes. Esta declaración que Jesús llamara a su Iglesia para estar con Él parece audaz para muchos. Pero no me parece tan al Apóstol Pablo. Explica de qué tendrá lugar el próximo, en ese estupendo de una fracción de segundo:

"Porque el Señor mismo descenderá del cielo con voz de mando, con voz de arcángel, y con trompeta de Dios: y los muertos en Cristo resucitarán primero: Luego nosotros los que vivimos, los que hayamos quedado, seremos arrebatados juntamente con ellos en las nubes para recibir al Señor en el aire, y así estaremos siempre con el Señor" (1 Tesalonicenses 4:16-17).

Por lo tanto, el Rapto ocurrirá. Los creyentes y los cuerpos de los fallecidos durante la era de la Iglesia será "atrapados" en un solo instante de tiempo. "TODOS", no solo "algunos". irán instantáneamente a estar con Jesús, que les llevará al cielo, donde ha estado preparando su morada desde que él ascendió al cielo desde el Monte de los Olivos.

La Pre-Tribulation opinión sostiene que será un impresionante, repentino, inesperado-para-el-mundo-at-large-romper-in-a negocios como de costumbre en el planeta Tierra. El Rapto causará que todos quedan en la tierra a preguntarnos qué ha sucedido."[9]

"El mundo, sin duda, tomar nota cuando se produce el rapto. Si la estatua de la libertad desapareció desde el Puerto de Nueva York, ABC, NBC, CBS y CNN rompería desde su programación regular para cubrir esta maravilla. A tener millones de personas desaparecen sin dejar rastro, la tormenta de medios no puede ser imaginado. Si un coche o un avión se estrelló sin un conductor o piloto, sería una gran noticia. Después del rapto, los medios tendrán miles de ejemplos para elegir.

Pensar en las posiciones vitales que los cristianos se mantiene en el lugar de trabajo. Muchos negocios estarán paralizados por la pérdida de personal clave; la economía sufrirá un golpe devastador; y millones de personas, que tenía amigos y miembros de familia raptada, serán aterrorizados. El Rapto creará acontecimiento mediático que rivalizará con cualquier suceso noticioso del pasado. Si enciende el televisor, se encontrará la cobertura de 24 horas en cada canal. El Presidente sería llamar reunión de emergencia después de la reunión de emergencia, y las Iglesias estarían llenas al desbordamiento."[10]

Tanto por ser un "secreto", ¿eh? En tercer lugar, ¿cómo puede explicar todos los "pre-anuncio" del rapto de Pre-Tribulation Pre-Tribulation proponentes? No se trata de nosotros intentando "engañosamente esconder" algo "secreto" como este hombre dice:

"La idea de que no hay ninguno pagará duradera alguna atención a lo que tendría que ser un cataclismo parece difícil de creer. Esto es especialmente cierto ya que tanta información acerca del rapto Pre-Tribulación ya se ha difundido en la forma de millones de libros, la radio o la televisión, e incluso en forma de calcomanía: " En Caso De Rapto Este Coche Será Tripulado." [11]

No se asemeja a los proponentes del Rapto Pre-Tribulación intenta "ocultar" todo esto a nadie! En todo caso, estamos tratando de "asegurarse" *no sigue siendo* un "secreto", lo que significa que la otra posición, como ESTE hombre dice:

"Me cuesta entender cómo estas personas podrían pensar Pretibulationists predicar un arrebatamiento secreto. Parece que estamos haciendo nuestro mejor esfuerzo para popularizar el rapto antes de que tenga lugar. Dudo de que,

posteriormente, con todos los accidentes automovilísticos, los accidentes aéreos, y los informes de personas desaparecidas, el rapto secreto seguirá siendo una ocurrencia.

Las únicas personas que conozco que están intentando mantener la Pre-Tribulation rapto secreto son sus críticos. Y Pre-Ira Post-Tribulation personas tienen los medios de comunicación nacionales y las iglesias liberales como sus aliados en su continuo esfuerzo por silenciar todo el conocimiento de la "bendita esperanza."[12]

Así como usted puede ver, el Pre-Tribulation no sólo *no enseña* un rapto secreto "mito" pero las otras posiciones que son culpables de hacer la misma cosa que acusan los Pre-Trulationalist de hacerlo. Sin embargo, incredulidad, *algunos todavía* acusan a los defensores de la Pre-Tribulation posiciones de enseñar un "Rapto" secreto, citando este verso:

Apocalipsis 1:7 "He aquí que viene con las nubes, y todo ojo le verá, y los que le traspasaron; y todos los linajes de la tierra harán lamentación por él. Sí, amén."

Lo que dicen es, "ver aquí? Este versículo nos dice que "todo ojo verá a Jesús cuando él regrese, pero el Pre-Tribulation está diciendo que va a ser un "evento secreto" porque nadie sabe cuándo. Realmente? Bueno, de nuevo, en primer lugar, ningún defensor de la posición Pre-Tribulación está diciendo que Ser un evento "secreto". ¿Cuántas veces tenemos que pasar por esto?

En segundo lugar, este pasaje no está hablando sobre el Rapto de la Iglesia, pero la segunda venida de Jesucristo. Como vimos antes, en gran detalle, estos son dos acontecimientos distintos separados en la Biblia. Es por ello que "Todo ojo lo verá" y " todos los habitantes de la tierra harán lamentación" porque este pasaje se refiere a la segunda venida de Jesús al final de los 7 años de tribulación, No el rapto de la Iglesia, que tiene lugar antes de los 7 años de tribulación.

En efecto, hablando de la Segunda Venida, aquellos que enseñan que hay un "secreto" o "parcial" el rapto de la Iglesia, pero no de la Pre-Tribulation proponentes. Es algo las otras posiciones sobre el Rapto, quien cree que la Iglesia estará en los 7 años de tribulación y "sólo unos pocos iluminados" será tomada justo antes de la segunda venida de Jesús al final de la Tribulación. Está claro que *no* se trata de las enseñanzas de la Pre-Tribulacional Rapto de la Iglesia, de modo que es realmente "culpables" de enseñanza de un así llamado "Rapto Secreto" aquí?

No, está claro que el Rapto Pre-Tribulacional posición no enseñar un "Rapto Secreto mito." ¿Por qué las personas siguen manteniendo este "mito" está más allá de mí. Quizás es como el viejo refrán "Si repites una mentira lo suficientemente fuerte, lo suficientemente larga, con suficiente frecuencia, la gente cree". Seguramente el Rapto Pre-Tribulación será uno de los más que "abrirá tus ojos" en todos los acontecimientos de la historia humana como este hombre comparte:

"La sociedad moderna ha presenciado algunos bastante penosos acontecimientos durante el siglo pasado. Hemos ver el asesinato de dirigentes mundiales, nacionales e internacionales, las guerras y los desastres de todo tipo. Todos estos acontecimientos han dejado profundas cicatrices en el alma de la humanidad. Sin embargo, creo que estos eventos son insignificantes en comparación con el pánico que será causado por el rapto Pre-Tribulación.

El Rapto algún día va a dar un nuevo significado a la palabra "Choque." Para los EE.UU., el ataque a Pearl Harbor y los ataques terroristas del 11 de septiembre actualmente se clasifican como los eventos más sorprendentes de la historia de nuestra nación. Cuando el rapto tenga lugar, estoy convencido de que será 100 veces más almacenamiento de Pearl Harbor y combinado del 11 de septiembre.

En el pasado, no solo eventos ha logrado tocar cada individuo a nivel personal. Por ejemplo, muy pocas personas en 1941 había oído hablar acerca de Pearl Harbor, y mucho menos conocía a alguien involucrado en el incidente. Los ataques contra el World Trade Center y el Pentágono fallan en la misma categoría. Todo el mundo vio la calamidad en televisión, pero es probable que más de un 1% de la población de los Estados Unidos sabían que alguna de las víctimas que trabajaban en las Torres Gemelas o el Pentágono, o que se encontraban a bordo de los aviones comerciales secuestrados por los terroristas.

Por otro lado, después de que el Rapto tenga lugar, todos dejaron conocerán quien fue misteriosamente arrebatado. Podría ser un vecino, un primo lejano, o una persona toda la familia inmediata.

Algunos comentaristas han intentado profética para predecir que habrá sólo un pocos flojamente preguntas como, "¿Dónde fue todo el mundo?" La simple lógica dicta que las personas que se encuentran rezagados será absolutamente aterrorizado por lo que ha tenido lugar.

Sólo puedo adivinar el nivel de interés de la prensa, el gobierno y la opinión
pública preste al rapto, pero estoy seguro de que será inmenso. Como resultado
de la pesca fuera de la biblia, creo que muchas personas se convertirán a Cristo
y ser contados entre los santos de la Tribulación." [13]

Una vez más, la lección es, deberías haber conseguido guardado antes
del rapto Pre-Tribulacional tuvo lugar. No es ningún "secreto", es real y es mejor
estar preparado!

La **tercera acusación** contra la posición Pre-Tribulation **Pre-
Tribulation** es el **Rapto no es mencionado en un solo versículo**.

En realidad? ¿Cuántos arenques rojos vamos a tirar hoy de todos
modos? Lo creas o no, incluso después de toda esta evidencia Pre-Tribulacional
apoyando el Rapto de la Iglesia, todavía hay quienes se opongan a él diciendo,
"No hay un *solo versículo* en la Biblia que dice que la Iglesia será Raptada antes
de los 7 años de la Tribulación". Disculpe? Ya hemos visto una clara deducción
de la Biblia de un Pre-Tribulacional Rapto de la Iglesia a través de la ausencia de
la Iglesia, la ubicación de la Iglesia, las promesas a la Iglesia, la separación de la
Iglesia y hasta el fin de los 7 años de tribulación. ¿Cómo puede decir la Biblia no
enseña un rapto Pre-Tribulacional con todas estas pruebas?

Pero ellos dicen, "Ah! Pero eso no es un *solo versículo*." Bueno, pues lo
que *realmente* están diciendo es que *ninguna* doctrina bíblica puede ser definido
o estimarse con una *deducción* de la Biblia. Tiene que ser una enseñanza exacta
de un verso exacto. Creo que es una bonita declaración absurda, sobre todo
cuando se mira a los hechos, como este hombre dice:

"A menudo, las personas que hacen el argumento contra el rapto Pre-
Tribulación dirá, "La Biblia no dice en cualquier lugar en que la Iglesia será
raptada antes de la Tribulación." Pero la Biblia dice muchas cosas
indirectamente que necesitan ser inferida.

Por ejemplo, en ninguna parte de la Biblia dice que no debemos cometer el
aborto. Pero si leemos: "No matarás", con seguridad podemos deducir que ya
que usted tendría que matar al abortar! ya que Dios está en contra del aborto.

También, por ejemplo, directamente de la Biblia dice: "El bautismo debe ser por
inmersión." La mayoría de las principales doctrinas de la Biblia son
confirmadas por tales declaraciones inexpugnable directa, sin embargo, algunos

no lo son. Muchas preciosas verdades bíblicas no se encuentran expuestas en la superficie inmediata". [14]

En otras palabras, es perfectamente normal y esperado a veces que uno tendrá que "deducir" enseñanzas bíblicas de Biblia, sin poder "apuntar a un solo versículo." No hay nada disimulados mucho menos incoherente pasando aquí con la enseñanza del rapto Pre-Tribulación bíblica de las deducciones, como algunos acusan. Sin embargo, con la que declaró, ¿acerca de cómo estos "single" Versículo de la Biblia que apoyan un Pre-Tribulacional Rapto de la Iglesia?

Romanos 5:9 "Pues mucho más, estando ya justificados en su sangre, por él seremos salvos de la ira."

1 Tesalonicenses 1:10 "y esperar de los cielos a su Hijo, al cual resucitó de los muertos, a Jesús, quien nos libra de la ira venidera."

1 Tesalonicenses 5:9 "Porque no nos ha puesto Dios para ira, sino para alcanzar salvación por medio de nuestro Señor Jesucristo,"

Como vimos antes, la tribulación de 7 años es un tiempo de Dios derramando de Su ira, y, por lo tanto, puesto que la Iglesia es "salvadas de", "rescatadas de." y "no designados" a la ira de Dios, ¿cómo puede la Iglesia en este tiempo? La única manera que podemos ser verdaderamente "salvados", "rescatados" y "no designados" a la ira de Dios es estar "fuera de ella", que significa "de los siete años de tribulación" que es lo que el Rapto Pre-Tribulación posiciones enseña.

Pero algunos todavía sería objeto diciendo, " esto realmente no *se trata explícitamente* en un solo versículo indicando que la Iglesia sale antes de los 7 años de tribulación, es sólo "deducida" de que "en primer lugar, aunque no estoy de acuerdo con esa hipótesis, hemos visto, no hay nada malo con eso, incluso si lo que realmente eran el caso.

Sin embargo, lo siguiente acerca de este verso? Tal vez ésta será más explícito para usted. ¿ Es la Iglesia alrededor durante los 7 años de tribulación?

Apocalipsis 3:10 " Por cuanto has guardado la palabra de mi paciencia, yo también te guardaré de la hora de la prueba que ha de venir sobre el mundo entero, para probar a los que moran sobre la tierra."

Como vimos antes, esto es claramente una promesa de Jesús en *un solo versículo* a su Iglesia que no estarán en la "hora de prueba" o el de 7 años de tribulación que es "de venir en todo el mundo." ¿Cómo puede obtener más *explícito* que esto? De hecho, sólo la posición Pre-Tribulation es coherente con esta promesa hecha por Jesús a su Iglesia sobre ellos está *totalmente ausente* de la Tribulación de 7 años. Prometió mantenernos a la Iglesia "fuera del tiempo" quitando nosotros desde la tierra "antes" a los 7 años de tribulación.

Pero incluso si usted *todavía* no desea aceptar este versículo como *una sola* apoyando la posición Pre-Tribulation y aún de alguna manera gire alrededor y dicen que es deducir y por lo tanto no es válido para responder a la acusación, tendría que mirar lo que estás haciendo con tu enseñanza sobre el Rapto! Usted es culpable de hacer lo mismo! En ninguna parte de la Biblia lo hace directamente dicen que la Iglesia pasará por la tribulación cómo se mantendría. Esto no es hipocresía como Este investigador afirma:

"Los críticos del rapto Pre-Tribulación quiero señalar el hecho de que la Biblia nunca se refiere al rapto de la Iglesia como 'Rapture' Pre-Tribulation aún en la misma mano, tampoco en la Biblia se refieren al rapto como la 'Pre-Ira, Mediados de la -Tribulation o Posiciones-Tribulación Rapto'.

Esta es una vez más un 'rojo' de arenque objeción con ninguna sustancia en absoluto. Como fue cubierto en 1 Tesalonicenses 5:9 la Biblia nos promete que vamos a no ser sometido a la ira por venir, que es el período de Tribulación de 7 años o 70 semana de Daniel."[15]

Capítulo Doce

Los Injustos Cargos

La **cuarta acusación** contra la posición Pre-Tribulation **Pre-Tribulation es el Rapto No es Justo**.

Ahora, aunque el rapto es llamado la "Esperanza Bienaventurada" y por una buena razón (nosotros, la Iglesia, son rescatados de la ira de Dios que se derrama en los 7 años de tribulación) algunas personas todavía sería objeto y decir que el Rapto Pre-Tribulación, que la "versión" de la "Esperanza Bienaventurada", es injusto. Dicen que "no es justo" que algunas personas llegan a ser "de repuesto" a partir de este marco de tiempo del juicio de Dios, mientras que otros "tienen" a ser "en", como la posición de Rapto Pre-Tribulación estados.

Sin embargo, como vimos antes, esto no es nada nuevo. Dios ha "salvado" a ciertas personas, muchas veces en la Biblia como en el indicado anteriormente ejemplos de Noé y su familia, Lot y sus hijas, los israelitas en Egipto, e incluso Rahab la prostituta. De nuevo, esta es la razón por la cual el rapto es llamado la "esperanza bienaventurada". Al igual que Noé, Lot, los israelitas, y Rahab, estamos suspendido desde este tiempo de juicio. Hay una gran "esperanza".

También creo que parte de la incomprensión viene de la confusión en la palabra bíblica "tribulación". Hay un "tribulación" con una "T" de capital si se quiere, y "tribulación" con una pequeña "t". Los objetores a la posición Pre-Tribulation afirmar que la Iglesia les garantiza la "tribulación" en la Biblia y, por lo tanto, no debemos esperar a ser "Exento" desde los 7 años de tribulación.

Sin embargo, la tribulación de 7 años no es la misma cosa que la Asamblea de la tribulación. Los 7 años de tribulación es una efusión del dios de la "ira" que la Iglesia *no* es nombrado á, mientras que el general tribulación se refiere a ensayos cotidianos o en general de la tribulación que la Iglesia es nombrado á.

Como vimos antes, es realmente dos diversas palabras griegas. Asamblea de la tribulación es la palabra griega "thlipsis" que se refiere a la "presión, opresión, aflicción, angustia, problemas, o los juicios." Esto es lo que nos prometieron como la Iglesia.

Romanos 8:35 "¿Quién nos separará del amor de Cristo? ¿Tribulación, o angustia, o persecución, o hambre, o desnudez, o peligro, o espada?"

Romanos 12:12 "gozosos en la esperanza; sufridos en la tribulación; constantes en la oración"

2 Corintios 1:4 "El cual nos consuela en todas nuestras tribulaciones, para que podamos también nosotros consolar a los que están en cualquier tribulación, por medio de la consolación con que nosotros somos consolados por Dios"

2 Tesalonicenses 1:4 "Tanto, que nosotros mismos nos gloriamos de vosotros en las iglesias de Dios, por vuestra paciencia y fe en todas vuestras persecuciones y tribulaciones que soportáis."

Estos pasajes son sólo hablando de "tribulación" general que la iglesia pasará a través de Dios, sin embargo, la "ira" en el griego es la palabra "orge" que significa "la ira, la emoción violenta, ira o indignación." Así que sí, estamos claramente prometida como su Iglesia a experimentar "tribulación" general "thlipsis" o "juicios, disgustos y aflicción", ningún desacuerdo. Sin embargo, la "ira" o "orge" se refiere a la "ira de Dios o la indignación" y la Escritura es clara, Jesús establece su iglesia libre de eso.

Romanos 5:9 "Pues mucho más, estando ya justificados en su sangre, por él seremos salvos de la ira."

1 Tesalonicenses 1:1 "Y esperar de los cielos a su Hijo, al cual resucitó de los muertos, a Jesús, quien nos libra de la ira venidera."

1 Tesalonicenses 5:9 "Porque no nos ha puesto Dios para ira, sino para alcanzar salvación por medio de nuestro Señor Jesucristo,"

Así como usted puede ver, nosotros la iglesia pasará por problemas generales en la vida, tiempos difíciles, persecuciones, privaciones, etc. asamblea tribulación. Sin embargo, somos salvos de la ira de Dios a través de Jesucristo, que incluye a los años de tribulación. ¿Por qué alguien sería "resistir" u "objeto" a esta maravillosa buena noticia A partir de la Biblia es más allá de mí, especialmente cuando lo ves repetido en otros ejemplos bíblicos, como Noé y Lot y los demás, es casi como esas personas que rechazan la doctrina del rapto Pre-Tribulacional donde la Iglesia será "salvado" de la ira de Dios, en realidad "quieren" ser en ese tiempo, como este hombre comparte:

"Usted pensaría que el deseo de ir a través de la Tribulación de 7 años será tan popular como el deseo de saltar en un foso lleno de víboras y vidrios rotos. Como ilógico que parezca, parece que hay un gran número de cristianos que esperan plenamente para obtener maltratados antes del regreso de Cristo.

Muchos cristianos sostienen enérgicamente el derecho a sufrir persecución a manos del Anticristo y de un gobierno mundial. Estas tribulaciones saint wannabes arpa constantemente, "Porque Jesús y Sus discípulos sufrió persecución, deberíamos esperar nada mejor." Ha sido mi experiencia que gente con la fe más débiles generalmente son las que hablan los más audaces. Cuando la menor dificultad proviene de su camino, que claman al cielo.

No, me gusta ser portador de buenas noticias, pero la palabra de Dios afirma claramente que los creyentes se escapará la tribulación baño de sangre.

'Para Dios no nos nombró a la ira de Dios, sino para obtener la salvación por nuestro Señor Jesucristo.' (1 Tesalonicenses 5:9).

"Porque has guardado la palabra de mi paciencia, yo también te mantendrá a partir de la hora de tentación, que vendrá sobre todo el mundo, para probar los que moran en la tierra" (Apocalipsis 3:10).

En un sentido, personas que piensan que la Iglesia pasará por la tribulación son algo correcto. Creo que un gran número de personas- que son cristianos sólo de nombre se encuentran rezagados. Por tener el rapto antes de la Tribulación de 7 años, todos los que se encuentran ante la ira de Dios será sin excusa". [1]

Pero que trae otra objeción por parte de estas personas que piensan que hay algo "injusto" en curso con el rapto Pre-Tribulacional enseñanza. Ellos dicen algo como, "Hey, espere un minuto. Usted ha dicho que la Iglesia no es nombrado á la ira de Dios, pero admito que hay gente que va ser "guardado" durante los 7 años de tribulación. ¿No son estas personas 'bajo' de la ira de Dios?".

Sí, lo son. Pero estas personas no son la misma identidad como Iglesia, a la que la promesa de ser "guardar" de la ira de Dios fue hecho. Como vimos antes, la gente que se salvó durante la Tribulación de 7 años de la Tribulación son los santos, no era de la Iglesia de los Santos. La iglesia Santos fueron un "misterio" para los escritores del Antiguo Testamento.

Efesios 5:32 "Grande es este misterio; mas yo digo esto respecto de Cristo y de la iglesia."

Siendo así un "misterio" para los escritores del Antiguo Testamento, como Daniel a través de los cuales estamos teniendo en cuenta la finalidad de la Tribulación de 7 años, la Iglesia no es tan sorprendentemente *no* encontrado en este horrible tiempo, ¿por qué? Porque no pueden. Era un misterio para los escritores como Daniel! Entonces, ¿cómo podía incluirlos?

Además, como se indicó anteriormente, el "misterio" de la Iglesia explica también el "misterioso" existente entre la semana 69 de Daniel y el final de la semana 70, los 7 años de tribulación. Lo que ha venido sucediendo durante este largo período de tiempo, este intervalo largo? Este es el "misterio" de la Iglesia de la edad. Va a durar hasta la "plenitud de los gentiles" viene en o el Rapto de la Iglesia. Y al igual que la Iglesia tuvo un *comienzo* brusco en Hechos capítulo 2 poco después de la conclusión de la semana 69, la entrada triunfal de Jesús, así la Iglesia tendrá igualmente una abrupta *eliminación* poco antes del comienzo de la semana 70, los 7 años de tribulación.

Dios será entonces "reorientar" su atención sobre el pueblo judío para cumplir su promesa que hizo camino de vuelta a los patriarcas y al rey David. Esto significaría también que la Iglesia *no* es Israel hoy, Ni un "Repuesto" para Israel, como algunos querrían afirmar falsamente. La Iglesia e Israel son dos distintas, como este hombre comparte:

"Dios comenzó la nación de Israel con Abraham en Génesis 12. Él comenzó la Iglesia el día de Pentecostés en Hechos 2. Por lo tanto, si Israel y la Iglesia tiene un comienzo, entonces ¿por qué no tienen una conclusión aparte?

La Escritura nos dice que Dios tiene un plan muy definido para Israel y Él tiene un plan muy definido por la Iglesia. No estamos en Israel. No somos el nuevo Israel. No recibimos las promesas de Israel. Aún están por Israel. Si usted tiene la Iglesia recibir todas las promesas para Israel, entonces Dios era una guarida, porque Dios hizo promesas de Israel que él no se mantiene. Y así debe haber una distinción.

¿Que Dios ha destinado a su juicio en los 7 años de tribulación? Israel y las naciones gentiles. Dios no ha destinado a la Iglesia por la ira. No hay ningún punto en el que la Iglesia va a través de la Tribulación de 7 años. Toda la ira que el juicio de Dios sobre nosotros, pudieron apilar ya se ha amontonado en quién? Cristo en la cruz. Decir que vamos a través de los 7 años de tribulación es depreciar la obra de Cristo en la cruz y asumir que no necesita ser más ira que debemos tener de nosotros mismos. Que es una blasfemia.

Dios no hará nuestra destrucción, pero nuestra liberación. Él no nos hace sujetos de su ira. Él no tiene ningún punto en ponernos bajo las acciones punitivas y ellos la destrucción repentina. Él aprecia ningún propósito enojado hacia su Iglesia. Estamos a su amada esposa.

Recuerden la historia del Antiguo Testamento, donde Israel es visto a la esposa de Jehová, ¿verdad? Todo el libro de Oseas, la cosa entera está dedicada a una alegoría histórica de la relación entre Dios e Israel. Israel es visto como la esposa de Dios. ¿Qué tipo de mujer? Mujer adúltera, falsa, una ramera. Y la promesa es que la ramera se establecería en el reino.

Ahora ver, amados. Israel es una esposa, sino una ramera. La Iglesia, sin embargo, es una esposa y una virgen. Esas no son las mismas. ¿ Lo Tienes? Estos no pueden ser el mismo. La Iglesia es una virgen casta. Ese es el misterio. Esa es la nueva cosa. Lo nuevo es la Iglesia presenta a Cristo santificó sin mancha, sin mancha, limpia y pura.

Que no puede ser Israel. Israel sigue siendo una esposa adúltera, jugando con otros dioses, cometer adulterio espiritual y no se restaura sin embargo, hasta el momento de la avería en la Tribulación de 7 años.

No confunda la casta virgen presenta a Cristo con Israel, una mujer adúltera, miserable ramera infiel a Dios. La que él quiere látigo, haciéndole creer que es Israel. Irá, usted ve, es el destino de los incrédulos.

Cuando pienso en el futuro, ¿saben ustedes lo que pienso acerca de? Me pongo a pensar en el hecho de que Jesús viene. Y no estoy buscando la tribulación de 7 años y no estoy buscando al Anticristo. Estoy buscando a Jesucristo. Él viene y queremos estar preparados cuando llegue. Espero que estés listo".[2]

¿Por qué? Porque cuando la tribulación de 7 años comienza, la ira de Dios será derramada sobre este malvado y rebelde planeta, y usted no quiere estar aquí. La única forma de escapar es convertirse en una parte de la Iglesia de hoy a través de JesuCristo.

Pero como puede ver, la Iglesia no es claramente la misma identidad como Israel, por no hablar de la Tribulación de Santos que no se guardan después de los 7 años de tribulación comienza. Es sólo la Iglesia durante este tiempo, quien prometió ser "salvado" de la "ira de Dios", durante los 7 años de Tribulación.

Nuevamente, Dios demostrará su misericordia en medio de su juicio durante los 7 años de tribulación por dar a otros la oportunidad de ser salvada del infierno.

Apocalipsis 14:6 " Vi volar por en medio del cielo a otro ángel, que tenía el evangelio eterno para predicarlo a los moradores de la tierra, a toda nación, tribu, lengua y pueblo."

Un evangelio realmente ir durante este tiempo. Pero estas personas no son las mismas que las de la Iglesia. Alabado sea Dios por lo menos se guardó desde los tormentos eternos del Infierno, pero debido a su incredulidad y/ o dilación hoy, no fueron incluidos en la Iglesia de los santos de edad y, por lo tanto, no tienen ninguna promesa de ser salvado de los horrores de la Tribulación de 7 años. Más bien, como hemos visto más de una vez, sus cabezas literalmente se sobre el bloque de picado.

Apocalipsis 20:4 "Y vi tronos, y se sentaron sobre ellos los que recibieron facultad de juzgar; y vi las almas de los decapitados por causa del testimonio de Jesús y por la palabra de Dios, los que no habían adorado a la bestia ni a su imagen, y que no recibieron la marca en sus frentes ni en sus manos; y vivieron y reinaron con Cristo mil años."

Así que, de nuevo, el punto es este. Se guardan ahora antes de que sea demasiado tarde! Ser parte de la Iglesia de los santos de edad ahora, no de la

Tribulación de los santos en la Tribulación de 7 años. Evitar la cosa entera a través de Jesús, como este hombre comparte:

"Imagine esto: Usted se despierta una mañana y al encender las noticias y escuchar un boletín más inquietante que. Millones de personas de todos los rincones del mundo han desaparecido misteriosamente. Le resulta difícil de creer, pero como noticias de todo el mundo confirma esta desaparición masiva, un escalofrío de aprensión y temor corre a través de su cuerpo.

Se sienten vulnerables, inseguros y quizás solo. La constatación de que el rapto de los cristianos habla de ha sucedido te golpea como un bate de béisbol. sentir náuseas como la sangre sale desde su rostro y un terror se cuela en su estómago. Un miedo que sabes va a permanecer durante algunos años.

Usted se queda en la tierra y usted sabe que las profecías han llegado a pasar y ahora debe enfrentar los tristes momentos habla en el Apocalipsis, junto con todos aquellos que se niegan a prestar oídos a las advertencias. Ustedes son parte de quienes habían quedado atrás. Usted caer a sus rodillas y ruegas a Dios y a Jesús que te perdone y te ayude. Porque La noche oscura del alma ha comenzado.

Enormes cantidades de personas va a ser creyentes después de los 7 años de tribulación comienza cuando se dan cuenta de que han quedado atrás. Estas personas pasan por una experiencia horrible para los próximos años. Va a ser un infierno literal en la tierra para todos los que se encuentran atrapados en este coliseo demoníaco.

Aquellos que aceptan a Jesús como Señor en el tiempo presente, estará reunido cuando el Señor regrese antes de los acontecimientos de los 7 años de tribulación comience. Quienes se dan cuenta de que están atrapados en la telaraña de este horrible tiempo son la imprudente que no estaban listos para su venida. Ahora deben soportar la prueba salvaje que es su costumbre en los años subsiguientes de la tiranía bajo el poder del ejército global del Anticristo.

Si estás leyendo esto antes del rapto de la Iglesia y todavía no han llegado a conocer al Señor Jesús como su Salvador, ahora es tu oportunidad para tirar hacia atrás desde el borde del oscuro abismo en el que el mundo pronto se hundió.

Aceptar el regalo de la vida eterna que pone a su disposición el trabajo terminado del derramamiento de la sangre de Jesucristo. Todo lo que tienes que hacer es creer y pedir, y se le concederá. Como un creyente nacido de nuevo de la Iglesia de Dios y un miembro del Cuerpo de Cristo, que ciertamente será 'rescatados de la ira por venir".[3]

La **quinta acusación** contra la posición Pre-Tribulation es el **Rapto Pre-Tribulación Produce Pereza**.

No sólo algunas personas afirmar falsamente que la "esperanza bienaventurada" es "injusto" a otras personas que han tenido que sufrir, como hemos respondido en gran detalle, pero lo creas o no, incluso ir tan lejos como para afirmar que el Rapto Pre-Tribulación produce "pereza". O para decirlo á sus propias palabras, "no se espera producir irresponsabilidad? Si una persona está constantemente anticipando el regreso de Jesucristo, él no va a ser tan celestialmente bueno en la tierra?". ¿ Disculpe? Así que básicamente lo que estás diciendo es que la "Esperanza Bienaventurada" es realmente una promesa para convertirse en un "Bendito Sofá potato!"(flojo en el sofá) ¿Dónde conseguiste eso? Ciertamente no de la Escritura!

Como vimos antes, la Biblia nos anima repetidamente, la Iglesia, a estar preparados en todo momento para el regreso repentino de Jesús Cristo en el arrebatamiento. Esto es lo que se denomina la doctrina de inminencia. Es inminente, ya que puede suceder en cualquier momento. Es por eso que la Biblia nos dice una y otra vez para estar esperando, esperando, estar alerta, paciente y vivir vidas auto-controlado en el ínterin, a la luz de este acontecimiento inminente. No hay "Sofá Patatoing" (flojo en el sofá) pasando aquí! Ver por vosotros mismos:

Filipenses 3:20 "Mas nuestra ciudadanía está en los cielos, de donde también *esperamos* al Salvador, al Señor Jesucristo."

1 Tesalonicenses 1:10 "Y *esperar* de los cielos a su Hijo, al cual resucitó de los muertos, a Jesús, quien nos libra de la ira venidera."

1 Timoteo 6:14 "*que guardes el mandamiento* sin mácula ni represión, hasta la aparición de nuestro Señor Jesucristo."

Santiago 5:8 "Tened también vosotros *paciencia*, y *afirmad* vuestros corazones; porque la venida del Señor se acerca."

1 Tesalonicenses 5:6 "Por tanto, no durmamos como los demás, sino velemos y *seamos sobrios.*"

Estos versículos indican claramente que la llegada de Jesús vendrá cuando nadie lo espera y *por lo tanto* la Iglesia necesita estar *siempre* preparado para ello. Es decir, estar *siempre* ocupado haciendo lo que el Maestro nos dijo que hiciéramos en el ínterin, *no ser perezoso* o sentados sin hacer nada. De hecho, está claro "actividad" creado por la doctrina del rapto Pre-Tribulación es precisamente lo que es "visto" por el ejemplo de la Iglesia de Tesalónica para quien uno de los principales conductos de rapto fue escrita, como esta investigadora admite:

"El apóstol Pablo felicitaciones a sus amigos de Tesalónica y decir que estaban esperando el regreso de Jesucristo, el hijo de Dios que viene del cielo (1 Tesalónica 1:10). Tenemos la palabra para ella; su actitud era brillante anticipación, vigilante, esperando.

¿Cuál fue el resultado de esta actitud? No fue la pereza ni el desinterés, y no en todos. Más bien, la Iglesia de Tesalónica se convirtió en uno de los clásicos de las Iglesias del Nuevo Testamento, como resultado de su previsión del retorno de Cristo. El apóstol Pablo dice que hicieron una serie de cosas que hizo uno de la gran iglesia de la edad temprana del Cristianismo.

1) Recibieron la Palabra en medio de muchas Aflicción, con gozo en el Espíritu Santo (versículo 6). Constantemente consciente de la realidad del cielo, estas personas tenían poca confianza en la palabra del hombre. En consecuencia, tenían una confianza absoluta en la Palabra de Dios.

Bien podemos recordar que el Rapto de la Iglesia traerá un fin abrupto de los necios, insensatos, discurso humano de este mundo. Los planes grandiosos y enormes empresas humana será de poca o ninguna consecuencias cuando Jesús venga de nuevo. Nuestra generación es muy equivocados por vivir en la filosofía y el vano engaño en lugar de la Palabra de Dios. Nuestra necia generación humana está gobernada por filósofos que ya están en la tumba. Esto nunca sería si se había prestado la atención adecuada a la Palabra de Dios.

2) Se convirtieron en seguidores de Cristo. El camino de la vida es un misterio profundo a muchos se preguntan sobre el propósito de su vida. A los queridos cristianos de Tesalónica, este no era un problema. Deben vivir para Cristo, por supuesto. Pronto, ellos creían que él volvería de nuevo y, por lo tanto, cada paso dado en pos de Su perfecta voluntad serían certificadas y validadas por venir.

Un recordatorio aquí también es apropiado. El Rapto de la Iglesia no sólo ofrecen una generación de cristianos que estén vivos serán arrebatados para estar con él. También reivindican la finalidad para la que cada cristiano ha vivido una vida piadosa en todas las edades de la Iglesia. Su venida será un testimonio de esta y de todas las generaciones anteriores que la vida comprometida con Cristo no era la de un necio. La sabiduría de la consagración sin duda será certificada para siempre cuando Jesús venga de nuevo.

3) Estos Cristianos se ha convertido en un ejemplo de los creyentes. *El mundo en el futuro, viendo la vida de los creyentes "anticipada" en ese día, quedó muy impresionado. Estos individuos ejemplifica el Señor Jesús como en contra de ser meras criaturas de tiempos.*

Quien anticipa el regreso de Cristo es cuidadoso para no ir a cualquier parte y hacer cualquier cosa, a comprometerse a ningún principio de que él no va a estar orgullosos cuando Cristo venga de nuevo. Es así que la doctrina de la vuelta de Cristo es un método de purificación de la esperanza. Y cada hombre que tiene esta esperanza en él purificada incluso a sí mismo, así como él es puro (Juan 3:3).

4) Estos creyentes se convirtieron en difusores de la Palabra del Señor *(1 Tesalónica 1:8). Siendo totalmente confiados en el regreso de Jesucristo, los creyentes se veían a sí mismos como teniendo un gran mensaje, transformando la esperanza de traer a traer al mundo. El resultado fue un poderoso y más eficaz programa de evangelismo para que, "en todo lugar vuestra fe en Dios se difunde en el extranjero, de modo que no tenemos necesidad de hablar nada".*

En la Iglesia de nuestro tiempo, la necesidad de un fuerte explosivo, programa de Evangelismo y Misiones Mundiales es genial. Aún así, una proporción importante del mundo está a la espera de la oportunidad de escuchar el evangelio de Jesucristo. Preocupados con otras cosas y demasiado metido en el tiempo, sirviendo a los esfuerzos, la Iglesia de nuestros días bien podría usar una nueva motivación para la conquista mundial.

Transmitiendo el evangelio en todas partes se convirtió en la actividad de los Tesalonicenses. ¿Por qué? Porque creían que Cristo estaba llegando de nuevo.

Esta doctrina producido esa motivación como el mundo, pocas veces había visto. Nadie debe perderse la oportunidad de escuchar que Jesús va a regresar y que, por lo tanto, debemos confiar en Él. Este fue el motivar la esperanza de los Tesalonicenses y bien podría ser la nuestra hoy.

Nuestro Señor Jesucristo enseñó que podría regresar en cualquier momento, de repente, de forma inminente, sin ningún tipo de anuncio o señales. Podría suceder sin advertencia alguna, de repente, la captura de nosotros fuera de guardia si no hemos sirviendo fielmente a nuestro Maestro".[4]

Así como usted puede ver, desde la escritura, e incluso desde el ejemplo escritural de la Iglesia de Tesalónica, la doctrina del rapto Pre-Tribulation hace un verdadero seguidor de Cristo *cada activo, no perezoso.* Conociendo la inminencia del rapto realmente hará que usted para vivir por Cristo más, mucho más, a Cristo y a compartir el evangelio de Cristo tanto como usted puede, usted desea ser encontrado sirviendo fielmente a su Maestro. Pero sorprendentemente, algunos aún intenta negar la doctrina de inminencia y sus efectos de limpieza por citar otro versículo en la Biblia que dicen que socavan esta enseñanza. Sin embargo, un rápido examen de estos versículos demuestra cuán quebrado sus intentos de refutar la inminencia realmente son, como esta investigadora comparte:

"Mientras las Escrituras claramente presenta el ideal de la inminencia o un cualquier momento venida de Cristo, hay algunos que cuestionan esta idea y argumentan que el Nuevo Testamento no enseña que Jesús podía llegar en cualquier momento. Los siguientes son los tres principales argumentos que utilizará para tratar de refutar la inminencia.

En primer lugar*, se alega que desde el Evangelio había de ser predicado en todo el mundo antes de Cristo podría volver, él no podía volver en cualquier momento (Hech 1:8).*

Sin embargo, al escribir a los Tesalonicenses Pablo incluido él mismo cuando habla del rapto. Dijo: "Tenemos que están vivos y permanecen." Evidentemente, no llegó a ver todo lo que se interponga en el camino de la venida de Cristo durante su vida, o en cualquier momento.

Segundo, *los oponentes de la inminencia sostienen que Juan 21:18-19 impide cualquier momento Rapture porque dice que Pedro tuvo que vivir para ser un* *hombre viejo. Sin embargo, el propio Pedro alienta a los creyentes a buscar la venida del Señor (1 Pedro 1:13;4:7) sabía que podía morir repentinamente (2 Pedro 1:14).*

Asimismo, otros creyentes esperan la temprana muerte de Pedro, porque cuando Rhoda les dijo a los creyentes en Hechos 12 la noticia de su liberación de la cárcel, me dijeron: "estás fuera de tu mente", y cuando apareció a ellos "lo vieron y se sorprendieron" (Hechos 12:15-16). Aparentemente no tenía idea de que iba a vivir una larga vida. Cómo buscaron la venida del Señor ciertamente no caminar cada día preguntando, "Me pregunto si Pedro ha muerto?".

Además, el pasaje en Juan 21 ni siquiera fue escrito y distribuido a las iglesias hasta de quince a veinte años después de que Pedro ya había muerto, por lo que Juan 21:18-19 no es un impedimento para la inminencia.

*Un **tercer** argumento en contra de la inminencia es que el templo tuvo que ser destruido antes de vuelto Cristo (Mateo 24:1-3.) Sin embargo, debe recordarse que en Mateo 24, Jesús no era discutir el rapto de la Iglesia ya que la Iglesia era aún un misterio y todavía no han sido revelados, mucho menos establecido. No hay nada en Mateo 24, que se refiere a la destrucción del Templo en el momento del rapto, ni remotamente, sugiere que debe suceder primero."[5]*

Así como usted puede ver, por más que lo intenten, la doctrina de la inminencia está claramente establecido en la Biblia. Sin embargo, la ironía es, como se ha dicho antes, las *otras* posiciones sobre el rapto de los santos que son los que realmente *se producen pereza*. Pensar en ello. Si yo pensaba que Jesús *no podía regresar* en *cualquier* momento a Rapture a su Iglesia como la posición Pre-Tribulation enseña, sino sólo podía regresar al punto de Midway de los 7 años de tribulación, o ³/₄ de la forma a través de la posición Pre-Ira o todo el camino hasta el final con la posición Post-Tribulation, entonces no sé *cuando* él regrese, lo que significa que *pude conseguir perezoso*s y diviértase, ¿verdad? Todo lo que tendría que hacer es calcular los eventos proféticos que debe tener lugar antes de que Jesús regrese con su visión del rapto, como sello de la sentencia, las trompetas del juicio, el cuenco sentencias, el anticristo, y todas esas cosas, entonces mi pereza en consecuencia. Voy a asegurarme de que mirar ocupado justo antes de que regrese en el tiempo designado.

Pero eso no es todo! ¡ No sabemos cuando viene de vuelta! No es un tiempo designado, es inminente, lo que puede suceder en cualquier momento! La otra posición sobre el rapto no sólo destruir la doctrina de la inminencia, pero sus efectos de limpieza. Que realmente producen la misma cosa que acusan la posición de Pre-Tribulation haciendo, estimular la pereza.

Sólo la posición Pre-Tribulation dice no hay jefes advertencia alguna y que es mejor estar preparado y estar preparados en *todo* momento! Podría suceder *ahora* y lo que usted necesita para obtener ocupado *ahora* compartir el Evangelio. Podría suceder *hoy*, así que es mejor obtenerse ocupado viviendo una *vida santa* de Jesús *hoy*! Es una "buena" enseñanza, no una enseñanza "triste" como este hombre comparte:

"El arrebatamiento es presentado en el Nuevo Testamento como un evento que desde el punto de vista del hombre podría ocurrir en cualquier momento, y los creyentes deben estar buscando todo el tiempo. Sólo la posición Pre-Tribulation permite un inminente, en cualquier momento, signless venida de Cristo por su propio. Solo aquellos que creen en un rapto Pre-Tribulation honestamente puedo decir, "Jesús puede venir hoy".

En cualquier momento la venida de Cristo es una de las verdades en el Nuevo Testamento que nos llena de esperanza, de la esperanza y la motivación para vivir piadosamente. Los creyentes deben vivir con esta esperanza cada día- la esperanza de que Jesús puede venir hoy! Sólo la vista Pre-Tribulations permite esta esperanza bienaventurada (Tito 2:13).

Considere la canción antigua, Es la coronación del día? Para hacer el punto.

Jesús puede venir hoy, feliz día! Feliz día!
Y quiero ver a mi amigo; peligros y problemas podrían terminar si Jesús debe venir hoy.
Feliz día! Feliz día! Es la coronación del día?
Voy a vivir para hoy, ni ansioso,
Jesús, mi Señor, pronto me veré;
feliz día! Feliz día! Es la coronación del día?

No obstante, si media la tribulación o Pre-Ira o Post-Tribulation cantó esta canción, ¿no tienen que cantar de esta manera?

Jesús no puede venir hoy, día triste! Día triste!
Y no voy a ver a mi amigo; peligros y problemas no termina
porque Jesús no puede venir hoy.
Día triste! Día triste! Hoy no es el día de la coronación?

No quiero vivir para hoy, y voy a estar ansioso,
La bestia y el falso profeta que pronto veremos,
día triste! Día triste! Hoy no es el día de la coronación?

Podemos obtener una risa de esta parodia, pero es cierto. La Pre-Tribulation
view es la única vista que honestamente sostiene que Jesús podría venir hoy. En
cualquier momento la venida de Cristo, "[6]

De nuevo, por eso se llama la "esperanza bienaventurada". Sólo la doctrina del rapto Pre-Tribulación es una "buena canción para el corazón del cristiano, produciendo la alegría y la fecundidad, no una "canción triste de doom" infundir temor y pereza como las otras posiciones.

Capítulo Trece

Las Objeciones Falsas

La **acusación contra la sexta** posición **Pre-Tribulation Pre-Tribulation es que el Rapto es una Reciente Enseñanza "Espurias" (FARSAS)**.

Ahora, no sé si es sólo un último esfuerzo porque los otros ataques contra la posición Pre-Tribulation simplemente no bajo escrutinio como hemos visto, pero lo creas o no, en realidad hay muchas personas ahí fuera que dicen que están en desacuerdo con el rapto Pre-tribulacional porque es un "espurio" (farsa) y "reciente" la enseñanza, por lo que no puede ser verdad. Que, básicamente, estado y acusan al Rapto Pre-Tribulación docencia como haber sido iniciado por un hombre llamado John Darby, quien luego se supone que han recibido esta "demoníaca" idea de una chica llamada carismática Margaret MacDonald, de un discurso que hizo en 1830. Sin embargo, al investigar los hechos de esta acusación popular "reciente", la única cosa que usted verá que es "espurio" (farsa es la acusación. Al igual que todas las demás acusaciones falsas contra la posición Pre-Tribulation, esto tampoco bajo escrutinio.

La **primera acusación** contra las falsas Pre-Tribulation posición es que **Resienten la Docencia Debe Ser Rechazada**.

Primero de todo, esta acusación que sólo porque una enseñanza es "reciente" o "nuevos" que, por lo tanto, no puede ser verdad puede ser utilizado en ambos sentidos. Si esta es la base de su rechazo de la posición Pre-Tribulation del Rapto combinada con la acusación de que John Darby subió con ella en 1830 por Margaret Mac Donald, entonces seguramente usted también debe rechazar la posición Pre-Wrath del rapto porque es aún *más* reciente. El Rapto de la Iglesia Pre-Ira fue "formalmente denominada y publicitado por Marvin Rosenthal Pre-Ira en su libro *El Rapto de la Iglesia*, publicado por Thomas Nelson en 1990, a instancias de su amigo Robert Van Kampen, (uno de los hombres más ricos Americanos), que llegó a escribir *El Signo y El Rapto pregunta Respondida: llanamente & Simple*. De hecho, si no hubiera sido por la riqueza de Van Kampen y determina el poder de persuasión, esta posición "reciente" sobre el rapto puede nunca han tomado incluso apagado, como este hombre comparte:

"Yo creo que si van Kampen no eran una persona adinerada entonces muy pocos, si es que alguno de nosotros habría oído hablar jamás de su vista. Van Kampen pasó varios años en la búsqueda de un abogado de su punto de vista recién desarrollado hasta que finalmente pudo convencer a Marvin Rosenthal a adoptar su nueva teoría.

Tengo un amigo que fue entrevistado extensamente por Van Kampen (en los 80s) para la pastoral de la Iglesia, la asistió en el área de Chicago. Mi amigo pasaba horas al teléfono con Van Kampen, como él intentó convencerle de su visión extraña del rapto. Al final, mi amigo no podía estar de acuerdo con Van Kampen, por lo que no tienen la oportunidad de convertirse en pastor de esa Iglesia.

Estaba claro que Van Kampen estaba buscando a alguien para defender su posición de rapto. Van Kampen convenció finalmente Marvin Rosenthal, de su opinión. Rosenthal escribió un libro llamado La Pre-Ira Rapto de la Iglesia, la cual fue publicada por Thomas Nelson en 1990.

Van Kampen aparentemente subvenciona la publicación del libro comprando miles de copias y enviarlas a los Ministros por todo Norteamérica. Esto es cómo se propaga la nueva posición. Más tarde Van Kampen salió con su propio libro llamado El Signo (The Sign) (tres ediciones, 1992,1999,2000) de la Editorial de Libros. Entonces él había publicado El Rapto Respondió: Simple y llanamente (1997) con Revell".[1]

Así que permítanme dejar esto claro, usted rechaza la Pre-Tribulation del rapto porque hace que la acusación de que empezó "recientemente" con John Darby a través de Margaret MacDonald en 1830, pero aquí tenemos la posición del rapto Pre-Ira comenzando con Marvin Rosenthal a través de Robert Van Kampen en 1990. Este es un total de 160 años más reciente. Seguramente usted no sólo debe "rechazar" esta posición tan bien, pero el ataque "igual vehemencia" y "aún más" a la posición Pre-Tribulation. Es decir, estamos hablando de solo dentro de un par de décadas! ¡Nuestra propia vida!

Ahora, aunque no estoy de acuerdo con esta premisa, que sólo porque algo es reciente, por lo tanto, no puede ser cierto, como se puede ver que puede actuar en ambos sentidos en otra posición del rapto. De hecho, vamos a aplicar esta misma premisa falsa, no sólo para el Rapto Pre-Tribulación, sino a otras enseñanzas de la Biblia.

Durante la Reforma Protestante, en el 1500's muchas enseñanzas Bíblicas fueron "redescubiertas" y que fueron "cubiertas" durante siglos por la Iglesia Católica Romana. Por ejemplo, las importantes enseñanzas bíblicas y tales como:

- La Salvación Sólo por la Fe
- La Salvación Sólo por Gracia
- La Salvación Sólo por Cristo
- La Biblia es la Única Autoridad del Hombre Sobre las Cuestiones Espirituales
- Jesús es Nuestro Único Mediador Entre Dios
- El Sacerdocio del Creyente

Ahora, aquí está mi punto de vista. Todas estas enseñanzas bíblicas, que espero que todos nosotros apreciamos los protestantes, fueron "redescubiertos" en los 1500's. ¿Estoy obligado a "rechazar" ya que son también una enseñanza "reciente" como la acusación de John Darby enseñando la posición Pre-Tribulación en el rapto en el 1800? Esto es sólo una diferencia de 300 años? Yo seguramente esperamos que os diría que es absolutamente no!

Por lo tanto, pudiera ser que la doctrina del rapto Pre-Tribulación ni siquiera fue realmente una enseñanza "resiente" en absoluto, sino que fue "redescubierta" como muchas otras enseñanzas de la Biblia, debido a eclesiásticas encubrimientos? Creo que claramente presente a sí mismo a ser el caso, ya que seguimos en nuestra investigación sobre estas "falsas" acusaciones contra el rapto Pre-Tribulación. Pero como puede ver, este es otro "falsas acusaciones". Sólo porque una enseñanza es "reciente", no significa que no puede ser verdad.

La **segunda acusación** contra las falsas Pre-Tribulation posición es que **John Darby recibido de Margaret MacDonald.**

Ahora para la vida de mí, no sé cómo alguien puede repetir este "espurio" de la acusación, no digamos una y otra vez como el Anti-Pre-Tribulación, especialmente cuando se mira a los hechos. Pero eso no es todo. Resulta ser otro caso de, "si usted repite una mentira es lo suficientemente fuerte, lo suficientemente larga, y a menudo lo suficiente, la gente la creerá".

Básicamente este próximo "espurio" idea contra el rapto Pre-Tribulación afirma que "la teoría del Rapto Pre-Tribulación fue iniciado por una chica escocesa llamada Margaret MacDonald, que en 1830 recibió una visión demoníaca de los últimos días que incluyó la idea de un rapto Pre-Tribulación. Entonces esta "visión demoníaca" se dice que influyó posteriormente en un hombre llamado John Darby quien, a su vez, promovió y enseñó Pre-Tribulation esta idea del rapto de la Iglesia, haciendo de su promoción de la enseñanza "demoníaca" debido a su supuestas orígenes." "demoníacas " Como puede ver, eso es un cargo muy serio! Sin embargo, la única cosa que necesita ser "expulsados" de este "espurio"(farsa) es la acusación de mentiras" "demoníacas que contiene.

Primero de todo, esta "espurio"(farsa) acusación fue popularizado por un tío que tenía "motivos falsos" para atacar la posición Pre-Tribulation en primer lugar. Su nombre es Dave MacPherson y creanlo o no, achacó la Pre-Tribulation posición durante gran parte de su dolor y problemas en la vida. Por consiguiente, él "habría" de encontrar una manera de "destruir" la Pre tribulación teoría, incluso si esto significaba "promoción" de esta "mentira" falsa que conecta John Darby con Margaret MacDonald. Vea por usted:

"Dave MacPherson es un individuo que ama odiar Pretribulacionismo. De hecho, él ha ideado nuevas formas de expresar su desdén por Pretribulacionismo fabricando una historia falsa de la Pre-Tribulation Rapto. Durante los últimos 30 años o más, MacPherson ha dedicado su vida a odiar el Rapto a tiempo completo en un intento de participar en algo que él cree que impida su propagación.

Dice que los principales elementos de la doctrina del rapto Pretribulacional se originó con una joven chica escocesa llamada Margaret MacDonald en la primavera de 1830. Esta es la tesis planteada en una serie de libros y publicaciones durante más de treinta años por MacPherson, un periodista investigador, rapto girada como: *The Rapture Plot, The Unbelievable Pre-Tribulation Origin, The three Rs: Rapture, Revisionism, Robbery, The Great Rapture Hoax, The Incredible Cover-Up, The Late Great Pre-Tribulation Rapture.*

MacPherson ha dedicado su vida a la causa de desbaratar la creencia en el arrebatamiento Pre-Tribulación, ya que según su interpretación, ha sido la causa de graves perturbaciones en su propia vida. "En 1953 tuve un encuentro con sacudidas del rapto," es la frase inicial del rapto de MacPherson engaño (p.3). Esto es una referencia a su expulsión de una escuela cristiana en California (BIOLA) para la propagación de opiniones que se contradecían con Pretribulacionismo.

Él sugiere que esta experiencia fue tan devastadora que representa un retroceso en su vida cristiana. A causa de su desánimo, MacPherson y un amigo salieron y se emborracharon en México y pasa. MacPherson dice de esta manera un pincel con la muerte a causa de los muchos peligros que podría suceder que alguien en ese estado en México. Más tarde, estuvo involucrado en un accidente con un coche mientras viajaba en su motocicleta y casi pierde su brazo izquierdo.

Pero estos no eran los comienzos de su ni su familia los problemas debido a la Pre-Tribulation rapto. MacPherson tiene la mala costumbre de atribuir todo tipo de tragedias personales a la Pre-Tribulation enseñanza: la muerte de su madre, su hermana la incapacidad para tener más hijos, su propio fracaso para seguir a través de su vocación como evangelista, y otros asuntos. MacPherson dice incluso que su perro se convirtió en poseídas por demonios justo sobre el momento en que estaba a punto de escribir su primer libro Anti-Pre-tribulation, mordiendo salvajemente su mano con la que escribía varias veces.

Así, junto con algunas otras influencias, MacPherson comienza a proyectar la idea de que el origen de la Pre-Tribulation Rapto es de origen demoníaco a través de 15 años de edad, Scottish lassie. Por MacPherson, su vocación en la vida es una cruzada para desarrollar y perfeccionar su teoría y a propagarse en todo el mundo."[2]

Seguro que me parece como si alguien tiene una agenda "espurio" para promover esta mentira "falsa", pero como quiera que sea, es, incluso, cierto? ¿ John Darby hizo llegar el rapto pre tribulación enseñanza de Margaret MacDonald? Ni siquiera cerca. Ni siquiera por un disparo largo!

Primero de todo, si usted lee la denominada visión que Margaret MacDonald recibió, ni siquiera se trata de apoyar un Rapto Pre-Tribulación posición. Más bien es apoyar una posición Post-Tribulation con un rapto parcial! Aquí, lea por sí mismo. Es un asunto de registro público. Los siguientes son extractos del McDonald's llamado risa.

"Repetí las palabras, ahora hay angustia de las naciones, con perplejidad, el mar y las olas rugen, hombre de corazón no por miedo, ahora busque la señal del Hijo del hombre. Aquí me hicieron parar y gritar, o no se conoce cuál es la señal del Hijo del hombre; el pueblo de Dios piensan que están esperando, pero no saben lo que es.

Sentí que necesitaba ser revelado, y que existía una gran oscuridad y error acerca de ella; pero de repente lo que era reventar a mí con una luz gloriosa. Vi que era sólo el mismo Señor que descendía del cielo con un grito, sólo el hombre glorificado, incluso Jesús; sino que todos debemos, como Stephen fue, sean llenos del Espíritu Santo, para que ellos puedan mirar hacia arriba y ver el resplandor de la gloria del Padre.... Sólo aquellos que tienen la luz de Dios dentro de ellos aparecerá el signo de su aparición...

Es Cristo en nosotros que levantarnos- él es la luz- es la luz- es sólo de aquellos que están vivos en él que serán arrebatados para reunirse con él en el aire. Vi que debemos estar en el Espíritu, para que podamos ver las cosas espirituales .... Pero vi que la gloria del sacerdocio o el Espíritu no había sido conocido. He repetido con frecuencia, pero el templo espiritual debe y deberá ser criados, y la plenitud de Cristo se vierte en su cuerpo y, a continuación, vamos a ser arrebatados para reunirse con él.

Oh ninguno será digno de esta vocación, pero este cuerpo, que es la Iglesia, y que debe ser un candelero todo de oro. A menudo me dice, ah, la gloriosa en la ruptura de Dios Ahora que está a punto de estallar en esta tierra; oh el glorioso templo que ahora está a punto de ser criados, la novia que se adorna para su esposo; y oh santo, santo, ella debe ser la novia, estar preparada para ese glorioso esposo....

Vi al pueblo de Dios en una situación terriblemente peligroso, rodeado de redes y enredos, a punto de ser juzgados, y muchos van a ser engañados y caer. Ahora será el malvado ser revelado, con todo poder y señales y prodigios mentirosos, así que si fuera posible a los elegidos serán engañados. -Este es el fuego de prueba que nosotros. - será para la depuración y purificación de los verdaderos miembros del cuerpo de Jesús; pero Oh, será un sendero ardiente. Cada alma será sacudido hasta el mismo centro. El enemigo intentará agitar en todo lo que hemos creído....

He dicho muchas veces que la noche, y a menudo desde entonces, ahora será la horrible visión de un falso Cristo sea visto en esta tierra, y nada más que la vida de Cristo en nosotros puede detectar esta terrible intento de engañar al enemigo -es con todos deceivableness de maldad trabajará- tendrá una contrapartida para cada parte de la verdad de Dios, y una imitación de cada obra del Espíritu.

El Espíritu debe ser y será derramado sobre la Iglesia, que ella puede ser purificada y llenos de Dios -y sólo en proporción a lo que el Espíritu de Dios actúa, de modo que él- cuando nuestro Señor nos unge hombres con poder, lo hará él. Esto es especialmente la naturaleza de El Rastro, a través de los cuales se van a pasar que serán dignos de estar en pie delante del Hijo del hombre... El camino de la Iglesia es del anticristo.... He dicho con frecuencia, oh debe ser lleno del Espíritu Santo - debe tener la luz de Dios en usted, para que puedan detectar a satanás-ser llenos de los ojos por dentro- ser de arcilla en manos del alfarero-presentar a llenarse, llenos de Dios.... Este encajaría entrar a la cena de las bodas del Cordero...

He visto esa noche y, a menudo, ya que habrá una efusión del Espíritu sobre el cuerpo, como no ha sido un bautismo de fuego, que todas las escorias puede ser repudiada. Oh no debe ser y será esa inhabitación del Dios Viviente como no ha sido- a los siervos de Dios sellados en sus frentes-gran conformidad a Jesús- su santa imagen vista en su pueblo.... Esto es lo que somos en la actualidad a orar mucho para que rápidamente podamos todos estar preparadas para hacer frente a nuestro Señor en el aire, y lo será. Jesús quiere que su novia. Su deseo es hacia nosotros. Lo que vendrá, vendrá, y no tardará. Amén y Amén. Aun así que ven Señor Jesús".[3]

Ahora, aquí está lo sorprendente si estamos prestando atención a lo que se dijo allí. La acusación es que este discurso se supone para ser el "lugar de nacimiento" del rapto Pre-Tribulación posición que de alguna manera influenciados John Darby nos influyan sobre derecho hasta hoy. Pero incluso una lectura superficial muestra que ni siquiera es promover un rapto Pre-Tribulacional posición! Más bien, sobre la base de las propias declaraciones de McDonald's, es manifiestamente defiende un *Post-Tribulación Rapto.*

Analizar sus palabras. La tribulación es "el sendero ardiente que pruebe con nosotros" y que será "para la depuración y purificación de *los verdaderos miembros* del cuerpo de Jesús". Esta es la posición Postribulacionista. Luego ella describe ese periodo como "del Anticristo", cuando Satanás tratará de agitar en todo lo que hemos creído", cuando "la horrible visión de un falso Cristo [se] ser visto en esta tierra." y cuando "nada sino Cristo *vivo en* nosotros puede detectar esta terrible intento de engañar al enemigo" y, a continuación, incluida ella misma entre los fieles que sería juzgado *después* del Anticristo ha sido revelada y *durante* el período de la Tribulación. Esto es totalmente incompatible con el rapto Pre-Tribulacional enseñanza!

Por lo tanto, ¿cómo puede usted decir que esta es la "cuna" de la pre-trib rapture, ya no digamos "influido" John Darby a "pensar" Pre-trib! Es absurdo! Suena como que alguien tiene un "espurio" con su agenda de investigación falla aquí. Yo me pregunto: ¿Quién fue?

Además, Margaret Donald también fue un historicista en que ella creía que la Iglesia ya *estaba* en la gran tribulación y han sido durante cientos de años. Esto es incompatible con la doctrina del rapto Pre-Tribulacional. Todo esto significa que no hay manera usted puede atar a Margaret MacDonald Pre-Tribulation docencia como esta persona admite:

"Cuando uno analiza MacDonald visión, resulta claro que su visión no pudo haber sido un Pretribulacional uno. MacDonald buscó un "Fuego de prueba que nosotros", y la oradora previó la Iglesia ser purgadas por el anticristo. Cualquier Pre Tribulation Raptura puede decirle la Iglesia será eliminado antes del advenimiento del Anticristo.

La evidencia de que los cristianos creían en el Rapto mucho antes de MacDonald no parecen haber caído en las mentes de quienes se oponen al rapto. Todavía enseñan que es la fundadora de Pretribulacionismo. Cuando alguien se presenta con la abrumadora prueba de que él o ella está mal y se niega a aceptar que la verdad, entonces ciertamente puede llegar a la conclusión de que él o ella está en oscuridad espiritual.

Ninguna evidencia señala MacDonald como fuente de Pretrulationism. Cada gran autor profético vivo hoy, afirma que la Palabra de Dios como base para la creencia en el arrebatamiento. Pablo afirma en 1 Tesalonicenses 4:16-18:

"Porque el Señor mismo descenderá del cielo con voz de mando, con voz de arcángel, y con trompeta de Dios: y los muertos en Cristo resucitarán primero: Luego nos que están vivos [y] quedado, seremos arrebatados juntamente con ellos en las nubes para recibir al Señor en el aire, y así estaremos siempre con el Señor. Por comodidad el uno al otro con estas palabras".[4]

Entonces, como si eso no fuera suficientemente malo, intentando decir John Darby obtuvo la enseñanza Pre-Tribulation de Margaret MacDonald cuando ella claramente ni siquiera creer en ella misma, otra "mentira" falsas propagadas por Dave MacPherson es que John Darby también tienes la pre-tribulación enseñanza de un chico llamado Edward Irving y la Irving ites.

Sin embargo, ellos también, al igual que Margaret MacDonald fueron también historicists que ver la totalidad de la era de la Iglesia como de la Tribulación. También creen que Babilonia (falso Cristianismo según ellos) estaba a punto de ser destruido y luego la segunda venida ocurriría. Irving también enseñó que la Segunda Venida era sinónimo con el arrebatamiento e incluso cree que Raptura Santa permanecerá en el cielo hasta que la tierra fuera renovada por el fuego y luego regresar a la tierra.[5]

Esto evidentemente no es Pre-Tribulacional enseñanza, así como en el mundo puede decir que Darby nunca consiguió influenciado por Irving y la Irving ites para empezar a "pensar" el mismo Pre-Tribulation? Es una locura! Si Darby nunca *fue* influenciado por McDonald o Irving, entonces debe estar promoviendo "Post-Tribulacionismo" con un Rapto parcial, *no* Pre-Tribulacionismo! Esto es de locos! ¿Cómo podría *no* ser la fuente de pretribulacionistas pretribulacionismo? Es 's el peor caso de investigación en la historia humana o un piso fuera "mentira" por "motivos espurios", como este hombre comparte:

"Una de las cosas que facilitan el ascenso al poder nazi en Alemania a principios de este siglo fue su propaganda enfoque denominado, "La Gran Mentira". Si usted dijo una mentira lo suficientemente grande con suficiente frecuencia, entonces la gente vendría a creerlo. Esto hicieron los nazis. Esto es lo Anti-Pretribulacionista como John Bray y Dave MacPherson han hecho durante los últimos 25 años.

Aparentemente, "La Gran Mentira" acerca de los orígenes del Rapto Pre-Tribulación ha penetrado en el pensamiento del difunto Robert Van Kampen y Marvin Rosenthal en la medida en que han adoptado tal falsedad como verdad. Esto es sorprendente en vista del hecho de que su propio punto de vista Pre-Ira no es mucho más de 25 años en sí."[6]

Además, es de anotar que Darby incluso considerar el 1830 manifestaciones carismáticas como demoníaca y no de Dios, y por lo tanto no quería ninguna parte de él. Por último Darby informó de que incluso él mismo descubrió el rapto la enseñanza en 1827, tres años antes de MacDonald tenía su visión. Admitió que la revelación del rapto le vino cuando él se dio cuenta de la distinción entre Israel y la iglesia durante la convalecencia de un accidente a caballo durante diciembre de 1826 y enero de 1827.[7] Como señala un investigador:

"Si esto es cierto, y hay muchas razones para creer que es, entonces todo el origen del rapto de teorías de conspiración caen a la tierra en un montón de escombros especulativo. Darby hubiera al menos tres años de saltar sobre cualquiera que supuestamente han influido en su pensamiento, haciendo imposible para todos la influencia de teorías que tengan credibilidad." [8]

De nuevo, es evidente que alguien es culpable de algunos de los peores en la historia humana, investigación o están repitiendo esta "Gran Mentira" sobre el Rapto Pre-Tribulación por motivos "espurios".

La **tercera** Pre-Tribulation **espurio** en contra de la posición es que **John Darby comenzó él mismo**. En realidad?

¿John Darby realmente "inició" el Rapto Pre-Tribulación enseñanza, o como sucede con muchas otras enseñanzas bíblicas, como vimos en el caso de los ejemplos de los Reformadores Protestantes, hizo Darby simplemente "redescubrir" la enseñanza Pre-Tribulation que estuvo allí todo el tiempo en la Biblia? Creo que la respuesta será evidente una vez que tome una investigación histórica en la enseñanza del rapto Pre-Tribulación. De hecho, esta falta de honestidad la investigación histórica sobre el Rapto Anti-Pre-Tribulación, aparentemente ha costo algunos de ellos una buena parte del cambio, como este hombre comparte:

"Por lejos el mayor error Post-Tribulacionistas han hecho atacando el rapto es afirmar que el Rapto Pre- Tribulación no fue enseñado antes de 1830. De hecho, John L. Bray, un evangelista Bautista del Sur, ofreció 500 dólares a cualquiera que pudiera demostrar que alguien enseña la doctrina del Rapto a McDonald's 1830 visión. Bray fue primero equivocado cuando escribió en un boletín de noticias: "Entonces mi propia investigación indicó que era Emanuel Lacunza, quien en 1812 enseñó esta teoría."

Bray pegado su cuello de nuevo cuando él hizo otra oferta de 500 dólares a cualquiera que pudiera proporcionar una declaración documentada antes de Lacunza de 1812 escritos. Aparentemente había que emparejar y otros $500 dólares. Cito nuevamente: "Él ofreció 500 dólares a cualquiera que pudiera dar una declaración documentada antes de la hora que enseñan Lacunza dos fases de venida de Cristo separados por un período de tiempo establecido. Ahora tengo las fotografías copias de un libro publicado en Filadelfia, Pensilvania, en 1788 pero escrito en 1742-1744 en Inglaterra, donde se enseña el rapto Pre Tribulación antes Lacunza."[9]

Que me suena como una opción de "perder" a "apostar contra" las enseñanzas históricas del rapto Pre-Tribulación antes de John Darby! ¿No sería más sensato simplemente para mantener su dinero y dejar de apostar en contra de los hechos históricos de la posición Pre-Tribulation a cambio de "defectuoso" espurias motivaciones? Yo así lo creo! Eso es porque el rapto Pre-Tribulación ha sido verificada a través de la enseñanza y a través de la historia de la Iglesia. De hecho, incluso un vistazo somero revela que John Darby no fue el primero en "promover" esta enseñanza, que de un Rapto Pre-Tribulación. Más bien, era solamente uno de muchos, en la larga línea de otros eruditos bíblicos a lo largo de la historia de la Iglesia que enseñaron un Rapto Pre-Tribulación. Vea usted:

LA IGIESIA PRIMITIVA: los primeros Padres de la Iglesia" como Bernabé (100-105), Papias (60-130), Justino Mártir (110-195), San Ireneo (120-202), Tertuliano (145-220), Hipólito (185-236), San Cipriano (200-250), y Lactancio (260-330) escribió sobre el inminente retorno de Jesucristo, el argumento central para el rapto Pre-Tribulación vista. Expresiones de inminencia abundan en los padres apostólicos. Clemente de Roma, Ignacio de Antioquía, *la Didaché, la Epístola de Bernabé* todos hablan de inminencia.

- **La Didaché:** Tan pronto como 70-180 AD, capítulo 16, sección I dice, "estar atentos a lo largo de su vida; deje que sus corderos no se extinga o vuestros lomos ungided, pero esté preparado, porque no sabe la hora en que nuestro Señor vendrá".

- **La primera epístola de Clemente:** (escrito alrededor de 96 A.D. por Clemente, un prominente líder de la Iglesia de Roma, que conocía a algunos de los Apóstoles personalmente y probablemente es el Clement mencionados en Filipenses 4:3): "Es verdad, pronto y de repente será su será realizada, como la escritura también da testimonio, diciendo, "rápidamente se hizo venir, y no tardará."

- **Tertuliano:** "Pero, ¿qué es un espectáculo que inminente advenimiento de nuestro Señor, que ahora pertenece a todos, ahora altamente exaltado, ahora un triunfante!"

- **Pastor de Hermas:** habla del concepto Pretribulacional escaparse de la Tribulación. "Usted ha salido de la gran tribulación, a causa de su fe, y porque usted no duda en la presencia de esta bestia. Id, pues, y decirle a los elegidos del Señor sus hazañas, y decirles que esta bestia es un tipo de la gran tribulación que está por venir. Si luego estén preparados, y arrepiéntete con todo tu corazón, y dirigirse al Señor, te será posible escapar de ella, si tu corazón puro e impecable, y ye pasar el resto de los días de su vida sirviendo al Señor en forma intachable".

- **Victorinus:** (conocido por 270 y murió en el 303 D.C.) escribió un comentario en el libro de Apocalipsis. En un solo lugar, hizo una interesante declaración que refleja su idea de que la Iglesia tendría que ser retirado antes de la tribulación.

- **Ephraem el Sirio:** Pruebas de superficies Pretribulacionismo durante el período medieval temprano en un sermón de algún atributo de Ephraem el Sirio titulado *Sermón en los últimos tiempos, el Anticristo y el fin del mundo*. El sermón fue escrito a veces entre el cuarto y sexto siglo. El arrebatamiento declaración reza como sigue: "Entonces, ¿por qué no rechazar todo el cuidado de acciones terrenales y prepararnos para el encuentro de Cristo el Señor, para que él pueda llevarnos de la confusión, que abruma a todo el mundo? Por todos los santos y elegidos de Dios están reunidos antes de la tribulación que está por venir, y son llevados al Señor a menos que vean la confusión que se va a saturar el mundo a causa de nuestros pecados." Esta declaración pone en evidencia una clara convicción de que todos los cristianos se escapará la tribulación a través de un encuentro con el Señor. ¿Cómo puede ser esto entendido excepto una Pretribulacional? Después de la segunda venida de Cristo a la tierra con los santos es mencionado al final del sermón. Ephraem enseña también en el mismo sermón que la Guerra de Gog y Magog en Ezequiel 38-39 procedería a la tribulación y enseñó el retorno inminente de Jesús. Ephraem fascinante enseñanza sobre el Anticristo nunca han sido publicados en Inglaterra, hasta ahora. Esta profecía críticamente importante manuscrito del siglo IV de la era de la Iglesia revela un método literal de interpretación y enseñanza de la pre-retorno milenario de Cristo. Efrén Ephraem declara su creencia en un anticristo personal, quién gobernará el Imperio Romano durante los últimos días, un templo reconstruido, los dos testigos, y un literal de gran tribulación duró 1,260 días. En otro texto por Efrén llama *"El libro de la cueva del tesoro que él enseñó"* (The Book of the Cave of Treasure) que Daniel la septuagésima semana será cumplida en los últimos siete años al final de la edad que concluirá con el regreso de Cristo en la batalla de Armagedón para establecer su reino. Dr. Paul Alexander, El Dr. Paul Alexander, quizás el más autorizado estudioso de los escritos de la temprana Iglesia Byzantine, concluyó que el texto de Ephraem sobre el Anticristo enseña que el señor remueva sobrenaturalmente los santos de la Iglesia de la tierra "antes de la tribulación que está por venir."

Resumen Claro Tres Puntos desde Los Primeros Padres de la Iglesia Sus Enseñanzas:

- Estos primeros Padres de la Iglesia espera que Cristo retorne a la tierra físicamente, seguido por el año 1000 la regla del reino en la tierra.
- Por muchos de la escritura podemos ver que creyeron en la posibilidad de un regreso de Cristo en cualquier momento con las declaraciones que se asemejan a un Pre-Tribulation punto de vista.
- Aunque la primera iglesia bajo la intensa persecución estos maestros creían que seguiría habiendo llegado un momento distinto de la gran tribulación en el futuro.

LA IGLESIA MEDIEVAL: En el quinto siglo A.D. El amilenarismo de orígenes y Agustín había ganado el día establecido de la iglesia en el Este y Oeste. Es probable que siempre hay alguna forma de premilenialismo durante toda la Edad Media, pero se manifiesta principalmente en la clandestinidad.

- Dorothy deF Abrahamse notas: Por épocas medievales la creencia en un apocalipsis oficialmente se había relegado al papel de teoría simbólica por la Iglesia; tan temprano como el siglo IV, san Agustín había declarado que el Apocalípsis de Juan era ser interpretados simbólicamente en vez de literalmente, y para la mayoría de la Edad Media, los concilios de la Iglesia y los teólogos consideran sólo escatología abstracta para ser aceptable la especulación.

- Desde el siglo XIX, sin embargo, los historiadores han reconocido que el *apocalipsis literal no siguen circulando en el mundo* medieval y que desempeñaron un papel fundamental en la creación de importantes cepas de pensamiento y de leyenda. Se cree que las sectas como los **Albigenses, Lombardos,** y los **Waldenses** fueron atraídos a Premilenialismo, pero poco se conocen los detalles de sus creencias desde los católicos *destruyeron* sus obras cuando fueron encontrados.

- Algunos escritores Medievales como **Abbot Ceolfrid's** latinos del Codex Amiatinus (ca. 690-716) escribió las declaraciones que distinguen el Rapto de la Segunda Venida.

- **Hermano Dolcino:** (d. 1307) Él también hizo una distinción entre el rapto y la segunda venida. De hecho, hay dos cosas que son bastante ciertos de Dolcino. Primero, cree que el propósito del Rapto estaba relacionado con el escape de los santos desde el extremo-tiempo de la tribulación y la persecución del Anticristo. Segundo, Dolcino creía que habría una importante brecha de tiempo entre el Rapto de los santos del paraíso y su posterior descenso a la tierra.

- Cabe señalar en este punto que es sumamente improbable que la Edad Media para producir una abundancia de defensores del Rapto Pre-Tribulación cuando la creencia de Premilenialismo más fundacional está casi ausente. Por lo tanto, el rapto es igualmente ausente. Esto continuó hasta la época de la reforma, cuando muchas cosas dentro de la Cristiandad comenzó a ser revolucionado. (O, en otras palabras "redescubiertos").

LA IGLESIA DE LA REFORMA: Premilenialismo comenzó a ser revivido como resultado de al menos tres factores.

Primero, los reformadores volvieron a las fuentes, que para ellos eran la Biblia y Padres Apostólicos. Esto les expone a un premilenialismo ortodoxo. Especialmente significativo fue la reaparición del texto completo de Irenaeus' Contra las herejías, que incluía los últimos cinco capítulos que abrazan una coherente el futurismo y lanzar la 70 semana de Daniel en el futuro.

En Segundo lugar, se repudia mucho, no todos, de los que dominaba la allegorization hermenéutica medieval, adoptando un enfoque más literal, especialmente en el ámbito de la exégesis histórico.

En Tercer lugar, muchos de los Protestantes entraron en contacto con judíos y aprendieron Hebreo. Este plantearon inquietudes sobre si los pasajes que hablan de Israel nacional debían ser tomado históricamente o siguió siendo alegoría dentro de la tradición de la Edad Media. Cuanto más los reformadores tomaron como histórico, por más que se despertaron a Premillennial interpretaciones, a pesar del hecho de que a menudo eran etiquetados como "Judaizers".

- **John Calvin,** El reformador de Ginebra durante los 1500s y fundador de la Iglesia Presbiteriana, hizo las siguientes declaraciones en algunos de sus comentarios sobre los libros de la Biblia:

"Estar preparado para esperar de él cada día, o más bien cada momento." "Como él ha prometido que Él regresará a nosotros, debemos sostenernos dispuestos en cada momento a recibirlo". "Hoy debemos estar alerta para captar el retorno inminente de Cristo." Comentando 1 Tesalonicenses 4, el "Rapto pasaje." Calvin dice que San Pablo, "se entiende por este despertar a los Tesalonicenses para esperar, hay más, para mantener a todos los creyentes en suspenso, que no pueden prometer a sí mismos algún momento particular...que los creyentes puedan estar preparados en todo momento".

- **Martin Luther:** En su sermón de la Consolación, declaró que la esperanza del regreso de Cristo es una necesidad absoluta para un cristiano: "Si tú eres no se llena con un deseo después de la venida de este día, tú nunca miraste rezar la oración del Señor, ni miraste tú repetir desde tu corazón el credo de la fe. Con qué conciencia miraste tú decir, 'Creo en la resurrección de la carne y la vida eterna,' Si Tú hubieres no en tu corazón el deseo de la misma? Si hiciste creerlo, tú debes, necesariamente, el deseo de tu corazón, y mucho de ese día; el cual, si tú no deseas, tú no eres todavía un cristiano, tú tampoco puede presumir de tu fe".

- A finale de los 1500's y 1600's temprano, **Premilenialismo** comenzó a devolver como un factor dentro de la iglesia mayoritaria después de más de 1,000 años de reinado de El amilenarismo. Con el florecimiento de la interpretación bíblica durante el período de reforma tardada, intérpretes Premillennial comenzó abundar en todo Protestantismo y también lo hizo el desarrollo de sub-temas como el Rapto.

- **La Confesión de Westminster:** Escrito por los puritanos de Inglaterra durante los 1600's, declaró que los hombres deben "sacudir toda la seguridad y estar siempre vigilando, porque no saben a qué hora vendrá el Señor."

- Se ha afirmado que algunos separados del rapto de la segunda venida, tan pronto como **Joseph Mede** en su trabajo semina*l Clavis Apocalyptica* (1627), quien es considerado el padre de Inglés Premillennialism.

- **Increase Mather:** Él era un pastor, erudito, y fue el primer Presidente de la Universidad de Harvard y demostrado, "que los santos serían *arrebatados en el aire* de antemano, con lo que escapan de la conflagración final." Esta enseñanza de Mather fue una de las primeras en la formulación de la doctrina del Rapto más ampliamente en el siglo XIX. Es evidente que la aplicación de una hermenéutica más literal estaba conduciendo a una distinción entre el rapto y la segunda venida como eventos separados. Por lo tanto otros comenzaron a hablar del Rapto.

- **Peter Jurieu:** En su libro, acercando a la liberación de la Iglesia (1687) enseñó que Cristo vendría en el aire al rapto de los santos y volver al cielo antes de la batalla de Armagedón. Habló de un rapto antes de su venida en la gloria y la sentencia en el Armagedón.

- **Philip Doddridge's** Comentario sobre el Nuevo Testamento (1738) utiliza el término rapto y habló de ella como inminente. Es evidente que él creía que esta venida precederá la ascendencia de Cristo a la tierra y el momento de la sentencia. El objetivo era preservar los creyentes desde el momento de la sentencia.

- **Morgan Edwards:** (Fundador de la Universidad de Brown) en 1742-44 vio un rapto claro antes del inicio del milenio. "Yo digo, algo más porque los santos muertos serán resucitados, y la vida cambiará en la 'venida de Cristo en el aire' (1 Tesalonicenses 4:17), pero él y habitan en el aire todo ese tiempo? No: van a ascender al paraíso, o a una de las muchas 'mansiones en la casa' del Padre (Juan 14:2), y por lo tanto desaparecen durante el susodicho período de tiempo".

- **John Gill's** Comentario sobre el Nuevo Testamento (1748): Dr. Gill, un famoso teólogo Bautista del siglo XVIII, publicó su comentario sobre el Nuevo Testamento en 1748. Él es considerado un grave erudito calvinista quien escribió muchos volúmenes sobre teología. En su comentario sobre 1 Tesalonicenses 4:15-17, el Dr. Gill señala que Pablo está enseñando una doctrina que es "algo nuevo y extraordinario." Gil pide la inminente traducción de los santos "el rapto y exige vigilancia porque "será repentina y desconocida antes de la mano, y cuando menos pensado y esperado". "Para esto decimos a usted por la palabra del Señor: que nosotros que estemos vivos hasta la venida del Señor no impedirá que se quedan dormidos " (1 Tesalonicenses 4:15). Comentando este versículo Gill reveló que entiende habrá un intervalo de tiempo entre el rapto y el regreso de los santos con Cristo en el Armagedón. Para resumir el Dr. Gill's 1748 Pre-Tribulación Rapto la enseñanza acerca de la secuencia de eventos proféticos es vital observar que declaró a todos:

1. El Señor descenderá en el aire.
2. Los santos serán Raptados en el aire para encontrarse con Él.
3. Aquí Cristo se detiene en el aire y será visible.
4. Como todavía, Él no va a descender sobre la tierra, porque no es apto para recibirlo.
5. Él te llevará hasta los santos con él en el tercer cielo, hasta la conflagración general y la quema del mundo.
6. Él va a preservarlas.
7. Y, a continuación, será de todos los elegidos de Dios descender del cielo a la tierra con Cristo.

Gill a continuación resume la secuencia:

1.) Estarán con Él dondequiera que esté; primero en el aire, donde podrán reunirse con Él
2.) A continuación, en el tercer cielo, donde deberán ir con Él.
3.) A continuación, en la tierra, donde deberán descender y reinarán con Él mil años.

- **James Macknight** (1763) y **Thomas Scott** (1792) Enseñó que los justos serán llevados al cielo, donde estarán seguros hasta el momento de la sentencia.

LA IGLESIA MODERNA: Como futurismo empezaron a colocar dentro del historicismo Premillennial círculos en la década de 1820, el moderno proponente de dispensación Pretribulacionismo llega al lugar de los hechos.

- **John Nelson Darby** El primero en comprender su punto de vista sobre el Rapto como el resultado del estudio de la Biblia durante una convalecencia desde diciembre de 1826 hasta enero de 1827. Él es la fuente de la versión moderna de la doctrina.

- La doctrina del rapto repartidos por todo el mundo a través de **Brethren** con el **movimiento** que Darby y otros como-mente los cristianos estaban asociados. parece que ya sea a través de sus escritos o visitas personales a Norteamérica, esta versión de Pre-tribulacionismo se extendió por todo American evangelicalismo.

- Dos de los primeros proponentes de ver incluyen Presbyterian **James H. Brooks** y Bautista **J.R. Graves.**

- El Rapto fue mayor propagación a través de la Biblia anual de conferencias como la **Conferencia Bíblica Niagara** (1878-1909)

- Cambio de siglo **publicaciones** como *La Verdad y Nuestra Esperanza.*

- Los **Libros Populare**s como Brookes' *Maranatha* y William Blackstone's *Jesús viene*

- Muchos de los grandes **maestros de la Biblia** de la primera mitad del siglo XX, ayudó a difundir la doctrina como **Arno Gaebelein, C.I Scofield** y La Biblia de Referencia Scofield (1909) **A.J. Gordon, James M. Gray, R.A. Torrey, Harry Ironside,** y **Lewis S. Chafer.**

- En prácticamente cada área metropolitana más importante en América del Norte, Instituto Bíblico, Instituto Bíblico o seminario fue fundada que expuso Pretribulacionismo de dispensación. Las escuelas como **Moody Bible Institute, El Philadelphia Bible College, Instituto Bíblico de Los Angeles** (BIOLA) y **Dallas Theological Seminary**, enseñando y defendiendo estas opiniones.

- Estas lecciones se encontraban principalmente en las **Iglesias** independientes, Biblia, bautistas, Iglesias y un número significativo de Iglesias presbiterianas. Alrededor de 1925, Pretribulacionismo fue adoptado por muchas denominaciones pentecostales como las Asambleas de Dios y el

Evangelio Four-Square denominación. Fue Pretribulacionismo dominan entre los carismáticos en los años sesenta y setenta.

- **Hal Lindsey's** *Finales de Gran Planeta Tierra* (1970) promovió la difusión del Rapto como Pre-Tribulation ejerció gran influencia en toda la cultura americana popular y luego alrededor del mundo.

- Numerosos programas de **Radio** y **Televisión Programas** enseñados Pretribulacionismo también.

La doctrina del rapto no puede haber sido lo más visible de la enseñanza de la historia de la Iglesia. Sin embargo, ha tenido importantes defensores a lo largo de los últimos 2,000 años. Ha aparecido donde se enseña Premillennialism, especialmente con la interpretación literal, futurismo, el dispensacionalismo, y una distinción entre Israel y la Iglesia. Independientemente de su historia, la creencia en el rapto ha sido apoyado principalmente por quienes intentan una exposición fiel del texto bíblico".[10]

En otras palabras, si te pegas con un literal, histórico, gramatical la interpretación de la Biblia (que es la forma en que se supone que hemos de interpretar la Biblia correctamente) luego que vas a salir con cada vez; un pre-tribulación Premillennial opinión. Pero cómo usted puede ver, basada en la evidencia histórica, tanto por ser una "reciente" de la enseñanza! Quien en su sano juicio podría decir nunca que John Darby es aquel que originó esta creencia en un rapto Pre-Tribulación? Como un hombre comparte:

"Quienes han afirmado que el Rapto Pre-Tribulación nunca fue enseñado a lo largo de toda la historia de la Iglesia hasta el 1830 son simplemente ignorantes de estos importantes textos Cristianos. Este concursante expectativa de la segunda venida de nuestro Señor es uno de los rasgos característicos del Cristianismo primitivo. Como el escritor francés Joubert escribió una vez, 'Nada hace que los hombres sean tan imprudente y arrogante que la ignorancia del pasado y un desprecio de los libros antiguos." [11]

En otras palabras, la historia ha reivindicado y el tiempo la verdad de que el Rapto Pre-Tribulación *no* es sólo una enseñanza "reciente", ya no digamos un "espurio". Alguien no claramente a sus deberes! Lo que significa que, una vez más, estas acusaciones contra el Rapto Pre-Tribulation, diciendo que comenzó con Darby, son el peor caso de investigación en la historia humana o un piso "espurio" mentira para algunos "falsos" la razón, ya que estos investigadores admitir:

"Los cristianos deben reconocer que aquellos que pintan Pre-Tribulacionistas como fanáticos, movimiento marginal cristianos, o como herejes que han abrazado alguna extraña y novedosa idea nunca oyó hablar de hasta el 1800, han hecho una desgracia para todo el cuerpo de Cristo. Cualquiera que sea la posición que uno tiene en esta área, todo el mundo debería al menos admitir buen, sonido y creyentes ortodoxos han enseñado esta vista antes de 1800 período de tiempo. Y hoy muchos siguen viendo esto como una posición válida a la espera de las Escrituras cuando interpreten correctamente en un dolor, consistente y de forma normal con las palabras dadas a su uso normal en un contexto histórico."[12]

"El Rapto de la Iglesia no es, evidentemente, una nueva doctrina inventada por un estudiante escocés, o por C.I. Scofield o por John Darby. Para catorce cien años, era una doctrina perdido, junto con la doctrina de la salvación por la gracia mediante la fe.

Martin Luther No se descubra una nueva doctrina cuando él lea Efesios 2:8-9, él ha redescubierto lo que el Vaticano había enterrado durante la Edad Oscura. (Forma en que se denomina 'la Edad Oscura' en primer lugar). Luther redescubrir la verdad de que la salvación viene a través de la gracia y por la fe, no mediante el pago de dinero a un sacerdote para la absolución del purgatorio.

El grado uno puede crédito Schofield o Darby ni de nadie, sólo puede ser para el redescubrimiento de una doctrina o largo enterrado por el Vaticano, por la misma razón. Si el Señor va a venir para los santos vivos, entonces el dogma del Vaticano que requiere purificación adicional en el Purgatorio se derrumba".[13]

En otras palabras, alguien tenía un "espurio" motivo para mantener estas verdades tranquilo y escondido de nosotros. Y lo que es hoy, con la doctrina del Rapto Pre-Tribulación. Una vez más, las personas están tratando de "tapar" y "mantenerlo oculto" del resto de nosotros. Ella estuvo allí todo el tiempo en la Biblia y enseñado a lo largo de la Historia de la Iglesia entre los episodios de opresión Eclesiástica como con la Iglesia Católica. Pero, una vez más, la ironía es que la historia parece repetirse. Hay quienes en la Iglesia de hoy, que son culpables de algunos medios "espurios" y "motivos espurios" como la Iglesia

Católica del pasado. Ellos están tratando de forzar una vez más que el resto de nosotros en otro tipo de estrangulamiento en la esperanza bienaventurada del rapto, así que nos pusieron en las Edades Oscuras Eschatalogicas nuevamente. Y todo esto, en la cúspide de su cumplimiento. El tiempo no podría ser más impecable.

Sin embargo, nuestro amoroso Padre celestial ha asegurado que su Iglesia, su amada esposa, *redescubrir* esta doctrina del Rapto Pre-Tribulación en nuestra vida cuando nunca ha sido tan cerca, cerca de toda la historia de la Iglesia. ¿ Por lo tanto, si eres uno de esos "espurio" en el campamento, no sería prudente dejar de burlarse, dejar de mentir y dejar de promover "espurio" falsas acusaciones contra el Rapto Pre-Tribulation? ¿ No es el momento para asegurarse de que usted esté listo a sí mismo y, a continuación, obtener ocupado salvar tantos como puedas?

Parte IV

La Problemática de las Posiciones sobre el Rapto

Capítulo Catorce

Los Problemas con la Post Tribulación

La **sexta cosa** que vamos a estudiar para evitar ser engañados es lo ¿**Que acerca de las Otras Posiciones del Rapto**?

Si estamos realmente en un viaje para no ser engañado sobre la verdad sobre el rapto, entonces creo que es justo que nosotros no sólo echar un vistazo a una posición, la posición Pre-Tribulation, sino todas las posiciones. ¿Cuán bien se alinean con las Escrituras? Son tan precisos como los Pre-Tribulation? ¿Son demasiados bajo la lupa? ¿Cuán bien lo hacen con las acusaciones lanzadas como quieren? Bueno, creo que, como se verá en breve, no sólo a las otras posiciones NO hacerlo tan bien como la posición Pre-Tribulation, pero tienen algunos problemas serios.

La **primera posición** en el Rapto que tiene algunos problemas serios con la **posición Post-Tribulation.**

Aquí está una explicación básica de su creencia en el arrebatamiento:

"Post-tribulacionistas creen que los cristianos permanecerán en la tierra a lo largo de todo el período de Tribulación de 7 años. Serán tomados (Raptados) al encuentro con Cristo en el aire a la Segunda Venida de Cristo al final de los 7 años de Tribulación justo antes de la batalla de Armagedón y luego regresar con él como Cristo desciende a la Tierra, para inaugurar el Milenio de los 1000 años de reinado de Cristo en la Tierra. Ellos creen que el Rapto y el Regreso del Señor son un evento. Creen que hay sólo una venida del Señor al final de la tribulación."[1]

Así como usted puede ver, el Post-Tribulación posición sobre el rapto es radicalmente diferente de la posición Pre-Tribulación. En realidad, son en total los extremos opuestos del espectro de escala de tiempo profético. El arrebatamiento Pre-Tribulación dice la Iglesia abandonará la tierra "antes" a los 7 años de Tribulación y el arrebatamiento Post-Tribulation dice que la Iglesia permanecerá en la tierra hasta el "fin" de los 7 años de tribulación. Obviamente, las dos no pueden ser verdad, pero cual es correcta? ¿Cómo podemos no ser engañados? Bien, tal y como hemos puesto la posición Pre-Tribulation bajo un microscopio y grave tratados con las diversas acusaciones que se lanzan en su camino, ahora vamos a hacer lo mismo con la posición Post-Tribulation. Creo que pronto verá, tiene algunos problemas graves.

El **primer problema** con el Post-Tribulation enseñanza del Rapto es que coloca **a la Iglesia Bajo la Ira de Dios.**

Justo fuera de las puertas, basado en su propia definición de su propia posición, la Post-Tribulacionistas dicen que, "Los Cristianos permanecerán en la tierra a lo largo de todo el período de Tribulación de 7 años." Sin embargo, el problema es, que acaba de crear una contradicción en las Escrituras. La Biblia dice que la Iglesia no es nombrado á la ira de Dios, sin embargo, la tribulación de 7 años es un tiempo cuando Dios derrama Su ira. Desde que Dios no "mienta" o se "contradice" a sí Mismo, esta promesa no puede ser cierta.

Echemos un vistazo a esa evidencia una vez más que la Iglesia no puede estar en un marco de tiempo de la ira de Dios, que es lo que la Tribulación de 7 años. En primer lugar, la Escritura es clara. Jesús establece su iglesia libre de la ira de Dios.

Romanos 5:8-11 "Mas Dios muestra su amor para con nosotros, en que siendo aún pecadores, Cristo murió por nosotros. Pues mucho más, estando ya justificados en su sangre, por él *seremos salvos de la ira.* Porque si siendo enemigos, fuimos reconciliados con Dios por la muerte de su Hijo, mucho más, estando reconciliados, seremos salvos por su vida. Y no sólo esto, sino que también nos gloriamos en Dios por el Señor nuestro Jesucristo, por quien hemos recibido ahora la reconciliación."

1 Tesalonicenses 1:10 "y esperar de los cielos a su Hijo, al cual resucitó de los muertos, a Jesús, *quien nos libra de la ira venidera.*"

1 Tesalonicenses 5:9-11 "Porque no nos ha puesto *Dios para ira, sino para alcanzar salvación por medio de nuestro Señor Jesucristo,* quien murió por nosotros para que ya sea que velemos, o que durmamos, vivamos juntamente con él. Por lo cual, animaos unos a otros, y edificaos unos a otros, así como lo hacéis."

Tanto para ser parte de la ira de Dios! Sí, como vimos antes, la Iglesia puede experimentar "thlipsis" o "general" de la tribulación, aquí en la tierra hoy en día, pero la Biblia es clara, nunca podremos experimentar a Dios "castigo" o su "ira" incluyendo el tiempo futuro de "ira" siendo derramado sobre la tierra durante la Tribulación de 7 años. Porque usted piensa que esto es un concepto extraño. Todos los cristianos que murieron en la paz o la persecución a lo largo de la historia ya han escapado de la Gran Tribulación. ¿Cual es el problema? Y porque se duda que la tribulación de 7 años es el tiempo de la ira de Dios, echemos un vistazo a estos versículos que describen ese período nuevo.

Apocalipsis 6:16-17 "y decían a los montes y a las peñas: Caed sobre nosotros, y escondednos del rostro de aquel que está sentado sobre el trono, y *de la ira del Cordero;* porque el gran día de su ira ha llegado; ¿y quién podrá sostenerse en pie?"

NOTA: Aunque la palabra "ira" no se encuentra en la Revelación hasta 6:16-17, el hambre, la espada, la pestilencia, y bestias salvajes en los primeros cuatro juntas de las sentencias se asocia a menudo con la ira de Dios en otros lugares en la Biblia. Ver (Jeremías 14:12; 15:2;24:10;29:17; Ezequiel 5:12,17; 14:21). Además, el verbo "ha llegado" no significa la "ira" se inició poco después. Es en el Griego aorist tensa que habla de un acontecimiento pasado. Esto significa que la "ira" ya ha venido sucediendo y estas personas en este texto son sólo ahora a reconocer.

Apocalipsis 11:18 "Y se airaron las naciones, y tu *ira ha venido,* y el tiempo de juzgar a los muertos, y de dar el galardón a tus siervos los profetas, a los santos, y a los que temen tu nombre, a los pequeños y a los grandes, y de destruir a los que destruyen la tierra."

Apocalipsis 14:10 "él también beberá del vino *de la ira de Dios*, que ha sido vaciado puro en el cáliz de su ira; y será atormentado con fuego y azufre delante de los santos ángeles y del Cordero;"

Apocalipsis 14:19 "Y el ángel arrojó su hoz en la tierra, y vendimió la viña de la tierra, y echó las uvas en el gran lagar de la ira de Dios."

Apocalipsis 15:1 "Vi en el cielo otra señal, grande y admirable: siete ángeles que tenían las siete plagas postreras; porque en ellas se consumaba *la ira de Dios*."

Apocalipsis 15:7 "Y uno de los cuatro seres vivientes dio a los siete ángeles siete copas de oro, llenas *de la ira de Dios*, que vive por los siglos de los siglos."

Apocalipsis 16:1 "Oí una gran voz que decía desde el templo a los siete ángeles: Id y derramad sobre la tierra las siete copas de *la ira de Dios*."

Apocalipsis 16:19 "Y la gran ciudad fue dividida en tres partes, y las ciudades de las naciones cayeron; y la gran Babilonia vino en memoria delante de Dios, para darle el cáliz del vino del ardor de *su ira*."

Como puede ver, la Biblia claramente presenta toda la tribulación de 7 años como un tiempo cuando Dios derrama Su ira. Entonces, ¿cómo se puede poner a la Iglesia en el tiempo, ni siquiera por un segundo, no digamos "todos los 7 años" como la posición Post-Tribulation unidos, cuando Jesús "salvó, "rescato" y "no ha nombrado" Su Iglesia á la ira de Dios? El arrebatamiento Pre-Tribulacional posición es la única posición que está de acuerdo con la Biblia sobre este tema. Y ¿no es eso lo que debemos hacer, si no vamos a ser engañados?

El **segundo problema** con la doctrina del Rapto Post-Tribulación es que se dice **que Las Tribulaciones de los Santos Serán Protegidos**.

Ahora hemos visto que la Biblia claramente enseña que Dios va a derramar Su ira durante todo el período de Tribulación de siete años, por lo tanto, la Iglesia debe estar ausente de ella desde que Jesús nos salvó de ella, de lo contrario se crea una contradicción en las Escrituras. Sin embargo, en lugar de admitir la derrota, aquellos en la posición Pre-Tribulation intenta danza alrededor de esta contradicción que has creado diciendo que Dios va a "proteger" a la

Iglesia durante los 7 años de tribulación y sólo derrama Su ira sobre los incrédulos", ¿ verdad?

Primero de todo, ya hemos visto antes en gran detalle, la gente que sea "salvada" durante los 7 años de Tribulación no son la iglesia sino identificar totalmente diferente llamado la Tribulación de los Santos. Al igual que el pueblo judío, durante los 7 años de Tribulación, Dios también extenderá su misericordia a los Gentiles o lo que se llama "los habitantes de la tierra." Ellos también tendrán la oportunidad de ser salvos, pero la mayoría de ellos serán sacrificados para ella. Esta es la identidad de la Tribulación de los santos. Ellos no son la Iglesia. La Iglesia sale en el Rapto antes de la Tribulación de 7 años comienza, antes de que la ira de Dios se derrama, y estos "santos " mencionados son los "gentiles" que quedan y se guardan "después" del Rapto.

¿Cómo puedo saber? Porque el "contexto" de la palabra "santo" determina el significado. La palabra "santo" no aparecen durante el evento mencionado en el Libro de Apocalipsis acerca de los 7 años de Tribulación, sin embargo, un rápido vistazo a los hechos revela que no puede estar refiriéndose a la Iglesia.

En primer lugar la palabra "santo" en la Biblia significa simplemente, "santo". Y si nos fijamos en las Escrituras, el antiguo y el Nuevo Testamento, usted verá que hay muchos tipos *distintos de personas* que se denomina un "san" o "santo". Existen los santos del Antiguo Testamento, el Nuevo Testamento santos, futura tribulación santos, e incluso los santos en el reino milenario. Tan sólo porque el "santo" no significa que al referirse a una "era de la Iglesia Santa." Hay todo tipo de "santos" a lo largo de la Biblia. Más bien, lo que determina la "identidad" de la palabra "santo" y a quien se refiere es el "contexto".

Por ejemplo, tomar la palabra inglesa "cool". ¿Puedo utilizarlo en muchas maneras diferentes. Aunque es escrita exactamente de la misma manera, con la misma carta, el contexto determina su significado. Por ejemplo, ¿y si yo fuera a declarar las tres oraciones siguientes:

- "Wow! Ese traje que tienes esta Cool!"
- "Hola, ¿está todo bien? Su actitud hacia mí es muy cool".
- "Brrrr. El clima exterior esta cool".

Ahora, observe cómo los tres veces, la palabra "cool" fue escrita exactamente de la misma manera exactamente con las mismas letras, pero cada vez que cada uno de ellos tiene un *significado totalmente diferente*. ¿Qué determina el *significado correcto* de cada uno de los cuales fue el "contexto" en el que se utiliza. Así es con la palabra "santo". Se trata de un santo del Antiguo

Testamento, el Nuevo Testamento San, a 7 años de tribulación santo, o un milenario de san? El contexto determina el significado correcto.

Por lo tanto, cómo vamos a interpretar correctamente la palabra "santo" y su uso durante los horribles sucesos de la Tribulación de 7 años, incluidos estos pasajes:

Apocalipsis 13:7 "Y se le permitió hacer guerra contra los *santos*, y vencerlos. También se le dio autoridad sobre toda tribu, pueblo, lengua y nación."

Apocalipsis 13:10 "Si alguno lleva en cautividad, va en cautividad; si alguno mata a espada, a espada debe ser muerto. Aquí está la paciencia y la fe de los *santos*."

Apocalipsis 17:6 "Vi a la mujer ebria de la sangre de los santos, y de la *sangre* de los mártires de Jesús; y cuando la vi, quedé asombrado con gran asombro."

Muchas personas que están en desacuerdo con la posición Pre-Tribulación Rapto a menudo se mencionan estos versículos y otros para decir, "Mira, la Iglesia está en los 7 años de Tribulación porque dice santo. Deveras? Precisamente quiénes son estos "santos" que se menciona aquí? Recuerde la regla: el contexto, el contexto, el contexto. Ciertamente estos no son los santos del Antiguo Testamento, porque ese tiempo ya ha pasado. En segundo lugar, no puede estar refiriéndose a santos porque el Reino Milenario que aún está en el futuro. Del mismo modo tampoco puede estar refiriéndose a la Iglesia del Nuevo Testamento la edad santos porque, como ya hemos visto, estos saint están bajo la ira de Dios y la iglesia santa de edad no es nombrar á la ira de Dios. Esto ni siquiera toma en cuenta todas las demás pruebas sólidas que vimos anteriormente detallando cómo la Iglesia del Nuevo Testamento deja al Rapto de la Iglesia antes de los acontecimientos de los 7 años de Tribulación. Por lo tanto, que sólo deja otra opción final. Estos pasajes debe estar refiriéndose a la tribulación de santos que se guardan "después" del rapto y "durante" la Tribulación de 7 años.

En primer lugar, sabemos que la gente pueden ser salvados durante la Tribulación de 7 años debido a la fuerte campaña de evangelización en el mundo a través de los 144,000 hombres Judíos evangelistas, los dos testigos, y el ángel que vuela por el cielo declarando el evangelio eterno.

Apocalipsis 7:4,9 "Y oí el número de los sellados: ciento cuarenta y cuatro mil sellados de todas las tribus de los hijos de Israel." "Despues de esto miré, y he aquí una gran multitud, la cual nadie podía contar, de todas naciones y tribus y pueblos y lenguas, que estaban delante del trono y en la presencia del Cordero, vestidos de ropas blancas, y con palmas en las manos"

Apocalipsis 11:3 "Y daré a mis dos testigos que profeticen por mil doscientos sesenta días, vestidos de cilicio."

Apocalipsis 14:6 "Vi volar por en medio del cielo a otro ángel, que tenía el evangelio eterno para predicarlo a los moradores de la tierra, a toda nación, tribu, lengua y pueblo."

Por lo tanto, la tribulación de los santos, los que guardan "durante" el 7 años de Tribulación, son los "santos" que se menciona en el libro de Apocalipsis. No pueden ser la Iglesia. La lección es que debe haber conseguido guardado en el momento actual, "antes" de que el rapto ocurrió antes de los 7 años de Tribulación. Sí, finalmente se guardó, alabado sea Dios por eso, pero ahora están en un montón de problemas. ¿Por qué? Porque, a diferencia de lo que la posición Post-Tribulation tendría usted y yo creemos, no hay protección pasando aquí. Y la mayoría de ellos será horriblemente asesinados y martirizados y tienen sus cabezas cortadas.

Apocalipsis 6:9-11 "Cuando abrió el quinto sello, vi bajo el altar las almas de los que habían sido muertos por causa de la palabra de Dios y por el testimonio que tenían." "Y se les dieron vestiduras blancas, y se les dijo que descansaran todavía un poco de tiempo, hasta que se completara el número de sus consiervos y sus hermanos, que también habían de ser muertos como ellos."

Apocalipsis 7:9,13-15 "Después de esto miré, y he aquí una gran multitud, la cual nadie podía contar, de todas naciones y tribus y pueblos y lenguas, que estaban delante del trono y en la presencia del Cordero, vestidos de ropas blancas, y con palmas en las manos." "Estonces uno de los ancianos habló, diciéndome: Estos que están vestidos de ropas blancas, ¿quiénes son, y de dónde han venido? Yo le dije: Señor, tú lo sabes. Y él me dijo: Estos son los que han salido de la gran tribulación, y han lavado sus ropas, y las han emblanquecido en la sangre del Cordero. Por esto están delante del trono de Dios, y le sirven día y noche en su templo; y el que está sentado sobre el trono extenderá su tabernáculo sobre ellos."

Apocalipsis 20:4 "Y vi tronos, y se sentaron sobre ellos los que recibieron facultad de juzgar; y vi las almas de los decapitados por causa del testimonio de

Jesús y por la palabra de Dios, los que no habían adorado a la bestia ni a su imagen, y que no recibieron la marca en sus frentes ni en sus manos; y vivieron y reinaron con Cristo mil años."

Tanto para estar "protegido" durante este marco de tiempo de la ira de Dios que se derrama como Post-Tribulation posición habría usted y creo! Estas personas *no* están siendo preservadas. Están siendo asesinados. Por eso, para evitar esta contradicción, el Pre-Tribulacionista simplemente afirmar que estos "martirizado pueblo" *no* se refiere a la Iglesia, sino de la Tribulación de santos que se guardan "después" del rapto. Ninguna contradicción con estos santos. Y ¿no es eso lo que debemos hacer si no vamos a ser engañados?

El **tercer problema** con el Post-Tribulation enseñanza del Rapto es que **Sustituye a Israel con la Iglesia.**

No sólo la posición Post-Tribulación obtener la identidad de los "santos" mal en los 7 años de tribulación y crear otra contradicción, sino también confundir a Israel con la Iglesia de malograr las cosas aún más. Un ejemplo sería su citación de Mateo 24:22:

Mateo 24:22 "Y si aquellos días no fuesen acortados, nadie sería salvo; mas por causa de los escogidos, aquellos días serán acortados."

Aquí el Post-Tribulation indicaría que la identidad de los "elegidos" que se menciona aquí es "pruebas irrefutables" que la Iglesia pasará por la tribulación de 7 años. En realidad? Ahora, usted tiene razón en que el plazo mencionado aquí es durante los 7 años de tribulación, pero una vez más, tienes la identidad equivocada. Los elegidos *no* es la Iglesia . En el hecho, no puede ser la Iglesia, porque, como hemos visto antes en gran detalle, Mateo 24 *no* está tratando *con* la Iglesia, sino que es Israel.

En primer lugar, al igual que la palabra "Iglesia" está ausente en el Apocalipsis 4-18, de modo que el término "Iglesia" está ausente en Mateo 24. ¿Por qué? Porque el contexto en Mateo 24 revela claramente que no tiene nada que ver con la Iglesia. La Iglesia no entrar en existencia hasta Hechos capítulo 2. Más bien, Mateo 24 está relacionado con el pueblo judío, que son la razón por la que hay siete años de tribulación en el primer lugar.

Sabemos, además, Mateo 24 no puede estar refiriéndose a la Iglesia porque Jesús inicia el capítulo off diciendo que el templo judío será derribado al suelo y destruidos, lo cual ocurrió en el 70 AD. Pero unos años después, dice un templo judío reconstruido regresa a la existencia con el pueblo judío aparentemente adorando a ella de nuevo. Esto lo vemos en la referencia a la abominación desoladora en el libro de Daniel donde, como vimos, (el Anticristo sube al templo y declara que es dios) en la mitad de su Tribulación de 7 años. El punto es este. El Templo Judío reconstruido siendo destruidas o no tiene importancia para la Iglesia. Jesús dice que la Iglesia no necesita Templo artificial porque nos hemos convertido en el templo de Dios por el Espíritu Santo.

1 Corintios 3:16 "¿No sabéis que sois templo de Dios, y que el Espíritu de Dios mora en vosotros?"

Así la Iglesia sólo está preocupada por el "ser", el templo de Dios, y no un "destruido" o Templo Judío "reconstruido". Sin embargo, un templo Judío artificial siendo destruida y reconstruida es una cuestión muy importante para el pueblo Judío, a quien va dirigido este Capítulo. Además, Jesús también le dice a la gente durante ese tiempo para "huir a las montañas".

Mateo 24:16 " Entonces los que estén en Judea, huyan a los montes."

Observe lo que dice, "los de Judea."¿Dónde está? Israel! Esta no es la Iglesia ni puede ser la Iglesia. Pensar en ello. Sólo una pequeña fracción mínima de la Iglesia, los Cristianos viven en Israel. Si esto se refiere a la Iglesia haría este comando para huir absolutamente carente de sentido.

En segundo lugar, el comando para huir es, "a las montañas." La mayoría de los eruditos creen que el lugar mencionado aquí es la antigua ciudad de rock de Petra. Pregunta: "¿Puede la Iglesia entera encajan en Petra?" Yo no lo creo. Sin embargo, el remanente del pueblo judío si.

A continuación, podemos ver a Jesús mencionar que esas personas de esa época siguen aparentemente "manteniendo el día reposo."

Mateo 24:20 " Orad, pues, que vuestra huida no sea en invierno ni en día de reposo"

Pregunta: "la Iglesia observa un tradicional Sábado judío?" No. Pero el pueblo judío, incluso hasta el día de hoy! Nosotros los cristianos no sólo adoramos el domingo en honor de la resurrección de Jesucristo, pero nunca se nos ha dado la orden de adorar en judío en el día sábado. ¿Por qué? Porque tenemos Él Señor del sábado, Jesús Cristo. Tenemos la "realidad" y no la "sombra" por eso dice la Biblia esto al referirse a la Iglesia y el Reposo Judío:

Colosenses 2:16-17 "Por tanto, nadie os juzgue en comida o en bebida, o en cuanto a días de fiesta, luna nueva o días de reposo, todo lo cual es sombra de lo que ha de venir; pero el cuerpo es de Cristo."

Técnicamente, somos libres para adorar a Jesús cualquier día que queramos como Cristianos del Nuevo Testamento. Sin embargo, tradicionalmente se suelen venir juntos: "el primer día de la semana (Domingo) en honor de la Resurrección de Jesús.

Hechos 20:7 "El primer día de la semana, reunidos los discípulos para partir el pan, Pablo les enseñaba, habiendo de salir al día siguiente; y alargó el discurso hasta la medianoche."

Por lo tanto, los puntos es esta. ¿Cómo podría ser Jesús hablando de la Iglesia en Mateo 24 cuando dice que estas personas necesitan a "orar para que su huida no tenga lugar en el Sábado" si la Iglesia no adorar en el Reposo? Podría ser que al referirse a los judíos *que* aún a día de hoy la adoración en el Reposo? Yo creo que sí.

Entonces, ¿por qué los eventos de Mateo 24 se habla de la Iglesia cuando todo el capítulo se refiere a Israel, no la Iglesia? Tanto para "pruebas irrefutables" que la Iglesia pasará por la Tribulación de 7 años citando Mateo 24:22 y no digamos cualquier pasaje del capítulo! Parece que alguien es culpable de ignorar el "contexto" de nuevo, tal y como los investigadores estado:

"La razón por la que algunos están enseñando que la Iglesia estará presente durante este terrible momento (los 7 años de Tribulación) es la incapacidad de distinguir entre el plan de Dios para Israel y Su plan para la Iglesia, especialmente en la profecía revelada por Cristo en Mateo 24.

En el pasaje en Mateo 24, Cristo está en el Monte del Templo, explicando a sus discípulos Judíos los eventos que ocurrirán en Israel y en otras naciones que provocará el retorno de Cristo como su Mesías Judío. La pregunta de los discípulos que Jesús estaba respondiendo a se refiere a la venida de Israel prometió hace tiempo del Reino, no la venida de Cristo por Su Iglesia (que ni siquiera conoce).

Es fácil olvidar que, en este punto, antes de la crucifixión de nuestro Señor y de la venida del Espíritu Santo en Pentecostés, no había cosas tales como una iglesia cristiana. Si usted hubiera dicho a uno de los discípulos durante la semana antes de la crucifixión de Cristo que algún día habrá una organización basada en las enseñanzas de Cristo, llamados a la Iglesia, y que el 99 por ciento de sus miembros serían incircuncisos Gentiles que seguiría ni la ley judía ni oficina Templo sacrificios, él probablemente habría caído de su silla con estupor e incredulidad.

Uno de los clásicos errores de interpretación es aprovechar esta conversación entre Cristo y Sus discípulos Judíos sobre el reino mesiánico y se vuelve a leer en la realidad de la Iglesia Cristiana que no entró en existencia hasta los Judíos rechazaron a Cristo y Dios insufló vida a su cuerpo de creyentes.

Porque Cristo no menciona la Iglesia a sus discípulos en esta conversación, la llanura, la interpretación es que Israel es el foco principal de la profecía de Mateo 24. Porque el Apocalipsis pone un fuerte énfasis en Israel durante la Tribulación, y no en la Iglesia, la mayoría Post-Tribulacionistas han adoptado un reemplazo teológico ver a fin de mantener la atención sobre ellos.

La sustitución es de la opinión de que Israel, habiendo fracasado en Dios, ha sido reemplazado por la Iglesia. La iglesia es ahora visto como el Israel espiritual y espiritual de Jerusalén. Esta enseñanza sostiene que todas las promesas y bendiciones, de hecho Israel toda la herencia, que ahora pertenece a la Iglesia. Sin embargo, Dios tiene distintas estrategias para lidiar con la Iglesia y los Judíos. Si se tiene en cuenta el cambio de enfoque, durante la tribulación, desde la Iglesia hacia Israel, el Rapto Pre-Tribulación proporciona una buena explicación para esta transferencia de conocimiento.

Decir que Israel ya no es el pueblo elegido de Dios es realmente jugando con fuego, porque el Anticristo será probablemente diciendo la misma cosa cuando él trata de destruir a los Judíos durante la Tribulación. Busco gente que espera para ser La sustitución en los vítores sección cuando la Bestia continúa su campaña de matar Judíos."[2]

En otras palabras, qué es un campo que no desee ser parte de este. ¿Por qué? Porque Dios no tolera a aquellos que meterse con Israel o su Iglesia. Ambos tienen planes especiales para fines especiales. Pero cómo usted puede ver, justo como lo fue con la palabra "santo" es lo mismo con la palabra "elegidos". Sólo porque estas palabras aparecen en un pasaje de la Biblia *no* significa que se refieren a la Iglesia. El contexto determina el significado, es decir, si se va a evitar una contradicción. Y ¿no es eso lo que debemos observar si no vamos a ser engañados?

El **cuarto problema** con el Post-Tribulation enseñanza del Rapto es que **Confunde el Rapto con el Juicio de Dios**.

No sólo parafraseando en Post-Tribulación Mateo 24:22 y afirmar falsamente que los "elegidos" mencionado no se está refiriendo a la Iglesia, cuando evidentemente no es así como hemos visto, pero también parafraseando en otro pasaje en Mateo 24 y asimismo afirmar falsamente que está tratando con el rapto de la Iglesia, cuando no lo es. Aquí está ese pasaje:

Mateo 24:29-31,40-41 "E inmediatamente después de la tribulación de aquellos días, el sol se oscurecerá, y la luna no dará su resplandor, y las estrellas caerán del cielo, y las potencias de los cielos serán conmovida. " Y enviará sus ángeles con gran voz de trompeta, y juntarán a sus escogidos, de los cuatro vientos, desde un extremo del cielo hasta el otro." "Entonces estarán dos en el campo; el uno será tomado, y el otro será dejado. "Dos mujeres estarán moliendo en un molino; la una será tomada, y la otra será dejada."

Ahora lo que habría estado Post-Tribulation es que "este encuentro de los elegidos" mencionado aquí en Mateo 24 al final de los 7 años de Tribulación se refiere al Rapto de la Iglesia al final de los 7 años de Tribulación. Sin embargo, como hemos visto, por el contexto, la palabra "elegidos" aquí en este capítulo *no* se está refiriendo a la Iglesia, sino a Israel.

Además, esta "reunión" no es ni siquiera hablando del "Rapto" sino el "Angel Cosecha" tanto de los malvados y los justos al final de los 7 años de Tribulación. El ser una persona "recogidos", mientras que otro es de izquierda es hablar de los "elegidos" o "Israel" se reunieron para entrar en el Reino del Milenio, mientras que los "otros" son los incrédulos irredento que son "tomadas" y arrojados en el infierno. Obviamente, no llega a ser una parte del Reino Milenario. Podemos ver este "Ángel Cosecha" al final de los 7 años de Tribulación de Apocalipsis 14, o el "tirando" del trigo y la cizaña de Mateo 13 y la "separación" de las "ovejas y cabras" en Mateo 25.

Apocalipsis 14:14-16 "Miré, y he aquí una nube blanca; y sobre la nube uno sentado semejante al Hijo del Hombre, que tenía en la cabeza una corona de oro, y en la mano una hoz afilada. Y del templo salió otro ángel, clamando a gran voz al que estaba sentado sobre la nube: Mete tu hoz, y siega; porque la hora de segar ha llegado, pues la mies de la tierra está madura. Y el que estaba sentado sobre la nube metió su hoz en la tierra, y la tierra fue segada."

Mateo 13:36-43 "Entonces, despedida la gente, entró Jesús en la casa; y acercándose a él sus discípulos, le dijeron: Explícanos la parábola de la cizaña del campo. Respondiendo él, les dijo: El que siembra la buena semilla es el Hijo del Hombre. El campo es el mundo; la buena semilla son los hijos del reino, y la cizaña son los hijos del malo. El enemigo que la sembró es el diablo; la siega es el fin del siglo; y los segadores son los ángeles. De manera que como se arranca la cizaña, y se quema en el fuego, así será en el fin de este siglo. Enviará el Hijo del Hombre a sus ángeles, y recogerán de su reino a todos los que sirven de tropiezo, y a los que hacen iniquidad, y los echarán en el horno de fuego; allí será el llanto y el crujir de dientes. Entonces los justos resplandecerán como el sol en el reino de su Padre. El que tiene oídos para oír, oiga."

Mateo 25:31-34,41,46 "Cuando el Hijo del Hombre venga en su gloria, y todos los santos ángeles con él, entonces se sentará en su trono de gloria, y serán reunidas delante de él todas las naciones; y apartará los unos de los otros, como aparta el pastor las ovejas de los cabritos.Y pondrá las ovejas a su derecha, y los cabritos a su izquierda.Entonces el Rey dirá a los de su derecha: Venid, benditos de mi Padre, heredad el reino preparado para vosotros desde la fundación del mundo. Entonces dirá también a los de la izquierda: Apartaos de mí, malditos, al fuego eterno preparado para el diablo y sus ángeles. E irán éstos al castigo eterno, y los justos a la vida eterna."

De nuevo, como hemos visto, la Iglesia no se menciona en Mateo 24 y, por lo tanto, este ángel Cosecha no puede referirse a la Iglesia. Además, no tiene nada que ver con el Rapto, sino la Hora Final "recopilación" de los "elegidos" de Israel, a fin de devolverlos a la tierra durante el Milenio, mientras que los "otros" que son "tomadas" son los incrédulos "malas hierbas" o "cabras" que son arrojados en el infierno. ¡ Esto no tiene *nada* que ver con la Iglesia, y no digamos el rapto en el primer lugar!

Además, sabemos que esto no se refiere al Rapto porque uno, si estamos resucitados en este momento, (lo que sucede en el Rapto) ¿Por qué necesitamos ángulos para reunirse con nosotros? En la resurrección, seremos como los ángulos, capaces de viajar en el aire a voluntad.

Mateo 22:30 "Porque en la resurrección ni se casarán ni se darán en casamiento, sino serán como los ángeles de Dios en el cielo."

Dos, esta premisa que Ángel Cosecha es realmente hablando del rapto crea otra contradicción en que tendríamos los impíos son "arrebatados" en este mismo momento. Como vimos, Mateo 13 dice que los ángeles no sólo reunir los "elegidos", sino también a los "malvados". Por lo tanto, si vas a decir esta "recopilación" está hablando del Rapto, entonces usted tendría que decir que tanto *los* "malvados" y "justos" están obteniendo Rapto y que sería absurdo.

En tercer lugar, tanto los impíos y los justos no pueden tomarse *primero*. En 1 Tesalonicenses 4, el pasaje que realmente hablar *acerca* del Rapto de la Iglesia, vemos que sólo el "justo" (los muertos en Cristo y vivir la Iglesia de los santos de Edad) son tomadas y los malvados son "rezagados".

1 Tesalonicenses 4:16-17 "Porque el Señor mismo con voz de mando, con voz de arcángel, y con trompeta de Dios, descenderá del cielo; y los muertos en Cristo resucitarán *primero*.Luego nosotros los que vivimos, los que hayamos quedado, seremos arrebatados juntamente con ellos en las nubes para recibir al Señor en el aire, y así estaremos siempre con el Señor."

Así como usted puede ver, en el verdadero Rapto, los "muertos en Cristo" o "justos" ir primero con la Edad en vivo de la Iglesia de los santos está "atrapada" junto con ellos. Sin embargo, en Mateo 13, dice que los "malvados" se toman primero.

Mateo 13:30,49 "Dejad crecer juntamente lo uno y lo otro hasta la siega; y al tiempo de la siega yo diré a los segadores: Recoged *primero* la cizaña, y atadla en manojos para quemarla; pero recoged el trigo en mi granero."Así será al fin del siglo: saldrán los ángeles, y apartaran a los malos de entre los justos"

¿De modo que va primero si el rapto y el ángulo de la cosecha son el mismo evento como la posición Post-Tribulation tendría y creo? Los "justos" o "perverso"? La única forma de conciliar estos dos pasajes es admitir que no se puede hablar del mismo evento. Ambos no pueden se reunieron primero y Dios no se contradice a sí mismo. Por lo tanto, tiene que estar hablando de dos eventos separados, el Rapto de la Iglesia antes de la Tribulación de 7 años está tomado de "primera" y el "ángel de la cosecha "elegir Israel" y el "incrédulos malvados" más adelante al final de los 7 años de tribulación donde el "malvado" incrédulo será tomado de "primera" antes de Israel *en ese momento*. Cualquier otra interpretación crea una grave contradicción. Y ¿no es eso lo que debemos evitar si no vamos a ser engañados?

El **quinto problema** con la doctrina del Rapto Post-Tribulación es que **Confunde el Rapto con el Día del Señor.**

Otro enorme error el Post- tribulación que está declarando que el evento conocido en la Biblia como el "Día del Señor" es el mismo y/o está vinculado con el rapto de la Iglesia. Sin embargo, sabemos que esto *no puede* ser verdad porque, una vez más, se crearía otra contradicción en las Escrituras que Dios no hace.

Primero de todo, la Biblia afirma claramente que el Rapto viene "antes" del Día del Señor. Vemos en 1 Tesalonicenses 4-5. Como un investigador afirma:

"El orden de los eventos es sorprendente. Primera Tesalonicenses 4:13-18 trata con el Rapto de la Iglesia para recibir al Señor en el aire. A continuación, en 1 Tesalonicenses 5:1, un nuevo tema es presentado por Pablo con las palabras, "ya" (perri de en Griego). Esta fase griega es una de las formas favoritas de Pablo en sus cartas para cambiar temas. Por lo tanto, es claro que él ha terminado centrándose en el arrebatamiento. Pero, ¿cuál es el próximo tema en 5:1-9? El día del Señor o la venida del tiempo de la Tribulación.

1 Tesalonicenses 5:1-2 "Pero acerca de los tiempos y de las ocasiones, no tenéis necesidad, hermanos, de que yo os escriba. Porque vosotros sabéis perfectamente que el día del Señor vendrá así como ladrón en la noche"

¿Por qué es esto importante? Debido al orden de los eventos. El evento que se menciona en primer lugar, el Rapto o la tribulación? Es el Rapto primero, luego la Tribulación o Día del Señor. La Tribulación es representada como un separado y eventos posteriores del Rapto.
La orden es clara.

| 1 Tesalonicenses 4:13-18 | El arrebatamiento |
| 1 Tesalonicenses 5:1-9 | El día del Señor (Tribulación)[3] |

Por lo tanto, ¿cómo pueden estas el "mismo", y no digamos de alguna manera "vinculado"? Respuesta: ¡ No! El argumento Post-Tribulation cae a pedazos basándose en el contexto de la Escritura. Son "separados" eventos no el "mismo" el evento o eventos "vinculados".

En segundo lugar, ya hemos visto con gran detalle, la Iglesia no es nombrado á la Ira de Dios y si estudias el día del Señor, es evidente que habla de los 7 años de Tribulación donde Dios derrama Su Ira. Por tanto, la Iglesia no puede ser "vinculados" con este tiempos de hoy.

Tanto en el Antiguo como en el Nuevo Testamento, el Día del Señor habla de un tiempo terrible cuando Dios derrama Su Ira y su juicio sobre este mundo impío. No es un literal de veinticuatro horas al día, o un evento único, sino un período de tiempo que comienza "después" El Rapto de la Iglesia e incorpora la totalidad del período de Tribulación de 7 años. Por lo tanto, el Día del Señor no menciona y no tiene aplicación alguna a la Iglesia. Nuevamente, se trata de Israel y las Naciones Gentiles ateos de la tierra.

Es por esto que los Tesalonicenses se estaban asustando y la razón por la que el Apóstol Pablo tenía que responder una *segunda vez* a la Iglesia de Tesalónica el rapto y decirles que no va a ser parte de este horrible día.

2 Tesalonicenses 2:1-5 "Pero con respecto a la venida de nuestro Señor Jesucristo, y nuestra reunión con él, os rogamos, hermanos, que no os dejéis mover fácilmente de vuestro modo de pensar, ni os conturbéis, ni por espíritu, ni por palabra, ni por carta como si fuera nuestra, en el sentido de que el día del Señor está cerca. Nadie os engañe en ninguna manera; porque no vendrá sin que antes venga la apostasía, y se manifieste el hombre de pecado, el hijo de perdición, el cual se opone y se levanta contra todo lo que se llama Dios o es objeto de adoración, tanto que se sienta en el templo de Dios como Dios, haciéndose pasar por Dios. ¿No os acordáis que cuando yo estaba todavía con vosotros, os decía esto?"

Así que aquí vemos que el Apóstol Pablo reconfortante y tranquilizando a los tesalonicenses desde un malentendido por allí en aquel momento por algunos falsos maestros cristianos diciendo estas perdido en el rapto, porque el día del Señor ya había llegado! Pero Pablo dice, "¡No! ¡No! ¡No! ¡ No!" Los cristianos no van a estar alrededor durante ese tiempo y él es enfático sobre ello! Porque la Biblia dice que el Día del Señor es todo sobre el juicio de Dios y lograr que la gente baje. Es un tiempo cuando Él derrama Su ira, y la ira y desolación, y de la venganza y destrucción, y es terrible. Es hora de gloominess y oscuridad y tribulación y angustia, y se remite a la sentencia final catastrófico de Dios sobre los impíos, no la Iglesia! La Iglesia *no* es nombrado á su ira! Por eso Pablo dice "No os dejéis engañar" *y* usted debe saber mejor! "No te acuerdas que ya les dije esto?" En esencia, "¿Por qué estás cayendo por esto? Usted sabe que no puede estar allí! Ya me pasó esto con ustedes. Los cristianos no están nada alrededor de los 7 años de tribulación! ¡ Nos fuimos en el rapto, antes de los 7 años de tribulación!" Así que en esencia, él dice, "No se asuste y escuchar estos falsos maestros!"

Además, si los tesalonicenses *pensaban* que el Rapto se produjo después de la Tribulación de 7 años iniciado, y que recibió una carta de Pablo diciendo que el día del Señor había comenzado ya que se produce durante los siete años de tribulación, entonces podría no estar emocionado más allá de las palabras? Por supuesto! Que la esperanza de que el Rapto estaba en la puerta porque la Tribulación de 7 años ya ha comenzado! Ellos no habrían sido perturbados o temerosos. ¡ Habrían sido excitados!

Sin embargo, ésa es precisamente el punto. El Apóstol Pablo está escribiendo a aliviar sus *temores* y *corazones atribulados* sobre la carta falsa que dice que el día del Señor ya había comenzado y, por lo tanto, estaban en la Tribulación. Esta *mentira* es lo que enloqueció con ellos porque sabían que el rapto ocurrió *antes* de este horrible tiempo. Es por eso que Pablo dice *confort* o *estimulen* mutuamente con estas palabras. No vas a estar aquí. A calmarse. El arrebatamiento ocurre antes de todo eso!

Pero como puede ver, no hay manera de que puedas "conectar", el "Día del Señor" con "El Rapto de la Iglesia" como la posición Post-Tribulation hace. No sólo es el Rapto descrito en la Biblia como "primero" que ocurran *antes* del día del Señor, pero no hay manera de que puedas "participar" en la Iglesia *en* el día del Señor, cuando ese día claramente se refiere a la ira de Dios que se derrama en que Jesús ha "salvado" "rescatado" y "no designados" á su Iglesia. Cualquier otra interpretación crea una contradicción. Y ¿no es eso lo que debemos evitar si no vamos a ser engañados?

El **sexto problema** con el post-Tribulación doctrina del Rapto es **Que Confunde el Rapto con La Segunda Venida.**

Lo creas o no, no sólo Post-Tribulación falsamente "conectar", el "Día del Señor" con "El Rapto de la Iglesia", pero igualmente por error "mezclar" la "Segunda Venida de Jesús" con "El Rapto de la Iglesia." Sin embargo, como vimos anteriormente en nuestro estudio, es realmente una cosa *fácil* demostrar que el Rapto de la Iglesia *no* puede ser la misma cosa como la Segunda Venida de Jesús. Son claramente dos eventos distintos. Aquí hay tan sólo 20 de las diferencias hemos compartido antes.

El Rapto	**La Segunda Venida**
Cristo viene en el aire	Cristo viene a la tierra

Cristo viene por Sus santos	Cristo viene con Sus santos
Los creyentes son quitados	Los incrédulos son quitados
Cristo afirma Su novia	Cristo viene con Su novia
Cristo reúne Sus propios	Ángeles reúnen los elegidos
Cristo viene a recompensar	Cristo viene a juzgar
No hay signo. Es inminente	Muchos signos preceden
Sólo revelada en el Nuevo Testamento	Revelado en el Antiguo y Nuevo Testamento
Misterio	Anunciada
El Monte de los Olivos está intacta	Monte de los Olivos se divide
Es un tiempo de bendición y comodidad	Es un momento de destrucción y juicio
Involucra a los creyentes solamente	Involucra a Israel y las Naciones Gentiles
Se producirá en un momento en un abrir y cerrar de ojos	Será visible para todo el mundo
La Tribulación comienza	Milenio comienza
El Señor lleva a los creyentes al cielo	Los Creyentes volverán desde el cielo
Los creyentes vivos obtener cuerpos Glorificados	Elegir permanecer en el mismo cuerpo
Los Creyentes irán a la Casa del Padre	El elegir permanecer en la tierra
Satanás queda libre	Satanás es atado
Falso Profeta y el Anticristo está aquí	Falsos Profetas y el Anticristo lanzados en el Lago de Fuego
Los incrédulos permanecen en la tierra	Los incrédulos van al infierno 4

Como puede ver, el rapto y la segunda venida son dos acontecimientos separados. Por lo tanto, cómo en el mundo puede "conectar" o "mezclar", estos dos eventos en "uno" como la posición Post-Tribulation tendría usted y creo? ¡Hablar de una grave contradicción!

Además, si el Rapto y la Segunda Venida son uno y el mismo evento, entonces ¿por qué no vemos ninguno que mencione del Rapto en *absoluto* en los pasajes *que* describen la Segunda Venida? Aquí son sólo dos de ellos. Uno en el Nuevo Testamento, uno del Antiguo Testamento.

Apocalipsis 19:11-21 "Entonces vi el cielo abierto; y he aquí un caballo blanco, y el que lo montaba se llamaba Fiel y Verdadero, y con justicia juzga y pelea. Sus ojos eran como llama de fuego, y había en su cabeza muchas coronas; y tenía un nombre escrito que ninguno conocía sino él mismo. Estaba vestido de una ropa teñida en sangre; y su nombre es: EL VERBO DE DIOS. Y los ejércitos celestiales, vestidos de lino finísimo, blanco y limpio, le seguían en caballos blancos. De su boca sale una espada aguda, para herir con ella a las naciones, y él las regirá con vara de hierro; y él pisa el lagar del vino del furor y de la ira del Dios Todopoderoso. Y en su vestidura y en su muslo tiene escrito este nombre: REY DE REYES Y SEñOR DE SEÑORES Y vi a un ángel que estaba en pie en el sol, y clamó a gran voz, diciendo a todas las aves que vuelan en medio del cielo: Venid, y congregaos a la gran cena de Dios, para que comáis carnes de reyes y de capitanes, y carnes de fuertes, carnes de caballos y de sus jinetes, y carnes de todos, libres y esclavos, pequeños y grandes. Y vi a la bestia, a los reyes de la tierra y a sus ejércitos, reunidos para guerrear contra el que montaba el caballo, y contra su ejército. Y la bestia fue apresada, y con ella el falso profeta que había hecho delante de ella las señales con las cuales había" engañado a los que recibieron la marca de la bestia, y habían adorado su imagen. Estos dos fueron lanzados vivos dentro de un lago de fuego que arde con azufre. Y los demás fueron muertos con la espada que salía de la boca del que montaba el caballo, y todas las aves se saciaron de las carnes de ellos."

Ahora, ¿ve usted alguna Ruptura aquí? Yo no! No obstante, puedo ver la iglesia "venida" o "Atrás" (los ejércitos del cielo) como la posición Pre-Tribulation enseña. Sin embargo, no veo "subir" de la Iglesia como la posición Post-Tribulation enseña. Ahora echemos un vistazo a un pasaje del Antiguo Testamento refiriéndose a la Segunda Venida:

Zacarías 14:1-9 "He aquí, el día de Jehová viene, y en medio de ti serán repartidos tus despojos. Porque yo reuniré a todas las naciones para combatir contra Jerusalén; y la ciudad será tomada, y serán saqueadas las casas, y violadas las mujeres; y la mitad de la ciudad irá en cautiverio, mas el resto del pueblo no será cortado de la ciudad. Después saldrá Jehová y peleará con aquellas naciones, como peleó en el día de la batalla. Y se afirmaran sus pies en aquel día sobre el monte de los Olivos, que está en frente de Jerusalén al oriente; y el monte de los Olivos se partirá por en medio, hacia el oriente y hacia el occidente, haciendo un valle muy grande; y la mitad del monte se apartará hacia el norte, y la otra mitad hacia el sur. Y huiréis al valle de los montes, porque el valle de los montes llegará hasta Azal; huiréis de la manera que huisteis por causa del terremoto en los días de Uzías rey de Judá; y vendrá Jehová mi Dios, y con él todos los santos. Y acontecerá que en ese día no habrá luz clara, ni oscura. Será un día, el cual es conocido de Jehová, que no será ni día ni noche; pero sucederá que al caer la tarde habrá luz. Acontecerá también en aquel día, que saldrán de Jerusalén aguas vivas, la mitad de ellas hacia el mar oriental, y la otra mitad hacia el mar occidental, en verano y en invierno. Y Jehová será rey sobre toda la tierra. En aquel día Jehová será uno, y uno su nombre."

¿Puedes ver un Rapto? No yo no! Yo lo veo "volver" con santos, pero no veo la Iglesia mencionados aquí a todos y no digamos de "subir." ¿Por qué? Porque el Rapto de la Iglesia y la Segunda Venida de Jesús no son el mismo evento! De hecho, lógicamente, podrías pensar que si el rapto y la Segunda Venida son el mismo evento, entonces el Rapto sería al menos mencionados en estos pasajes en algún momento, en cualquier lugar. Sin embargo, es nada! Como un solo hombre unidos:

"Algunos pueden llamar a esto un argumento de silencio, pero este silencio habla bastante fuerte. Este es el mayor evento en la historia de la Iglesia, donde cientos de millones de personas son resucitados - y no es mencionada en Apocalipsis 19 o Zacarías 14. ¿Por qué?"[5]

Les diré por qué. Porque el Rapto y la Segunda Venida no son el mismo evento y no ocurren al mismo tiempo. Uno ocurre "antes" de la 7- años de Tribulacion (Rapto) y la otra pasa al "final" de los 7 años de Tribulación (Segunda Venida). Cualquier otra interpretación crea una gran contradicción. Y ¿no es eso lo que debemos evitar si no vamos a ser engañados?

El **séptimo problema** con el Post-Tribulación enseñanza del Rapto es **Que Crea un Problema con la Población del Milenio.**

No sólo la posición Post-Tribulation crear todo tipo de contradicciones, errores contextuales, y problemas de sincronización en la Biblia, que de nuevo, es algo que debemos evitar porque Dios no miente, sino que también producen otra grave resultado destructivo con su sistema de creencias, es decir, sobre las personas que entran en el Reino Milenario. Si el Post-Tribulación es la verdad, donde se dice que el Rapto ocurre al final de los 7 años de tribulación, y entonces la Iglesia hace un giro inmediato con Jesús en su Segunda Venida, entonces qué queda para poblar el Reino Milenario? Otros investigadores lo puso de esta manera:

"La Biblia enseña que cuando Cristo regrese a la tierra, él establecerá Su reino sobre la tierra que durará mil años (Apocalipsis 20:1-6). Los santos del Antiguo

Testamento, era de la Iglesia, los santos y los santos de la tribulación que murieron durante los siete años de tribulación, que entrarán el Reino milenario en nuevos cuerpos glorificados.

Sin embargo, los creyentes que vienen a la fe en Cristo durante la tribulación (Tribulación santos) y vivir hasta la segunda venida va a entrar en el Reino Milenario de Cristo en su medio natural, los cuerpos humanos. Se llevará a cabo ocupaciones ordinarias tales como la agricultura y la construcción de viviendas, y van a tener hijos, poblando el Reino Mesiánico (Isaías 65:20-25).

Aquí está el problema. Sería imposible para la gente que quiera entrar en los 1,000 años de reinado de Cristo en cuerpos naturales si todos los santos fueron atrapados en la segunda venida, como Post-Tribulacionistas a enseñar. ¿Por qué? Porque todo el mundo ya habría un cuerpo glorificado y, por tanto, no habría nadie en cuerpos naturales para poblar el reino.

Todos los Cristianos Arrebatados antes de la Tribulación de 7 años recibirán sus cuerpos glorificados (Romanos 8:22,23; 1 Corintios 15:50-54) y no hay niños que nacen con cuerpos glorificados (Mateo 22:23-30). Además, todos los inconversos son arrojados al Infierno antes del año 1,000 Reino de Cristo (Apocalipsis 19:11-21 y Mateo 25:41).

Por lo tanto, si el Rapto es Post-Tribulation, al final de los 7 años de Tribulación, entonces surgen varios problemas con soluciones imposibles. ¿Dónde los cuerpos mortales naturales provienen de aquellos que nacen durante el Milenio y rebelde al concluir el milenio (Apocalipsis 20:7-10)? No habría perdido seres vivos para tener hijos, por lo que no pueden provenir de ellos. Todos los salvados tienen cuerpos glorificados. Ningún niño puede nacer a ellos como resultado de un rapto Post-Tribulación.

Al final de Cristo 1,000 años de Reinado hay incrédulos que dará su lealtad a Satanás para intentar derrotar a Cristo. (Apocalipsis 20:7-10). Glorificado a persona con cuerpos glorificados no pueden hacer esto. Ellos ya no tienen la naturaleza de pecado a rebelarse. Entonces, ¿cómo estas personas obtienen sus órganos pecaminosos humanos? Colocar el Rapto al final de la Tribulación y el inicio del Milenio hace una situación imposible.

Sin embargo, porque el Pre-Tribulacionistas tienen al menos un espacio de siete años entre la extracción de la Iglesia en el Rapto y el Regreso de Cristo a la tierra, este no es un problema, porque millones de personas se guardarán durante el espacio y estar así disponible para poblar el milenio en sus cuerpos naturales que todavía tienen una naturaleza de pecado a fin de cumplir con las Escrituras. Sólo el punto de vista Pre-Tribulación Post-Tribulation pueden explicar este problema.

El Post- Tribulacionistas no tienen respuesta satisfactoria a este dilema. Por lo tanto, la filosofía de un rapto Post-Tribulación es imposible ".[6]

¿Por qué? Porque al igual que todos los demás ejemplos ya expuestos, la posición Post-Tribulation crea graves contradicciones con el resto de la Biblia sobre el reino milenario y eventos proféticos. ¿ Y como Dios no miente, no es eso lo que nos estás deben evitar si no vamos a ser engañados?

El **problema con el octavo** Post-Tribulation enseñanza del Rapto es **que Crea un Problema con la Separación del Milenio.**

Justo cuando se pensaba que no podía ponerse peor para el Post-Tribulación posición sobre el Rapto, otro problema que han creado por sus errores contextuales es con el juicio de Dios y la separación de las personas al final de los 7 años de Tribulación. Justo antes del establecimiento del reino Milenario, la Biblia revela claramente que Dios "separados", como vimos con el Ángel de cosecha, las "ovejas" de la "cabra" en preparación de establecer su Reino Milenial. Echemos un vistazo qué enseñar:

Mateo 25:31-34,41,46 "Cuando el Hijo del Hombre venga en su gloria, y todos los santos ángeles con él, entonces se sentará en su trono de gloria, y serán reunidas delante de él todas las naciones; y apartará los unos de los otros, como aparta el pastor las ovejas de los cabritos. Y pondrá las ovejas a su derecha, y los cabritos a su izquierda. Entonces el Rey dirá a los de su derecha: Venid, benditos de mi Padre, heredad el reino preparado para vosotros desde la fundación del mundo. Entonces dirá también a los de la izquierda: Apartaos de mí, malditos, al fuego eterno preparado para el diablo y sus ángeles. E irán éstos al castigo eterno, y los justos a la vida eterna."

Como vimos anteriormente, este pasaje, junto con otros, está tratando con el Ángel cosechar donde Dios separa a aquellos que aún están vivos, aunque pocos, quienes lograron sobrevivir de alguna manera a los horribles sucesos de la Tribulación de 7 años. Esto es al final de los 7 años de Tribulación, después del segundo reino de Jesús, justo antes del establecimiento del reino milenario. Por lo tanto, Dios "separa" de las personas restantes en preparación a los 1,000 años de reinado de Cristo. Él tomará los "creyentes" que quedan, las "ovejas", y les permite entrar en este "Reino", preparado especialmente para ellos, y entonces él tomará los "infieles", las "cabras" y pondrá en "castigo eterno" o "infierno." De nuevo, Los Ángeles son los instrumentos de esta "separación" y no tiene nada que ver con el Rapto.

Ahora, aquí está el problema. La posición Post-Tribulación destruir esta habilidad, para que exista una "separación de las ovejas de las cabras" antes del Reino Milenario como estas otras investigaciones que señalan:

"Si el rapto ocurre en conjunción con la segunda venida, como Post-Tribulacionistas dicen, y todos los creyentes vivos son arrebatados al cielo a encontrarse con Jesús y escoltado de regreso a la tierra, entonces quienes son las ovejas en la tierra cuando Jesús llega? Todos los que quedan en la tierra serían cabras. No habría ninguna oveja. Todas las ovejas habrían sido raptadas. Para decirlo de otra manera: ¿Cómo ambos salvos y no salvos, aún en sus cuerpos naturales, pueden separarse en juicio justo después de la Segunda Venida, si viven todos los creyentes estáran atrapados en la Segunda Venida?

Además, no habría ninguna necesidad de Jesús para separar las ovejas de las cabras cuando él llegue a la tierra porque el Rapto ya habría logrado la separación. La separación tendrá lugar en el acto mismo de la traducción.

Pero si el Rapto ocurre antes de los 7 años de tribulación como la posición Pre-Tribulation unidos, habría tiempo para que muchas personas puedan conocer al Señor durante la tribulación de 7 años. Estas Tribulaciones creyentes serían las "ovejas" de Mateo 25:31-46 cuando Jesús regrese. Una vez más, el problema se ha resuelto mediante la adopción de una posición Pre-Tribulation con su espacio de al menos siete años.

Además, es importante reconocer que cuando Jesús regrese a establecer Su Reino NO hay Rapto, nadie es "atrapados" en el aire para estar con el Señor. Las personas que se convierten en los creyentes durante el Período de la Tribulación será "entrar" en el Milenio con sus cuerpos terrenales, no será "Rapto."

Así, puede concluirse que un momento del Rapto Pretribulacional no hace ningún sentido lógico, es incongruente con ovejas-cabras nación de sentencia y, de hecho, elimina dos importantes eventos en el tiempo final. Sin embargo, un rapto Pre-Tribulacional evita todas estas dificultades insuperables."[7]

En otras palabras, esto evita todas esas horribles contradicciones. Y ¿no es eso lo que debemos hacer si no vamos a ser engañados?

El **problema con el noveno** Post-Tribulación enseñanza del Rapto **Es que crea un Problema con los Cristianos de Recompensas.**

No sólo la posición del rapto Post-Tribulación crear todo tipo de problema de sincronización y errores contextuales con el Rapto de la Iglesia, pero no tan sorprendentemente, también equivoca la recompensa de la Iglesia. Esta "hora" es también gratificante como emblema sentencia de la Iglesia. Esto es lo que Pablo se refiere en este pasaje:

2 Corintios 5:10 "Porque es necesario que todos nosotros comparezcamos ante el tribunal de Cristo, para que cada uno reciba según lo que haya hecho mientras estaba en el cuerpo, sea bueno o sea malo."

La palabra "tribunal" es la palabra griega "bema", que significa simplemente "un tribunal, una plataforma elevada montada por pasos, donde una regla mirada y juzgada la gente en los juegos." Es como en los Juegos Olímpicos, donde la gente, que después de competir en una carrera, comparezca ante el "juez" en su "plataforma elevada" para recibir sus respectivas "coronas" o recompensas. Este es el asiento Bema y es lo que es mostrado como el Bema Juicio de Cristo para Su Iglesia. No es un tiempo de "castigar" a nuestro "castigo" ya ha sido tomada por un Jesús por su obra en la cruz. Más bien, este es un tiempo para él para recompensar a su Iglesia. Al igual que en los Juegos Olímpicos, tras el arrebatamiento ocurre antes de los 7 años de Tribulaciones, nuestra carrera aquí en la tierra, y ahora es el momento de ver qué "recompensas" o "corona" vamos a recibir. En realidad la Biblia menciona cinco de ellas:

- **Primera Corona - Corona incorruptible** (corona de victor's)

  1 Corintios 9:25 "Todo aquel que lucha, de todo se abstiene; ellos, a la verdad, para recibir una **corona** corruptible, pero nosotros, una incorruptible."

- **2°- Corona- Corona de la Vida** (La corona del mártir)

Apocalipsis 2:10 "Sé fiel hasta la muerte, y yo te daré la **corona** de la vida."

- **3- la Corona de Gloria de la Corona** (la corona del anciano pastor)

1 Pedro 5:1,4 "Ruego a los ancianos que están entre vosotros, yo anciano también con ellos, y testigo de los padecimientos de Cristo, que soy también participante de la gloria que será revelada: Y cuando aparezca el Príncipe de los pastores, vosotros recibiréis la **corona** incorruptible de gloria."

- **4- La Corona de Justicia** (corona del anhelo de Jesús)

2 Timoteo 4:8 "Por lo demás, me está guardada la **corona** de justicia, la cual me dará el Señor, juez justo, en aquel día; y no sólo a mí, sino también a todos los que aman su venida."

- **5- Corona- Corona de Regocijo** (corona del ganador de almas)

1 Tesalonicenses 2:19 "Porque ¿cuál es nuestra esperanza, o gozo, o **corona** de que me gloríe? ¿No lo sois vosotros, delante de nuestro Señor Jesucristo, en su venida?"

Las coronas aquí mencionados en la Biblia, son un incentivo para la fidelidad en la vida cristiana y de la fecundidad en el servicio cristiano. Ahora, ¿significa esto que algunos cristianos son mejores que los demás cristianos porque ellos terminan con más coronas que otros? ¡No! Apocalipsis 4 nos muestra que todos vamos a poner nuestras coronas delante del Señor.

Apocalipsis 4:10-11 "los veinticuatro ancianos se postran delante del que está sentado en el trono, y adoran al que vive por los siglos de los siglos, y echan sus coronas delante del trono, diciendo: Señor, digno eres de recibir la gloria y la honra y el poder; porque tú creaste todas las cosas, y por tu voluntad existen y fueron creadas."

Ahora, como vimos antes en gran detalle, los 24 ancianos que se menciona aquí es hablar claramente de la Iglesia. Entonces la pregunta es, "¿por qué la Iglesia toss nuestras coronas delante del Señor?", porque Él Es Quien nos dio la posibilidad de recibir las coronas en el primer lugar que fue otorgado a nosotros en el Bema sentencia! Él obtiene la gloria por todo. Este no es un momento para presumir de que, "mi corona es más grande que tu corona", o "Tengo más coronas que uds." Más bien es una época en la que todos reconocemos a Cristo debe ser honrado y adorado por todos porque él nos dio el privilegio y la posibilidad de incluso ganar una corona en el primer lugar, sin embargo muchos de ellos, a fin de tener el privilegio de ponerlos a sus pies.

Pero siempre he dicho que para llegar a esto. Esta "recompensa" de la Iglesia tiene lugar después del Rapto antes de la Tribulación de 7 años. De hecho, tiene que hacerlo. ¿Por qué? Porque si el Rapto ocurre simultáneamente con la Segunda Venida de Jesucristo como la posición Post-Tribulation unidos al final de los 7 años de tribulación, no hay tiempo suficiente para el escenario de Sentencia.Recuerde, que usted y yo de imagen están extasiados y luego tomar un "inmediato" rechazo con Jesús en su segunda venida. Por lo tanto, al igual que el "timing" de la separación de las ovejas y las cabras" se revolvió por tener el rapto al final del período de 7 años como la posición Post-Tribulation estados, lo mismo ocurre con el "tiempo" de la "recompensa de la Iglesia". Todo se arruinó. Simplemente no hay suficiente tiempo con su posición, como este hombre comparte:

"El asiento del escenario es un evento literal, no una fantasía simbólica. No puede y no será cumplido todas en un momento fugaz. La vida del santo debe ser revisado, sus obras deben ser probados, las recompensas serán administrados."[8]

En otras palabras, no se puede "exprimir" la recompensa a la labor de la Iglesia en un corto retorno. Es ilógico y no tiene sentido. Asimismo, el Post-Tribulation no sólo no permite suficiente tiempo para el escenario de Sentencia, el "cacareo" de la Iglesia, pero tampoco encaja la "secuencia" o el "tiempo" de los 24 ancianos de "llevar" sus coronas, que son la Iglesia. Pregunta: ¿Cómo puede la Iglesia, 24 ancianos en el cielo, ya tienen sus coronas como se menciona en Apocalipsis 4:4-10 antes de los sucesos de la Tribulación de 7 años son mencionados en el Apocalipsis capítulos 6-18, si el rapto no ha tenido lugar todavía?". Respuesta: "El Rapto ya debe haber tenido lugar". Este se ajusta claramente a la posición Pre-Tribulation. Toda otra posición, incluyendo la posición Post-Tribulation crear otra contradicción. Y ¿no es eso lo que debemos evitar si no vamos a ser engañados?

El **décimo problema con el** Post-Tribulation enseñanza del Rapto es **Que crea un Problema con la Resurrección**.

Ahora, créase o no, en este punto un Post-Tribulation podría intervenir y citar el verso siguiente para intentar salvar su vista defectuosa.

Apocalipsis 20:4-6 "Y vi tronos, y se sentaron sobre ellos los que recibieron facultad de juzgar; y vi las almas de los decapitados por causa del testimonio de Jesús y por la palabra de Dios, los que no habían adorado a la bestia ni a su imagen, y que no recibieron la marca en sus frentes ni en sus manos; y vivieron y reinaron con Cristo mil años. Pero los otros muertos no volvieron a vivir hasta que se cumplieron mil años. Esta es la primera resurrección. Bienaventurado y santo el que tiene parte en la primera resurrección; la segunda muerte no tiene potestad sobre éstos, sino que serán sacerdotes de Dios y de Cristo, y reinarán con él mil años."

Ahora aquí está lo Post-Tribulation tendría usted y creo sobre este texto para intentar convencernos para aceptar su desmoronamiento de posición. Y cito:

"El apóstol Pablo describe la Primera Resurrección ocurre justo antes de que la iglesia es raptada en la venida de Cristo. Y Apocalipsis 20 declara que la Primera Resurrección tendrá lugar después del surgimiento del Anticristo y la marca de la bestia es instituido, que se produjo sólo después de la Tribulación está en curso en la venida de Cristo. La Resurrección de los muertos en Cristo, en Su Venida es obviamente la primera Resurrección. Son uno y el mismo. Esto demuestra claramente que un rapto Pre-Tribulación contradice las Escrituras."[9]

En realidad? ¿Por qué no hacemos un vistazo de nuevo en el contexto de estos pasajes relativos a la primera resurrección y rapto, y ver quién es realmente contradiciendo la palabra de Dios. Usted ve, el primer problema con esta premisa, por la posición Post-Tribulation, es que equiparan la "primera resurrección" mencionada en Apocalipsis 20 como el "mismo" resurrección mencionada en 1 Tesalonicenses 4. Sin embargo, la Biblia claramente enseña que hay más de una resurrección, como este hombre señala:

"El Nuevo Testamento enseña varias resurrecciones, no un solo evento al final del tiempo. Hay varias resurrecciones de creyentes que no ocurren al mismo tiempo pero son secuenciales como sigue:

1) La resurrección de Jesucristo como el primer fruto de muchos a ser levantada. (Romanos 6:9; 1 Corintios 15:23; Colossian 1:18; Apocalipsis 1:18).

2) La resurrección de los redimidos en la venida de Cristo. (Daniel 12:2; Lucas 14:14: Juan 5:29; 1 Tesalonicenses 4:16; Apocalipsis 20:4,6)

a) La Resurrección de la Iglesia en el Rapto antes de la Tribulación de 7 años.
b) La Resurrección de los creyentes del Antiguo Testamento en la Segunda Venida (Judíos y Gentiles) al final de los 7 años de tribulación, siete años después de la Resurrección, al rapto de la Iglesia.
c) La Resurrección de todos los mártires de la tribulación santo en la Segunda Venida (Judíos y Gentiles) al final de los 7 años de Tribulación, siete años después de la Resurrección, al Rapto de la Iglesia.
d) La resurrección de todos los creyentes milenario, después del milenio (implícita).

3) La resurrección del irredento desde el a lo largo de la historia (Apocalipsis 20:11-14)."[10]

Así como usted puede ver, la Resurrección mencionada en Apocalipsis 20:4-6 es realmente uno de los muchos resurrecciones mencionadas en la Biblia. Y he notado que el particular Resurrección ocurre realmente "después" de la Segunda Venida de Cristo y, por lo tanto, contradice la idea de un Rapto Post-Tribulación que "al mismo tiempo" como en su orden de acontecimientos, la resurrección de Apocalipsis 20:4-6 no es la "primera" resurrección de ocurrir.

En segundo lugar, la razón por la que este particular Resurrección es referido como "la primera resurrección" es porque no es el "primero" que nunca tuvo lugar, sino que, según el contexto, el que es yuxtapuesto con la "segunda" a la muerte.

Apocalipsis 20:14-15 "Y la muerte y el Hades fueron lanzados al lago de fuego. Esta es la muerte segunda. Y el que no se halló inscrito en el libro de la vida fue lanzado al lago de fuego."

Según la Biblia, la segunda muerte se refiere a la ley de ser lanzado en el Lago de Fuego al final del Reino Milenario tras el juicio del Gran Trono Blanco. Todos los impíos muertos son resucitados del infierno y arrojado al Lago de Fuego; una "segunda" última pesadilla! Usted pensó que el infierno era malo, usted no ha visto todavía nada todavía! Si vas desde el infierno, para el Juicio del Gran Trono Blanco, en el Lago de Fuego! Esa es la segunda muerte! Esto llegó a ser peor para usted para siempre!

Esta es la razón por la que la Resurrección mencionó "previo" a la "segunda muerte" en el contexto de este pasaje es llamada "la primera resurrección". No es la "primera resurrección" a ocurrir jamás, sino trazar una distinción entre aquellos que son "bienaventurados" para ser parte de este "primer" caso en el contexto de este pasaje al comienzo del Reino Milenario, y aquellos que no "son bendecidos" y, por lo tanto, son empujados a la "segunda" pesadilla del del evento y al final del reino milenario. Este "primer" caso se yuxtapuesto con el "segundo" del evento. ¡Eso es todo!

En tercer lugar, la Resurrección en Apocalipsis 20 no es ni siquiera tratar con la resurrección de la Iglesia, pero, como vimos, en realidad es hablar de la Resurrección de los creyentes del Antiguo Testamento y los mártires de la Tribulación de los santos. La Resurrección de la Iglesia de los santos de edad ya se habían ocurrido siete años antes!

Cuarto, también estás suponiendo falsamente que el Rapto de la Iglesia y la resurrección son uno y el mismo evento cuando no lo son, como afirma este investigador:

"La Resurrección y el Rapto no son el mismo evento. Es la Resurrección de los muertos, mientras que el Rapto será para los vivos (los que están vivos y permanecen en 1 Tesalonicenses 4:17). Es una estratagema por no Pre-Tribulacionistas a asumir que la Resurrección y Rapto es lo mismo, ya que eso es lo que ellos creen. Luego quieren llegar a la conclusión de que debe haber un único evento de Resurrección que, sí es verdad, iría en contra de Pre-Tribulacionismo.

Segundo, es cierto que la Resurrección se lleva a cabo en relación con el Rapto en 1 Tesalonicenses 4. Sin embargo, Pablo les trata como fases separadas del evento global se describe en 1 Tesalonicenses 4:13-18. El versículo 14 habla de la Resurrección de los fallecidos Era de la Iglesia, los creyentes, seguida por los versículos 15-17 que describen el Rapto de la Iglesia viva, la Edad de los creyentes. Pablo dice, "Entonces nosotros los que estén vivos serán arrebatados juntamente con ellos en las nubes para recibir al Señor en el aire" (versículo 17). Por lo tanto, es evidente que la Resurrección y "al ponerse al día" (rapto) no son el mismo evento exacto, aunque se producen en la secuencia de cerca el uno con el otro".[11]

Me parece que alguien es culpable de tomar las cosas fuera de contexto. Y supongo que es por eso que este investigador tiene este comentario:

"Nunca se debe usar una instrucción en las Escrituras para argumentar contra el claro significado de otro pasaje, como si ellos son enfrentados uno contra el otro. Sin embargo, dado que no hay contradicciones en la Biblia, todo el pasaje debe interpretarse en su contexto de tal manera que la escritura está en armonía con sí mismo. Este es el enfoque que debemos adoptar para tratar con estos pasaje en relación con el rapto. Cuando se adopta este enfoque, no produce Anti-Pre-Tribulación conclusión."[12]

En otras palabras, mantener las cosas en su contexto y vas a salir fuera Pre-Tribulación cada vez, no una de las otras posiciones defectuosa en el Rapto como Post-Tribulación. ¿ Y no es que estemos o debe hacer si no vamos a ser engañados?

El **undécimo problema** con **el** Post-Tribulacion del Rapto es **Que Crea un Problema con el Anticristo.**

Otro problema de "tiempo" que se revolvió con la posición Post-Tribulación es en referencia a la "desaparición" de la Iglesia y la "apariencia" del Anticristo. La Biblia pone el calendario de estos dos eventos como:

2 Tesalonicenses 2:7-8 "Porque ya está en acción el misterio de la iniquidad; sólo que hay quien al presente lo detiene, hasta que él a su vez se a quitado de en medio. Y entonces se manifestará aquel inicuo, a quien el Señor matará con el espíritu de su boca, y destruirá con el resplandor de su venida."

Así que aquí vemos claramente un orden de acontecimientos que deben tener lugar en la Biblia acerca del Anticristo. En esencia, Pablo dice que él, el Anticristo, La Lawless, no *será* revelado *hasta* "el que frena" está tomado de "fuera" de la forma. Así, la gran pregunta es, "¿Quién es esta identidad, que tiene que ser tomada antes de que el anticristo puede aparecer en la escena?". Como vimos antes, no es otra cosa que la iglesia.

En primer lugar, la frase, "frena" es "katecho" en el Griego y significa simplemente "frenar, retrasar, o para obstaculizar el curso o de progreso" en segundo lugar, es precedida por la palabra "ahora" como en "ahora frenarla", que es la palabra Griega "arti" y significa, "ahora, en este momento, en este mismo momento". En tercer lugar, la palabra "uno" como en "ahora el que frena" se refiere tanto en el neutro y masculino. Y, en cuarto lugar, la frase "sacado del camino" son las palabras Griegas "ginomai meso" que significa, "surgen del medio" o "hacerse o terminado entre".

Por lo que poner todo esto en el contexto y creo que puede empezar a reducirlo. Quienquiera que esté "uno" debe ser "removible", y se debe también al mismo tiempo lo suficientemente potente como para "retener" o "contener el mal" y "la aparición del Anticristo" ahora. A mí, que lo dejen con sólo una opción y que es la presencia del Espíritu Santo en la Iglesia de hoy.

Pensar en ello. Nosotros no debemos ser "sal y luz" de la tierra, manteniendo a Dios justos decretos que "frena" el mal de marchar adelante sin contención total? Además, no es nuestra presencia aquí en la tierra "prevenir" la aparición del Anticristo? Quiero decir, ¿no deberíamos ser los primeros señalándole al mundo, soplando el silbato, arruinando sus planes y advierten a todos a no caer en sus mentiras y engaños? Por supuesto! Por lo tanto, una vez que la Iglesia "surgen del medio" y están "fuera del camino" antes de este período de tiempo empieza, los 7 años de tribulación, entonces no háy nada "deteniendo" del Anticristo en "apareciendo" y su "malvados planes" y "el mal" de difundir "desenfrenada."

Además, la presencia del Espíritu Santo en la Iglesia es la única explicación que también responde a la identidad del "uno" como "ambos" neutro y masculino al mismo tiempo. En la Biblia, la palabra "espíritu", que es neuter pneuma, pero al mismo tiempo, constantemente la Biblia se refiere al Espíritu Santo en el masculino. Caso cerrado. El "uno" que es neutro y masculino, al mismo tiempo, es la presencia del Espíritu Santo en la Iglesia de hoy.

Ahora, observe y no digo esta identidad era "sólo" el Espíritu Santo mismo, sino el Espíritu Santo es la "presencia" en la Iglesia de hoy. Eso es porque el Espíritu Santo es Dios, Quien es omnipresente, y por lo tanto no puede ser completamente eliminado de la tierra. En segundo lugar, también sabemos, como ya se ha mencionado, de que millones de personas se guardarán durante los siete años de tribulación que exige el Espíritu Santo para seguir funcionando en la tierra condenarlos de la necesidad de la salvación. Por lo tanto, tiene que ser Espíritu Santo "influencia moderadora" en la Iglesia de hoy.

Ahora, aquí está el problema que se crea si se mantiene la posición Post-Tribulation. Pablo dice que el Anticristo *no puede* aparecer *hasta* que "aquel que frena" es "sacado del camino", que es la Iglesia. Entonces, ¿cómo puede usted decir la Iglesia es raptada o "sacado del camino" al final de los 7 años de Tribulación, cuando el Anticristo ya ha *hecho* su "apariencia" al *principio* de los 7 años de Tribulación? (Apocalipsis 6; Daniel 9:27) que acaba de crear otra grave contradicción en las Escrituras. Sin embargo, Dios no se contradice a sí mismo de modo que no puedes ser justo en su posición.

La única manera de armonizar esta "manifestación" del anticristo, con el "tiempo" de la iglesia de ser "sacado del camino" es mantener el Pre-Tribulación posición que afirma que la Iglesia es "eliminado" o arrebatados *antes* de la Tribulación de 7 años *antes* de la aparición del Anticristo en el comienzo de la Tribulación de 7 años. No hay contradicción, en perfecta armonía, como estos investigadores estado:

"La Iglesia será quitado de la tierra ANTES de la venida del Anticristo (1 Tesalonicenses 2:7,8). Si el Anticristo llegó al poder con la Iglesia todavía aquí, no veo cómo podría funcionar. Cuando Hitler estaba luchando para apoderarse de Inglaterra, un número de cristianos estaban orando por la victoria. Hitler hizo error tras error, e Inglaterra superó a su enemigo en cada etapa del conflicto. Es difícil medir el impacto de la oración intercesora en la guerra física. Poco se sabe de cómo los grandes santos jugó un papel orando en la derrota de la Alemania Nazi.

¡Si la iglesia fueran a residir en la tierra durante la tribulación, estoy seguro de que ella le daría el Anticristo batalla y se preocuparia. En Apocalipsis 11:13, los dos testigos solo dar el Anticristo suficientes dolores de cabeza. Millones de cristianos que conocen sus biblias y reconocería al hombre de pecado y orar hasta caer fuego sobre su cabeza. La vista Post-Tribulación tendrá que planificar en la Iglesia que sólo se voltearan y jugando muertos la totalidad de siete años.

Además, 2 Tesalonicenses 2:3-10) establece que la eliminación de la Iglesia será antes de la Manifestación del Hombre de Pecado, hecho que sitúa el Rapto antes de Apocalipsis 13 y tan atrás en la cronología de ese libro como 6:1, antes de la apertura del primer sello y el jinete sobre el caballo blanco.
Esta revisión debería convencer a cualquier sincera mente que el lugar del Rapto en la cronología de la Revelación, y en el orden de eventos proféticos es claramente Pre-Tribulacional. Por otro lado, desde eventos intermedios necesarios marcó un intervalo entre el Rapto y la revelación, la totalidad Post-Tribulacional idea que estas dos fases del retorno del Señor son sólo momentos aparte, si no simultánea, se ha demostrado que resulta totalmente insostenible."[13]

En otras palabras, no puede ser cierto. La Biblia afirma claramente que la Iglesia no puede estar en la tierra al mismo tiempo que el anticristo. La posición Post-Tribulation, una vez más, hace mish mash fuera de las Escrituras y crea aún más graves contradicciones. Y ¿no es eso lo que debemos evitar si no vamos a ser engañados?

El **problema** con el **duodécimo** Post-Tribulation enseñanza del Rapto **Es Que Destruye el Significado de la boda de Jesús'**.

Justo cuando pensabas que la "distribución" de la posición Post-Tribulation ya no podían ir peor, todavía tenemos otra. Lo creas o no, su posición totalmente arruina la boda de Jesús. La Biblia dice que la Iglesia es su esposa y que él está volviendo a recibirnos en el cielo, donde vamos a celebrar nuestra boda y, a continuación, regresar a la tierra con él. La posición Post-Tribulation destruye todo este tiempo. Permítanme demostrar:

1st- La Iglesia es la Esposa de Cristo

Efesios 5:28-32 "Así también los maridos deben amar a sus mujeres como a sus mismos cuerpos. El que ama a su mujer, a sí mismo se ama. Porque nadie aborreció jamás a su propia carne, sino que la sustenta y la cuida, como también Cristo a la iglesia, porque somos miembros de su cuerpo, de su carne y de sus huesos. Por esto dejará el hombre a su padre y a su madre, y se unirá a su mujer, y los dos serán una sola carne. Grande es este misterio; mas yo digo esto respecto de Cristo y de la iglesia."

Ahora, supongo que los Post-Tribulation estarían de acuerdo en que la Iglesia es la Esposa de Cristo, tal como se presenta en las Escrituras, así que no hay problema al respecto. Sin embargo, es a partir de aquí en adelante que en su oportunidad se equivocaron.

2°- La Iglesia es Recibida por Cristo

Juan 14:2-3 "En la casa de mi Padre muchas moradas hay; si así no fuera, yo os lo hubiera dicho; voy, pues, a preparar lugar para vosotros. Y si me fuere y os preparare lugar, vendré otra vez, y os tomaré a mí mismo, para que donde yo estoy, vosotros también estéis."

Así que aquí vemos otro pasaje clásico sobre el Rapto, donde Jesús afirma claramente que él está volviendo a su esposa (en el Rapto) para estar con él en el cielo. Pregunta: ¿Por qué Jesús prepara un lugar para nosotros en el cielo y luego no llevarnos allá como la posición Post-Tribulation tendría usted y yo creemos? Recuerde, ellos nos han de ir al final de los 7 años de tribulación en un rapto y luego hacer una inmediata U-turn de regreso a la tierra. Sin embargo, esto no deja tiempo para que la Iglesia sea tomada para el cielo, la casa del Padre, como Jesús ha prometido! La posición Post-Tribulation contradice totalmente a Jesús, que no recomiendo hacer lo que ellos quieren. Veamos ahora el siguiente problema creado por el Post-Tribulación posición sobre la boda de Jesús.

3ª- La Iglesia Celebra con Cristo

Lucas 12:36 "y vosotros sed semejantes a hombres que aguardan a que su señor regrese de las bodas, para que cuando llegue y llame, le abran en seguida."

Así que aquí vemos que la Biblia nos dice claramente que cuando Jesús venga en su segunda venida, él estará regresando de un banquete de bodas. Pregunta: ¿Cómo puede el regreso de Jesús desde un banquete de boda si la boda todavía no ha tenido lugar todavía, como la posición Post-Tribulación tendría usted y creo? La única manera para que el matrimonio ya han ocurrido incluyendo el tiempo para el banquete de bodas, es tener a la Iglesia salir de "antes" a los 7 años de Tribulación como la posición Pre-Tribulation enseña, no al final como la posición Post-Tribulation estados. La posición Post-Tribulation no deja tiempo para que este evento tenga lugar.

Además, sucede que como vimos antes en el estudio de la ceremonia de Matrimonio Judío, que según la tradición judía, una vez que la pareja regresó a la casa del Padre, iban a consumar el matrimonio y celebrar su boda o banquete *para los próximos siete días* (durante la cual la novia permanecía encerrada en su recámara nupcial).

Así es que nosotros también, dice la Biblia, márchate rápidamente y encerrarse en nuestra Cámara Nupcial, durante los 7 años de Tribulación. Estamos disfrutando de nuestra boda mientras el mundo incrédulo está, por desgracia, sufriendo la ira de Dios. Esto es claramente la misma enseñanza como la posición Pre-Tribulación.

Ahora veamos otra cosa la posición Post-Tribulación entremete con la Boda de Jesús.

4º- La Iglesia Vuelve con Cristo

Después de la cena de matrimonio, tradición judía registros que esto es cuando la novia y el novio se presenta al mundo como " hombre y esposa." y esto también pasa a corresponder al momento cuando Jesús regrese a la tierra al final de la Tribulación de 7 años *acompañado* por su novia " vestidos de lino fino, blanco y limpio".

Apocalipsis 19:11-14 "Entonces vi el cielo abierto; y he aquí un caballo blanco, y el que lo montaba se llamaba Fiel y Verdadero, y con justicia juzga y pelea. Sus ojos eran como llama de fuego, y había en su cabeza muchas diademas; y tenía un nombre escrito que ninguno conocía sino él mismo. Estaba vestido de una ropa teñida en sangre; y su nombre es: EL VERBO DE DIOS." Y los ejércitos celestiales, vestidos de lino finísimo, blanco y limpio, le seguían en caballos blancos."

Como vimos antes, la identidad de los "ejércitos del cielo" está claramente hablando de la Iglesia, Esposa de Cristo.Las prendas mencionadas aquí "vestida con finos linos, blanco y limpio" es la ropa de la Iglesia. Por lo tanto, este pasaje nos está diciendo que la Novia de Cristo, la Iglesia, *vuelve con* Jesús en su *Segunda* Venida.

Pregunta: ¿Cómo puede suceder esto con un escenario Post-Tribulation? La posición Post-Tribulation enseña que la Iglesia va a *encontrar* a Jesús en su segunda venida, pero la Biblia dice que la Iglesia vuelve con Jesús en su segunda venida. Gran, gran contradicción. Sólo la posición Post-Tribulación Pre-Tribulación soluciona este problema de distribución, estos investigadores también admiten:

"Cuando Jesús regrese a la tierra en su Segunda Venida, él volverá de una boda (Lucas 12:36). En el Rapto, Jesús está casado con su esposa, la Iglesia.

Después de la boda, regresará a la tierra. La Novia de Cristo, la Iglesia, está preparado para acompañar a Cristo en la tierra (Apocalipsis 19:7-8,14) antes de la Segunda Venida, pero ¿cómo podría esto suceder razonablemente si la Iglesia está aún en la tierra, a la espera de la Segunda Venida? Si el Rapto de la Iglesia tiene lugar en la Segunda Venida, entonces ¿cómo la esposa (la Iglesia) vienen también con Cristo en su Retorno?"

"El matrimonio del Cordero debe ocurrir en el cielo después del Rapto, pero antes del retorno a la tierra. Este evento ha sido previsto; se ha buscado con mucho regocijo (Apocalipsis 19:7) y no puede apresurarse. La Novia tiene tiempo para hacerse (19:7). Hay adoración y alabanza con la participación de todos los hosts del cielo (19:6). El coro aleluya de los redimidos debe ser cantado, y con toda la eternidad por delante no será limitado a "la primera y la última estrofa"!

Antes del matrimonio, y la cena será la presentación de la novia. Esta es la más gloriosa, coronando la experiencia en toda la larga historia de la Iglesia, y será un momento de mayor alegría para el Cristo que redimió a ella. Cuando todos los santos vienen marchando, "Él verá los afanes de su alma, y quedará satisfecho" (Isaías 53:11).

La presentación de la esposa y la cena de matrimonio no puede ser cumplida en un momento fugaz. La novia va a prepararse y presentarse a Cristo, el matrimonio debe realizarse, y que el matrimonio banquete celebrado y disfrutado.

Sin embargo, por mor de una teoría, algunos quisieran hacernos creer que todas estas benditas las experiencias ocurren en un instante, En un abrir y cerrar de ojos, como parte de el barrido hacia abajo de el Señor de la tierra, sin ninguna vista previa del cielo, y sin vislumbrar de las "muchas mansiones" preparadas por el Salvador amoroso de la novia quien recibirá á él mismo cuando venga de nuevo (Juan 14:2,3).

La Post-Tribulacional paradigma de la Iglesia de ser Rapto y luego inmediatamente trajo de vuelta a la tierra no deja tiempo."[14]

En otras palabras, se mete cosas y crea aún más contradicciones. Y ¿no es eso lo que debemos evitar si no vamos a ser engañados?

El problema con la decimotercera Post-Tribulation enseñanza del Rapto es que destruye el propósito del rapto. Como vimos antes, uno de los principales efectos de la doctrina del rapto en primer lugar, ofrecen una "esperanza bienaventurada" o un "Alentar la verdad" a la Iglesia que, a pesar de que hemos tenido aquí en la tierra áspera durante un rato, la defensa y la vida de Jesús, él será no obstante "mantenernos " a "la hora de la pista que va a venir en todo el mundo, para probar á los que moran en la tierra", es decir, el período de tiempo donde Dios derrama Su ira sobre este mundo malvado y rebelde, el terrible Tribulación de 7 años.

Sin embargo, si usted piensa acerca de ello, la posición Post-Tribulación realmente destruye este fomento de la palabra, esta bendita esperanza. En efecto, haría absolutamente irrazonable, como este hombre comparte:

"Post-Tribulacionistas mantienen que el Rapto ocurre en conjunción con la segunda venida. Los creyentes serán arrebatados para encontrar al Señor Jesús en el aire que viene del cielo para juzgar al mundo, a continuación, volverá de

nuevo a la tierra con él. Pero esto plantea una cuestión muy importante que se suele pasar por alto en este debate. Si Dios ha preservado milagrosamente a la Iglesia a lo largo de toda la tribulación como afirman falsamente, ¿por qué incluso tienen un rapto? ¿Por qué molestarse? Es intrascendente. El Señor no estará entregando a su novia nada. Realmente no hay fin en ella. Pero si Cristo viene antes de la Tribulación, su venida está llena de propósito. Él nos librará de la ira. "[15]

En otras palabras, sólo la posición Pre-Tribulación mantiene el propósito de la Bienaventurada Esperanza. Es el único que mantiene la palabra alentadora del Rapto. Sin embargo, la posición Post-Tribulación hace el Rapto intrascendentes y sin sentido. ¡También puede cambiar "Bendita de la nada" o la "promesa No Era un Gran" problema, y creo que nuestro Señor Jesús da y promete mucho mejor que eso!

Además, como vimos antes, una de las ventajas del rapto es el efecto que tiene sobre la inminencia de la Iglesia mientras tanto. En otras palabras, no sabemos cuándo el rapto ocurra, puede ocurrir en cualquier momento, es inminente, por lo tanto siempre debemos estar listos para su regreso. Necesitamos obtener vida ajetreada vida santa para él, ser un ejemplo positivo a quienes nos rodean para él, cómo compartimos su Evangelio y deshacerse de cualquier y toda dilación desde hoy podría ser nuestro último día aquí en la tierra como un cristiano. Todo esto se mantiene *si* el rapto es inminente!

Sin embargo, la posición Post-Tribulación destruye los efectos de "limpieza" de la inminencia del rapto que sólo la posición Pre-Tribulación mantiene. En un escenario Post-Tribulación, no hay urgencia y no estamos aún buscando un inminente Rapto. Más bien estamos buscando "signos" para calcular el retorno de Jesús" y, por lo tanto, ahora tenemos 7 años de "excusas" que se vuelvan perezosos y superchería. El opuesto exacto del Pre-Tribulación posición.

Esto es debido a que la segunda venida es precedida por muchas señales y puede ser calculada. Sólo la posición Pre-Tribulación permite el Rapto a permanecer una hora desconocida. Si me encuentro en la Tribulación de 7 años luego del evento "Desconocido" se convierte en un evento "conocida", porque puedo "Calcular", basado en las indicaciones dadas durante ese período de 7 años. Todo lo que tengo que hacer es prestar atención a todos los "signos" que tendrá lugar durante la Tribulación de 7 años que se menciona en el libro de Apocalipsis y Mateo 24 y en otros lugares, como la Junta de Sellos, la Trompeta del Juicio, sentencia el tazón, el Anticristo, todas esas cosas, y calcular en consecuencia.

La posición Pre-Tribulation es la única posición que dice que no hay jefes de advertencia, y lo que es mejor estar preparado y estar preparados en todo momento! Se asegura de que su vida como un Cristiano permanecer limpia porque ¿cómo es deseas que el Señor te encuentre? holgazaneando o compartiendo el evangelio? Viviendo para él, o pecando de nuevo? Este es el poder de la inminencia de que sólo la posición Pre-Tribulación mantiene. La Posición Post-Tribulación destruye toda esta limpieza se benefician de inminencia, como estos investigadores comparten:

"Post-Tribulacionistas no han abordado adecuadamente en Tito 2:13 donde los creyentes son exhortados a buscar 'la manifestación gloriosa' de Cristo a los suyos. Si el rapto ocurre en la Tribulación, creyentes sería entonces buscar signos en lugar de su venida. Niega la enseñanza del Nuevo Testamento de inminencia - que Cristo puede venir en cualquier momento ya que hay eventos intermediarios necesarios en esa vista. Creemos que no hay signos de que debe preceder el Rapto.

Además, el mayor problema es que hace Post-Tribulacionismo Jesús parece ser engañosa. Jesús dijo que en el momento de su regreso,' ningún hombre conocerá el día ni la hora'. Aún si el Post-Tribulacionistas es correcta y el regreso de Cristo está al final de la Tribulación, entonces desde el momento mismo en que el antiCristo entra en escena al comienzo de la Tribulación, usted puede saber exactamente siete años después de que Jesús vendrá. Por lo tanto, tendría que saber exactamente el tiempo y la hora de la venida del Señor.

En consecuencia, en la posición Post-Tribulación, hace Jesús parece ser un mentiroso."[16]

Y eso, mi amigo, es algo que usted no quiere hacer! Además, sobre el Rapto, Pablo menciona no una, sino dos veces en 1 Tesalonicenses 4:5, "animarse el uno al otro" con estas palabras, qué es la verdad sobre el Rapto.

1 Tesalonicenses 4:18 "Por tanto, alentaos los unos a los otros con estas palabras."

1 Tesalonicenses 5:11 "Por lo cual, animaos unos a otros, y edificaos unos a otros, así como lo hacéis."

Así que aquí está la pregunta lógica de sentido común. Cómo en el mundo voy a alentar a alguien, por no hablar de mí, si sé que no estoy solo va a estar en el terrible Tribulación de 7 años, el peor momento de la historia de la humanidad, cuando Dios desató su ira sobre el planeta en pronunciar la furia, *pero durante todo el año como el 7-posición* Post-Tribulation le hace creer! Eso no es alentador, es *desalentador*. Y eso es precisamente lo que hace la posición Post-Tribulación! Destruye el propósito y la esperanza alentadora del Rapto, como este hombre comparte:

"Creencia Pre-Tribulation antagonistas están en aumento. La llamada de Cristo a los creyentes, dicen, simplemente no va a suceder antes de que los cristianos sufren al menos parte de los terrores de que era bestial. Aquellos de nosotros que creemos que viene un rapto sobrenatural-escapar de estas sentencias sobre la humanidad pecadora son simplemente vivir en tierra de Fantasía es el mensaje colectivo puedo inferir a partir de correos electrónicos y artículos que cada vez más asalta mis sentidos.

Que yo, y a todos ustedes, deberían comenzar la preparación de alimentos, agua, oro, plata, y a encontrar un buen refugio para esconderse durante estos próximos días me parecen las cosas estas pesimistas de éxtasis están presentando.

Rara vez oigo procedentes de nuestros oponentes a la pregunta del rapto la advertencia de estar tratando de testimoniar con todas nuestras fuerzas el evangelio de Jesucristo. Mientras que el proponente Pre-Tribulation se mantiene en el corazón de su esfuerzo ganar tantas almas para Cristo como sea posible para los salvos no a través de ese tiempo de horrores, muchos de los anti-Rapto antagonistas quieren hacer cosas para asegurarse de que estén más cómodos mientras intentan sobrevivir a ese tiempo infernal.

Casualmente, o tal vez no estás solo pasa que, en algunos casos de TV y otros ministerios que abiertamente desprecian el pensamiento de rapto, oferta para la venta de todas estas cosas para su supervivencia. Los productos alimenticios envasados, invariablemente se proclaman tener vida hasta de tres décadas o más. Así, podemos si queremos sobrevivir, han de participar de estos suministros hasta bien entrado el milenio, supongo. Esto, basado en el tema general que creen la tribulación de siete años, no el Rapto es inminente.

Quiero mencionar sólo un factor de Rapto aquí: Donde está la comodidad? Por lo que pedimos: ¿Qué consuelo hay en el argumento de que los cristianos se pasan a través de la Tribulación?

El apóstol Pablo nos asegura primero de este hecho: "Dios no nos nombró a la ira de Dios, sino para obtener la salvación por medio de nuestro Señor Jesucristo" (1 Tesalonicenses 5:9). Pero, es el siguiente pensamiento en la mente de Dios, que debe causar cálida tranquilidad en el corazón espiritual de todo creyente: " Por Qué consuelo ustedes juntos, y edificamos mutuamente, incluso como hacéis vosotros también". (1 Tesalonicenses 5:11) ¿Entiendes? Somos "comodidad" a nosotros mismos, no escribir nuestras manos buscando estas cosas para destruirnos o ir a buscar al Anticristo. Estamos en busca de nuestra "esperanza bienaventurada" (Tito 2:13).

No hay comodidad -ni existe la directiva en la Palabra de Dios para ser tenido en anticipando pasando por el tiempo de la ira de Dios y casi seguro martirio (probablemente por decapitación). No hay comodidad en busca del peor dictador en la historia del planeta para perseguirnos y cortar nuestras cabezas.

Aquí está lo que la Palabra de Dios promete en lugar del temido escenario propuesto por el rapto antagonistas:

'Por lo cual les decimos esto en palabra del Señor: que nosotros que estén vivos hasta la venida del Señor no impedirá que se duerma. Porque el Señor mismo descenderá del cielo con voz de mando, con voz de arcángel, y con trompeta de Dios: y los muertos en Cristo resucitarán primero: Luego nosotros los que vivimos, los que hayamos quedado, seremos arrebatados juntamente con ellos en las nubes para recibir al Señor en el aire, y así estaremos siempre con el Señor. Por comodidad el uno al otro con estas palabras.' (1 Tesalonicenses 4:15-18) "17

Que me suena como la posición Pre-Tribulación es la única posición que coincide con el reconfortante propósito del Rapto, lo cual significa que todas las demás posiciones no son sólo un verdadero, pero que no puede ser verdad. ¿Por qué? Porque una vez más que crear otra contradicción en las Escrituras. Y ¿no es eso lo que debemos evitar si no vamos a ser engañados?

Capítulo Quince

Los Problemas con la Pre-Ira

La **segunda posición** en el arrebatamiento que tiene algunos problemas serios con la **Pre-Ira Posición**.

O debo decir, más exactamente, el Rapto Tres-Quartos de posición. El título es un poco engañoso, porque no te dicen las fechas de cuando piensan que el Rapto tendrá lugar. Pero veamos dónde y cuando esta teoría sobre el Rapto a iniciado:

"La persona que concibió la "Pre-Ira" vista del rapto era un hombre llamado Robert Van Kampen (1938-1999). Van Kampen porque uno de los hombres más ricos de América a través de su participación en la banca de inversión. Durante su vida él acumulo una de las mayores colecciones privadas de raras y antiguas biblias en América del Norte.

En la década de los 70's Van Kampen comenzaron a desarrollar el concepto de "Pre-Ira" el momento del rapto. Una vez que había finalizado su labor sobre el concepto, dijo intentando encontrar una persona bien conocida en el campo de la profecía bíblica para apoyar su nueva vista. Que la persona finalmente resultó ser Marvin Rosenthal, que en ese momento estaba sirviendo como director de un ministerio muy influyente llamado amigo de Israel.

Rosenthal intentó convencer a la junta del ministerio a abandonar su compromiso con la Pre-Tribulación ver y aceptar el nuevo punto de vista. Se negaron, y Rosenthal se vio obligado a marcharse. Fue a Florida, donde construyó la Tierra Santa experiencia- un parque temático cristiano que ha sido adquirido por el Trinity Broadcasting Network. Hoy, Rosenthal se desempeña como director de Zion's, la esperanza de un ministerio ubicado en Winter Garden, Florida.

Rosenthal fue financiada por el libro de Van Kampen's Fortune, y él envió miles de copias a los pastores de toda América. Más tarde, Van Kampen escribió sus libros acerca de la "vista" Pre-Ira, siendo la más importante El Signo (1992)."[1]

Ahora que sabes donde comenzó, echemos un vistazo a una explicación básica de su creencia en el arrebatamiento:

"Van Kampen las tres cuartas partes -Rapture vista es una mezcla de Post-Tribulacional Mediados-Tribulacional y justificación. Él tiene la Iglesia continúa a través de la primera de las tres cuartas partes de los 7 años de tribulación hasta el rapto se produce. Así, la teoría del Rapto de tres cuartos.

En lugar de ver los términos que describen la septuagésima semana de Daniel que denotan distintas características de un único período, Van Kampen los corta en segmentos compartimentos que contiene la ira del hombre y satanás, o la ira de Dios.

A través de la redefinición, Van Kampen limita la ira de Dios en el último año y las tres cuartas partes del período de siete años, y deduce que el Rapto ocurre justo antes de ese período de tiempo.

En primer lugar, se corta la septuagésima semana de Daniel en tres partes: 1) El comienzo de los dolores de parto (los primeros tres años y medio), 2) la gran tribulación (primera mitad de la segunda mitad de los siete años), 3) el día del Señor (la última mitad de la segunda mitad de los siete años, más un período de treinta días después de la segunda venida).

Por compartimentalización arbitrariamente la septuagésima semana de Daniel en este camino, Van Kampen prepara el camino para su opinión diciendo que los dos primeros períodos (primeras tres cuartas partes del período de siete años) es la ira del hombre y Satanás, pero no la ira de Dios.

Por especular que la ira de Dios sólo se produce durante lo que etiquetas como el Día del Señor (el último trimestre de la septuagésima semana de Daniel), por lo tanto, el orador dice que el Rapto ocurre en el punto y conserva la Iglesia fuera de la ira de Dios, tal como lo prometió en las Epístolas del Nuevo Testamento."[2]

Así como usted puede ver, la Pre-Ira posición sobre el rapto no sólo es francamente confuso, pero es totalmente diferente de la posición Pre-Tribulación. De hecho, no soy el único que se confiesa culpable a su confusión impuesta a sí mismo. ¿así hace a este investigador:

"La vista no es un Pre-Ira Pre-Tribulacional vista porque insiste en que la Iglesia estará presente en la tierra durante la mayor parte de los siete años de la 70ª semana de Daniel (todas excepto la última fase que está vista llama el Día del Señor).

La vista no es un Pre-Ira Mediados-Tribulacional vista porque insiste en que el rapto ocurrirá después de la mitad de los últimos siete años, alrededor de la mitad de los últimos 3,$^{1}/_{2}$ años.

La vista es una Post-Tribulacional Pre-Ira vista en el sentido de que se enseña que el Rapto ocurrirá después de la Gran Tribulación. Sin embargo, esta opinión se redefinir la Gran Tribulación, período en una manera que es inusual. En lugar de decir que la Gran Tribulación termina al mismo tiempo Daniel's 70 fines de semana (al final de este período de 7 años), este punto de vista dice que la Gran Tribulación termina justo antes del día del Señor, que dicen que se lleva a cabo un tiempo significativo antes del final de la 70ª semana de Daniels. Por lo tanto esta opinión es Post-Tribulacional pero ningún puesto-"Daniel's 70ª la semana." Este punto de vista enseña que el Rapto tendrá lugar hacia el final de la 70ª la semana de Daniel, pero no en el final."[3]

¿Ahora, entiendes? Un poco confuso, ¿no es así? Creo que la confusión surge durante varias desviaciones de la Escritura, como veremos en un movimiento. Pero desde que Dios no es un Dios de confusión, este es un buen indicador de que la "mano del hombre" está estropeando las cosas sobre el rapto y es lo que está "creando" esta confusión. Digo esto porque Dios escribió para nosotros su palabra, la Biblia, para que podamos entender claramente lo que está tratando de decir a nosotros. Él no juega a "el gato y el ratón" con nosotros y tampoco habla con una "lengua bifurcada." Él *quiere saber claramente* lo que él está diciendo a nosotros. Él no juega y Él ciertamente no deliberadamente confunde las cosas de modo que sólo los ricos y famosos o espiritualmente elite pueden soltarse con el significado "correcto" y difundirla entre el resto de nosotros las personas ignorantes. Más bien, Él quiere *que toda la gente* sepa con claridad lo que él está diciendo en la Biblia y, por lo tanto, escribió en una forma que cualquiera puede acabar con el significado correcto usando el sentido común de principios.

Por lo tanto, la enseñanza debe ser "derivados de la Biblia" y, sin embargo, sale "totalmente confuso", como la teoría del Rapto Pre-Ira, a continuación, de nuevo, este es un buen indicador de que "la mano que fuera hombre" está en no torcer la escritura para hacerla decir lo que el "hombre" quiere decir. Esto no sólo no es cómo hemos supuesto para interpretar la Biblia, pero es uno de la manera más rápida de ser engañado.

Pero la diferencia básica relativa al rapto Pre-Ira es este. El Rapto Pre-Ira dice que la Iglesia permanecerá en la tierra hasta que " 3/4 " de los 7 años de tribulación, mientras que el Rapto Pre-Ira dice lo que la Iglesia va a dejar la tierra "antes" a los 7 años de Tribulación y escapar de todo. Obviamente, no puede ser verdad, por lo cual es correcta? ¿Cómo podemos saber? ¿Cómo podemos no ser engañados? Bien, nuevamente, al igual que ponemos la posición Pre-Tribulación bajo un microscopio y tratados grave con las diversas acusaciones que se lanzan su camino, ahora vamos a hacer lo mismo con la Pre-Ira; esa posición, la posición Pre-Ira, también tiene algunos problemas graves.

El **primer problema** con la doctrina del rapto Pre-Ira **Es Que Confunde la Temporización de la Ira de Dios.**

Ahora, aunque la posición Pre-Tribulación Pre-Ira estarían de acuerdo con la posición sobre la premisa de que "La Iglesia no será nombrada lá ira de Dios", como se vio, su versión de la ira de Dios cuando se lleva a cabo es todas desordenadas. De hecho, no es simplemente desordenadas, es totalmente equivocado! La posición Pre-Ira tendría usted y creo que la ira de Dios es "limitada" sólo para el último trimestre de los 7 años de Tribulación. Pero, como hemos visto de nuevo en gran detalle en la sección anterior para tratar el problema de la posición Post-Tribulación, *todos* los 7 años de la tribulación es un tiempo cuando Dios derrama Su ira. *Los* 19 fallos mencionados en Apocalipsis capítulo 6-18 se ira de Dios, y no sólo algunos de ellos.

Asimismo, la junta de juicios, que se abre al comienzo de la Tribulación de 7 años, se trajo, no por el hombre o Satanás, sino por el cordero, el mismo Señor Jesucristo. El Cordero, Jesús (Dios) es la apertura de los sellos de *Su trono* y se da la orden de que el juicio comience. Esto no proviene del hombre o de satanás, pero de Dios mismo, y que, al principio de los 7 años de tribulación. Decir esto es hombre o satanás es una abominación. Dios es el que dio la orden de Su ira para comenzar y sigue todo el camino hasta el final del período de 7 años.

Por lo tanto, toda la premisa de la teoría Pre-Ira limitar la ira de Dios para el último trimestre de los 7 años de tribulación no sólo es erróneo, es realmente blasfema. Pensar en ello. ¿Cómo se puede dar al hombre o incluso satanás crédito por lo que Dios mismo estará haciendo! Quien en su sano juicio haría esto?

Bien, creo que la respuesta surge cuando se ve cómo la "confusión" sobre la temporización del dios de la ira en la Tribulación de 7 años fue creado en primer lugar por un motivo "confusas" de Van Kampen. Cuando llegó a la su teoría sobre el rapto, en lugar de apegarse a lo que dice la Biblia y permitiendo la Biblia a hablar con él lo que dice, que es cómo debemos interpretar la Biblia, trató de "conciliar" en una de dos posiciones, como señala este investigador:

"Van Kampen afirma que fue desgarrada entre la Post-Tribulación Pre-Tribulación y las opiniones del rapto. Convino con la Pre-Tribulación amigos que la iglesia no verán la ira de Dios. Pero de acuerdo con su Post-Tribulación amigos que los elegidos serán algún día convertirse en blanco de la persecución del Anticristo. Considera que debe existir un común denominador para equilibrar estas enseñanzas. Eso es cuando él salió con la idea de la persecución por el Anticristo durante la gran tribulación será la ira de satanás no es la ira de Dios.

Con Apocalipsis 12:12, Van Kampen dice que ira de satanás es la persecución de los elegidos de Dios. Este versículo dice:

Apocalipsis 12:12 "Por lo cual alegraos, cielos, y los que moráis en ellos. !!Ay de los moradores de la tierra y del mar! porque el diablo ha descendido a vosotros con gran ira, sabiendo que tiene poco tiempo."

Cuando uno estudia este pasaje, es evidente que Satanás la ira es una reacción a la ira de Dios. Dios castiga a Satanás al arrojarlo a la tierra. Esto lo hace enojar. La forma correcta de ver la tribulación es que es el momento de ira de Dios y Satanás irá como él lucha contra la soberanía de Dios."[4]

Wow! Hablar de torcer la escritura! Acabamos de ver que *toda* la tribulación de 7 años es un tiempo cuando Dios derrama Su ira; no es Satanás instituir. ¿Cómo se puede atribuir *cualquier* a satanás cuando *todo* es de Dios?

Además, la ira de Satanás no es aún la misma como ira de Dios. Es sólo una *reacción* a la ira de Dios *y* no es ni siquiera ocurre al mismo tiempo! ¿Cómo pudiste llegar a esto?

¡Oh, entiendo. Usted cometió el error fatal. No permitir que la Biblia para hablar de lo que usted dice, pero usted entró en ella con una idea preconcebida de lo que "quería decir", y trató de reconciliar su idea preconcebida con la Biblia y, por tanto, había que torcer las cosas en consecuencia. No es de extrañar que es confuso! De hecho, como he dicho al principio, el nombre es confuso, como este hombre también comparte:

"El nombre de rapto Pre-Ira es confuso y vago. Es confuso porque tanto él Mediados-Tribulación Pre-Tribulación y opiniones son 'Pre-Ira'. La tribulación Pre-Ira opiniones sostiene que la totalidad de 7 años de la tribulación (Daniel's 70ª semana de años) constituye un derramamiento de la ira de Dios. A mediados de la tribulación ver adopta la posición de que sólo en la segunda mitad del período de la tribulación es la ira de Dios. Por lo tanto, Rosenthal del nombre de su punto de vista no se distinguen de los mediados Pre-Tribulación y opiniones. Los tres vistas son 'Pre-Ira'.

La 'Pre-Irá' nombre también es vaga porque no dan un indicio en cuanto a cuando el rapto ocurre en relación a la tribulación. El nombre de la vista Pre-Tribulación significa una creencia de que el rapto ocurrirá antes de la tribulación (pre) comienza. El nombre de la vista Mediados-Tribulation indica claramente la creencia de que el rapto ocurrirá en medio de la Tribulación. El nombre de la vista Post-Tribulación pone el rapto después de la tribulación (post). Pero el nombre, 'Pre-Ira' no da ninguna indicación de cuándo el rapto ocurrirá con la relación a la tribulación."[5]

Que me suena como si alguien vino con una "confusión" título de "confundir" La creencia en el Rapto. De nuevo, esto no debería ser demasiado sorprendente. Dios no es el autor de la confusión, es el hombre. Una vez que salga la Escritura y entrar en él con su mente nublada con ideas preconcebidas, engaño y confusión seguramente van a seguir.

Sin embargo, si nos apegamos a la Biblia y permitirle hablarnos y que quiere que sepamos (qué es cómo debemos interpretarla) pues, verá, claramente que los 7 años como la posición Pre-Tribulación todos que la Iglesia está exenta de todos los 7 años como la posición Pre-Tribulación estados. Un hombre lo pone de esta manera:

La ira de "Dios que involucra a toda la tribulación de 7 años. El Rapto Pre-Ira view tiene la Iglesia raptada justo antes del tazón de sentencias (Apocalipsis 16) que ocurren durante el último trimestre de la Tribulación. El tazón de juicios son los únicos juicios esta opinión considera que la ira de Dios, dejando la Junta y trompetas del juicio como ira del hombre y Satanás.

Pero, ¿no es Jesús mismo quien rompe las juntas' que cada lanzamiento del sello de Apocalipsis 6 sentencias que aparecen al comienzo de la Tribulación?

Además, los siete ángulos al soplar las trompetas que al iniciar cada una de las trompetas del juicio son dadas sus trompetas en el trono de Dios (Apocalipsis 8:2).

Y, Apocalipsis 15:1 dice que el tazón sentencias al final de la Tribulación termine la ira de Dios, no comenzará Su ira.

Porque estos juicios son iniciados por el Mismo Jesús al comienzo de la Tribulación, toda la Tribulación debe ser la ira de Dios, que la Iglesia está exenta de."[6]

En otras palabras, la distribución de la ira de Dios en la Tribulación de 7 años hará perfecto sentido si dejas solamente la Biblia. Si usted no desea ser confundido, entonces no te metas con el tiempo de Dios para su ira por intentar "exprimir en ella" lo que "quiere decir". Deje que la Biblia hable por sí misma. Y ¿no es eso lo que debemos hacer si no vamos a ser engañados?

El **segundo problema** con la doctrina del rapto Pre-Ira es **Que Confunde el Calendario del Día del Señor.**

Tal como acabamos de ver, la teoría del Rapto Pre-Ira no sólo tiene un nombre "confuso" y un tiempo "confuso" del regreso de dios de la ira en los 7 años de tribulación, pero también "confunde" la sincronización del "Día del Señor." ¿Por qué? Porque al igual que en el caso de un castillo de naipes, una vez que empiece a manipular con la fundación, la Biblia y la verdad bíblica, lo que viene es un lío revuelto.

Como ya vimos en gran detalle, incluyendo la sección anterior relativa a todos los Post-Tribulación problemas, el Día del Señor es un período de tiempo que abarca la *totalidad* de los 7 años de Tribulación. Es un tiempo cuando Dios derrama Su ira, y la ira y desolación, y de la venganza y destrucción, y es terrible.

Es una época de penumbra y oscuridad y angustia y problemas, y se remite a la sentencia final catastrófica de Dios sobre los malvados, no la Iglesia! Nuevamente, la Iglesia *no* es nombrada á Su ira.

Ahora, aquí está el problema, aunque la posición Pre-Ira Pre-Tribulación estarían de acuerdo con la posición con respecto a la enseñanza bíblica de que la Iglesia no es nombrada á ira de Dios, la posición Pre-Ira tiene a "pellizcar" por la fuerza la distribución del Día del Señor para "encajar" en su sistema de creencias preconcebidas sobre el Rapto. En lugar de reconocer y/o admitir que la Biblia claramente presenta el día del Señor como un tiempo cuando Dios derrama Su ira durante todo el período de 7 años, que "redefinir" a decir que no, el Día del Señor se produce sólo en el "último trimestre" de los 7 años de tribulación y, por consiguiente, la iglesia es raptada justo antes de este período y, por lo tanto, "salvada" de la ira de Dios.

Que dices? Hablar de torcer las escrituras de nuevo. No es de extrañarse que un confuso desorden. El día del Señor abarca claramente todos los 7 años de Tribulación. No se puede simplemente cortar arriba convenientemente para adaptarse a su idea preconcebida y sincronización del Rapto como estado de estos investigadores:

"El Gran Día es un título prestados del Antiguo Testamento (Joel 2:11,31; Zacarías 1:14; Malaquías 4:5) El principal paso desde que Juan saca sus imágenes en la descripción del sexto sello demostrar la referencia de esta frase para estar al día del Señor (Joel 2:11,30-31; Isaías 2:10-11, 19-21;13:9-34, 13:34-4,8; Ezequiel 32:7-8; Oseas 10:8). Este pasaje enlaza todas las sentencias junta a Dios de la ira, a diferencia de van Kampen, e incluso se asocia con el Día del Señor.

Tales hechos bíblicos contradicen la reciente Rapture Vista de Van Kampen. Esto también apoyaría el entendimiento Pre-Tribulación el día del Señor se incluye toda la septuagésima semana de Daniel y por lo tanto un tiempo de ira de Dios a partir de la cual la Iglesia a prometido libertad.

Rosenthal invierte mucho en su creencia de que el día del Señor es limitada para el último trimestre de la septuagésima semana de Daniel. 'Si expositores obtener el punto de partida del día del Señor derecho', insiste Rosenthal, 'el momento del rapto se vuelve claro' (Rosenthal, Pre-Ira, p.117) Esto es cierto! Pero Rosenthal no es capaz de responder a cuestiones relacionadas con el Día del Señor y el momento del Rapto.

A fin de realizar su trabajo de la vista en abstracto, Van Kampen debe redefinir la naturaleza y el alcance de los términos, como el Día del Señor. Sin embargo, su labor no encaja cuando todas las Escrituras es considerado. su mal entendimiento de la terminología Bíblica clave establece el escenario para la conclusión errónea de que el Rapto ocurrirá tres cuartas partes del camino a través de la septuagésima semana de Daniel, en lugar de antes".

"Van Kampen define sólo el último trimestre de la septuagésima semana de Daniel, como el Día del Señor, que según él es el único momento de la ira de Dios. Él ve a los tres primeros trimestres, a medida que la ira del hombre y Satanás. Pero la Biblia hacen tales distinciones? No lo creo que lo hace.

Ira en Zacarías

Zacarías 1:14-18 *Montones juntos un grupo de términos que caracterizan el futuro día del Señor. Versículo 14 etiquetas de este momento como "el gran día del Señor" y ""El gran día del Señor." Luego el versículo 15-18 describen esta vez con las siguientes descripciones: "Ese día es un Día de la ira", "un día de angustia y dolor", "un día de perdición y desolación", "un día de tinieblas y penumbras", "un día de nubes y densas tinieblas", "un día de trompeta y alarma," " Yo traeré angustia sobre los hombres," y "el Día de Señor ira." El contexto apoya la noción de que todos estos descriptiva aplicable al día del Señor. Tal uso Bíblico no permite un intérprete para explicar el día del Señor en segmentos compartimentales como Van Kampen, insiste.*

El texto claramente dice que el Día del Señor es un tiempo de la tribulación y la ira de Dios. Todos los muchos descriptivo en este pasaje proporcionan una caracterización del Día del Señor que se aplica a todo el período de siete años. El pasaje de Zacarías contradice claramente la base sobre la cual Van Kampen intenta construir su teoría desarrollada recientemente. Zacarías no está solo en la prestación de un obstáculo a la especulación Van Kampen.

Ira en Apocalipsis

Apocalipsis 6:1-17 *Registra el sello seis sentencias, que son el primer informado de fallos de la tribulación. Apocalipsis 6 y el sello fallos también contradicen la Van Kampen formulación, puesto que la Biblia describe los seis fallos como 'la ira del Cordero; porque el gran día de su ira está por venir' (Apocalipsis 6:16c-*

17a). Aunque Van Kampen no puede reconocer la ira de Dios, los infieles al comienzo de la tribulación de siete años será capaz de.

Apocalipsis 5 revela que sólo el Cordero (Cristo) estaba calificado para abrir los sellos que comenzaran las primeras sentencias de la tribulación. Cómo se conectan los puntos de Apocalipsis 5 y 6, no hay base para decir que los acontecimientos de la junta las sentencias son de alguna manera desconectado de las Escrituras como la caracterización de la ira de Dios. Las siguientes observaciones sobre las sentencias que apoyan tal conexión:

El cordero es el individuo que se rompe, y así se inicia, todos los seis de los sellos (Apocalipsis 6:1,3,5,7,9,12) indicando claramente que Él (Dios) es el origen de los sucesos o de ira. Tesis son referencias explícitas a la ira de Dios, no la ira del hombre o Satanás, como nos enseña Van Kampen.

Una cuarta parte de la población de la tierra es asesinado (Apocalipsis 6:8).

El quinto sello revela que multitudes de Tribulación santos serán asesinados como resultado de la actividad de la junta, que ha de ser considerada la ira del Cordero. Dios permitirá que esto ocurra cuando el Cordero rompa el sello en esta parte de la junta de juicio final.

Al final de los seis juicios junta una evaluación es dado como sigue: caer sobre nosotros, y escondednos del rostro de aquel que está sentado en el trono, y de la ira del Cordero; porque el gran día de su ira ha llegado; ¿y quién podrá sostenerse en pie.?" (Apocalipsis 6:16-17).

'Aquel que está sentado en el trono' es Dios el Padre, como se indica en el capítulo 4, por lo que es claramente ira de Dios. Es también la ira del Cordero (Cristo). El pasaje dice claramente 'el gran día de su ira ha llegado', lo que significa que todos los seis de la junta las sentencias están clasificadas como de la ira de Dios.

La información anterior proporciona un ejemplo de prueba Bíblica de que los seis juicios son el sello de la ira de Dios (Cordero). Por lo tanto, este pasaje no admite la interpretación Van Kampen. Desde la iglesia se promete la liberación de la ira de Dios (Romanos 5:9, 1 Tesalonicenses 1:10,5:9 y Apocalipsis 3:10), es evidente, a la luz de Apocalipsis 6 que la Iglesia será raptada antes de la septuagésima semana de Daniel."

"Además, si el día del Señor comienza con los fallos al final de la tribulación como pre-Ira proponentes dirían, entonces ¿cómo puede comenzar con un tiempo de paz y seguridad (1 Tesalonicenses 5:2,3)? Incluso un conocimiento superficial de la Tribulación no dan la impresión de que habrá un tiempo de paz y seguridad, excepto quizás al principio; ciertamente, no al final.

En los primeros tres años y medio de la tribulación, Apocalipsis 6 dice que la tierra está en caos, la economía mundial se contrae y la inflación es tan desenfrenada que tarda un día de salario para poder comprar alimentos. No mencionado toda esta causa 1/4 de la tierra de morir a causa de la guerra y la bestia salvaje!". (Tanto para la paz y la seguridad!)

"Debe quedar claro que Van Kampen debe recurrir a las coladas caracterizaciones de cosas como el Día del Señor, la tribulación, y el alcance de la ira de Dios, a fin de evitar el Pre-Tribulacionismo primero, y segundo, para apoyar su nueva vista Rapto de tres cuartos.

Los Cristianos Creyentes de la Biblia, sin embargo, debe continuar para sacar fuerza y esperanza por el hecho de que nuestro Señor puede Raptar a su Iglesia en cualquier momento. No nos vamos a quedar en pie cuando nuestro Señor mueva la historia hasta el punto de comienzo de la septuagésima semana de Daniel. Esta es nuestra verdadera esperanza bienaventurada. Maranatha!"[7]

En otras palabras, si usted no quiere ser confundido, entonces no entre en la Biblia con ideas preconcebidas y desordenar la sincronización de dios del día del Señor. Deje que la Biblia hable por sí misma. No intente "cambiar en ella" lo que "quiere decir". Y ¿no es eso lo que debemos evitar hacer si no vamos a ser engañados?

El **tercer problema** con la enseñanza de la Pre-Ira cautivos es **que confunde la temporización de las sentencias del Señor.**

Una vez más, si cambian las Escrituras, todo empieza a desmoronarse. Y esto es precisamente lo que ha ocurrido con la Pre-Ira posición sobre los juicios de Dios. Todos porque desea que la Biblia para "encajar" con su idea preconcebida sobre el Rapto, usted totalmente desordenado el "tiempo" real de los juicios de Dios mencionados en los 7 años de Tribulación. Todo se desmorona. Por ejemplo, la distribución típica de las sentencias en los 7 años de Tribulación con ver la Pre-Tribulación:

La Tribulación de Siete Años -Daniel's 70ª Semana
(Daniel 9:24-27)

Rapto   Segunda venida

7 - años

Empieza   3½ años   3 ½ años   termina

Sellos	Trompetas	copas de juicio
Rev. 6:17-8:60	Rev. 8:7-9:21	Rev. 16:1-21
	Rev. 11:15-19[8]	

Como puede ver, es bastante sencillo. La ira de Dios está siendo claramente derramada por la totalidad de los 7 años de tribulación y, por consiguiente, la Iglesia está ausente de todos tan bien como la Biblia enseña. He aquí un resumen de los Pre-Tribulación ver a través de la gráfica:

"La perspectiva bíblica de la Pre-Tribulacionista es que el conjunto de los siete años, llamado la tribulación, Daniel's 70ª semana, o el Tiempo de Tribulación de Jacob, es un período de Dios derramar Su ira. Dios hará esto en una serie de tres sentencias sobre la tierra que acabará con su Segunda Venida.

El libro de la Revelación enseña las sentencias o ira de Dios en la tierra comienza al inicio de los siete años de Tribulación con el sello sentencias (Apocalipsis 6:17,8:1-60), seguida por las trompetas del juicio (Apocalipsis 8:7-9:21,11:15-19) y la siguiente y última copa (Vial) Sentencias (Apocalipsis 16:1-21).

Como cada sentencia es lanzado a la tierra, crecen en intensidad y son cada vez más devastadores. Los últimos 3 ¹/₂ años de los siete años de Tribulación será el peor período y se conoce como la Gran Tribulación (Mateo 24:21)."[9]

Ahora echemos un vistazo a la fecha de la sentencia de la Tribulación de 7 años según la Pre-Ira ver cómo contrastan en el siguiente gráfico:

THREE-QUARTERS RAPTURE THEORY

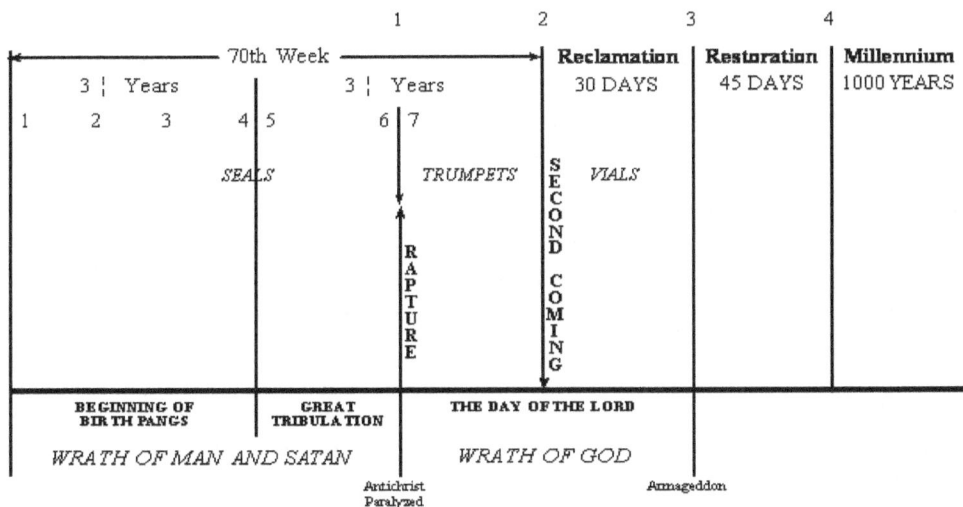

		1		2		3	4
← 70th Week →				Reclamation 30 DAYS	Restoration 45 DAYS	Millennium 1000 YEARS
3 ¦ Years			3 ¦ Years				
1 2 3	4	5	6 7				
SEALS			TRUMPETS	S E C O N D VIALS			
			R A P T U R E	C O M I N G			
BEGINNING OF BIRTH PANGS		GREAT TRIBULATION		THE DAY OF THE LORD			
WRATH OF MAN AND SATAN			WRATH OF GOD				
		Antichrist Paralyzed		Armageddon			

Bueno, se puede decir, "enmarañado lío de confusión?" WoW! ¿Dónde puede comenzar incluso con esto? Como puede ver, hay una enorme diferencia masiva entre estos gráficos en el tiempo de los juicios de Dios. La posición es bastante recto Pre-Tribulación Ward, mientras que la posición Pre-Ira todos mezclados. Las diferencias en el gráfico realmente trae a casa la verdad que, una vez usted titubea con la escritura con sus ideas preconcebidas, como la posición Pre-Ira hace, todo empieza a desmoronarse. Porque usted se acercó a la Biblia con un motivo incorrecto y lo quería para "ajustar su preconcebida idea" del rapto, usted totalmente desordenado el "tiempo real" de las sentencias en los 7 años de tribulación. Pero no tome mi palabra para ella. Veamos la prueba:

Los Sellos / Las Trompetas/Las Copas Cronología:

El ¾ Tribulación rapto viola la cronología del libro de Apocalipsis. Las Sellos sentencias se continuó en la segunda mitad del período de 7 años, las trompetas del juicio se mueven hasta el final de la segunda mitad, el recipiente y las sentencias son abiertas a un período de 30 días después de la clausura de la 70ª semana de Daniel!

La vista Pre-Ira hace una CONFUSA distinción y discontinuidad entre los sellos, las trompetas y las copas. Este punto de vista dice que los sellos implican sólo la ira del hombre, no de la ira de Dios y tendrá lugar durante los primeros 3 años y 1/2 de Daniels el 70° semana y también durante la Gran Tribulación.

Las trompetas implican la ira de Dios y tendrá lugar durante el día del Señor. Las copas implican la ira de Dios, sino que también será derramada después de la 70ª semana de Daniel se ha completado (durante los 30 días siguientes).

Por lo tanto, según este punto de vista los sellos son totalmente diferentes en su naturaleza y carácter de las trompetas y las copas. Sin embargo, la Biblia presenta los sellos y las trompetas y las copas como unificar. Todos ellos vienen de la mano de Dios (Apocalipsis 5:1). Todos ellos son parte de UNO UNIFICAR ROLLO (Apocalipsis 5:2).

La Pre-Ira view está obligado a decir que los sellos sólo contienen la ira del hombre. No pueden contener la ira de Dios. ¿Por qué no? Porque de acuerdo con la opinión de la Iglesia sobre la tierra durante los juicios de sellos. Sin embargo, según la Biblia, Era de la Iglesia los creyentes no son nombrados á IRA (1 Tesalonicenses 5:9). Por lo tanto, la única manera de mantener la Iglesia de los santos en la tierra durante los juicios de sellos es decir que estas sentencias no implican la ira de Dios.

Esto obliga a los defensores Pre-Ira para hacer la distinción entre los sellos antibíblico y las trompetas y las copas. ¿La Biblia realmente merecen tal distinción? Decir que una sentencia que reduce la población mundial por un cuarto no tiene nada que ver con la ira de Dios es incrédulo (ver Apocalipsis 6: 7-8, la cuarta sentencia de sellos).

La Gran Tribulacion Cronologia:

La Pre- Ira mantiene la posición confusa que la Gran Tribulación fue acortado por Dios en un período de 3 años y medio para un período indeterminado de menos de 3 1/2 años. Esto se basa en Mateo 24:22, 'excepto los días deben ser acortados, nadie sería salvado: pero por causa de los escogidos aquellos días serán acortados'. Rosenthal del entendimiento de este versículo es esencial de la Pre-Ira posición.

Todos estamos de acuerdo en que la Gran Tribulación comienza en el momento de la abominación desoladora, al promediar el período de Daniel's 70ª semana después de la primera semana (Después de la primera $3^1/_2$ años). La cuestión clave no es cuando la Gran Tribulación comienza pero cuando finaliza.

La posición Pre-Tribulacional dice que la Gran Tribulación es la segunda mitad de la 70ª semana de Daniel (la Tribulación de 7 años) y por lo tanto dura 3,5 años. La vista Pre-Ira dice que dura *menos* de 3,5 años. ¿Cómo agregar hasta 7 años, de ahí la 70ª semana o 7 años de Tribulación?

Sin embargo Rosenthal deja claro que la 70ª semana de Daniel no es acortada. Ahí tenemos esta confusa serie de eventos."[11]

En la parte superior de la vista Pre-Ira separa totalmente la Gran Tribulación (la segunda mitad de la Tribulación de 7 años) desde el día del Señor (la totalidad de los 7 años de la tribulación). ¿Cómo se puede separar los dos cuando están totalmente entrelazados y engranados juntos? ¿Dónde conseguiste eso? bueno, una investigación puede tener la respuesta:

"Me encontré un artículo publicado por la Iglesia universal de Dios, el culto fundado por H. Armstrong. Me sorprendí al encontrar que estas personas tienen la misma vista de Rosenthal cuando se trata de la Gran Tribulación como totalmente distinta del Día del Señor. Por lo tanto, algunas de las ideas de Rosenthal no son nuevas. La Iglesia Universal de Dios culto ha enseñado estas cosas desde 1986 y, probablemente, mucho antes de eso".[12]

Hmmm. Me pregunto quién copia a quien? Además, este truco del día del Señor y de la Gran Tribulación hace puré confuso de " nacimiento de dolores" analogía que Jesús usó para describir a los 7 años de tribulación. Un hombre lo pone de esta manera:

"Rosenthal 's vista es confuso. Si los primeros 3 1/2 años son el comienzo de nacimiento de dolores y si el período anterior al día del Señor (p.174) es el tiempo de duro trabajo (la gran tribulación), entonces qué tipo de dolores son durante el día del Señor? Si el tiempo de la ira del hombre se asemeja a principios laborales y de trabajo duro, ¿cuál será el tiempo de la ira de Dios puede asimilarse a?

Rosenthal 's vista se confunde el parto analogía. En el parto, el comienzo del trabajo y el trabajo intenso son seguidas por el nacimiento! El momento difícil es seguido por un tiempo maravilloso y alegre! Daniels el 70° semana (con sus principios y trabajo duro) es seguido por una época gloriosa (El Señor retorne a la tierra y milenario bienaventuranza). Sin embargo, en opinión de Rosenthal no tenemos esto.

En la Pre-Ira ver el comienzo del trabajo y el trabajo intenso son seguidos por el día del Señor, el momento más intenso de la ira de Dios que el mundo ha conocido jamás! ¡Así, esta madre, quien pensó que sería relevada por parto, descubre para su horror que ella ha dado nacimiento a un monstruo! ¡Lo confuso!!! Imagine decirle a una mujer que acaba de terminar el trabajo duro: "¡su peor momento sigue adelante!"

Rosenthal opina que no tiene sentido. La Gran Tribulación es el mayor tiempo de angustia el mundo sabrá jamás (Mateo 24:21), pero Rosenthal dice que el día del Señor siga! La Gran Tribulación es un tiempo duro y el servidor los dolores de parto, pero Rosenthal enseña que el día del Señor sigue! Cuando deberíamos estar esperando el nacimiento y un tiempo de regocijo, Rosenthal nos sumerge en el horror del día del Señor. ¡Confuso!"[13]

Cronología de la Segunda Venida:

La Pre-Ira vista de la Segunda Venida es CONFUSO en que enseña 'que sólo existe una Segunda Venida' que incluye, 'el Rapto de la Iglesia, la efusión de ira de Dios durante el día del Señor y el regreso físico de Cristo en la gloria'. Significa también, 'una venida y presencia continua'.

Desde este punto de vista uno tiene la impresión de que Cristo cumple la Iglesia en el aire en el Rapto y entonces Cristo y la Iglesia continúan descienden gradualmente a la tierra durante el Día del Señor.

Sin embargo, la Biblia enseña que cuando Cristo venga a Rapture a los creyentes que recibirán Sus creyentes á sí Mismo 'para que donde yo estoy, vosotros también puede ser' (Juan 14:3). El contexto se refiere a la casa del Padre en el cielo (Juan 14:1-3). De acuerdo a nuestro Señor, el Rapto implica Cristo recibiendo a su esposa (la iglesia) y llevarla con él al cielo.

La Pre-Ira vista no permitir esto porque se insiste en la presencia del Señor con respecto a la tierra (una vez venga él debe permanecer en el presente y no volver al cielo). Por lo tanto, es muy importante que en un libro de 300 páginas relacionadas con el Rapto, Rosenthal no una vez ni siquiera mencionar Juan 14:3, que es uno de los pasajes clave sobre el Rapto. La razón es clara: Juan 14:3 no encaja con la teoría Pre-Ira y, por lo tanto, es mejor omitir datos contradictorios.

Además, una de las piezas más extrañas de Rosenthal's Book es el capítulo 16 (páginas 215-230). En este capítulo, ataca el rapto Pre-Tribulación ver cómo abraza dos venida del Señor. Entonces, él proclama: 'el no es ni siquiera una sugerencia en cualquier lugar de dos idas' (página 222).

En respuesta a este ataque, me gustaría señalar que la Pre-Ira vista no presentan dos venidas del Señor. En su lugar, propugna la venida del Señor (El Rapto) seguido por lo menos 7 años más tarde por la venida del Señor (la Segunda Venida). Jesús no regresa a la tierra en el rapto. Él aparece en los cielos por su iglesia, los recibe, y luego regresa al cielo con ellos.

Pero lo que es raro en el ataque de Rosenthal es que su hora final el punto de vista presentar varias venidas del Señor-tantos que, de hecho, es difícil de trazar.

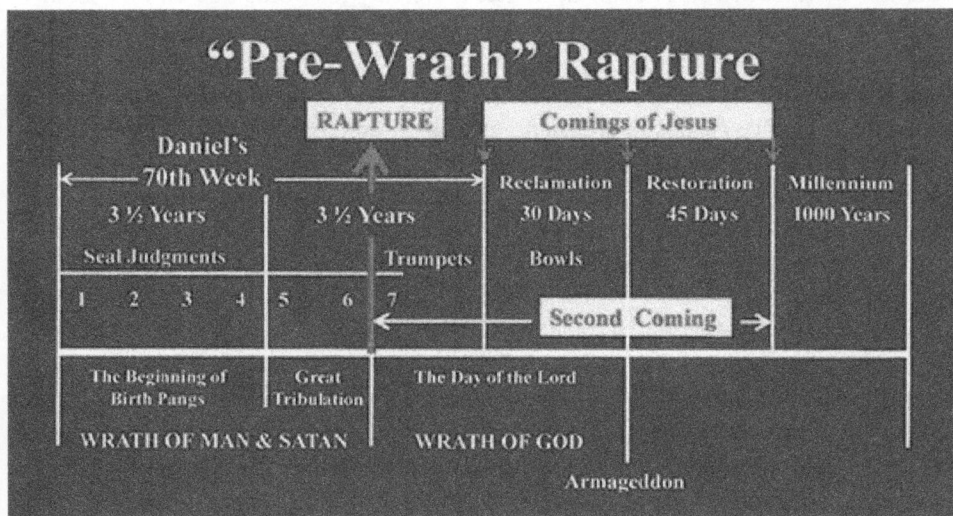

Según su opinión, al final de la 70ª semana de Daniel, Jesús regresa a la tierra para salvar a Israel de la aniquilación, tras lo cual se devuelve al cielo. Luego, a finale de los '30 días de Confinamiento" Jesús regresa de nuevo para derrotar a satanás en la Batalla de Armagedón. Tras la "Restauración" de 45 días, Jesús vuelve a los Cielos, reúne a su Iglesia, y vuelve a comenzar Su reinado de mil años.

Por lo tanto, Rosenthal, dispone de un total de cuatro 'venidas' de Jesús, pero él tiene la audacia de afirmar sólo hay una 'venida' del Señor, y la condena a la vista Pre-Tribulation por tener dos! Esto equivale a la confesión en masa".

La Destrucción de los Cielos y Tierra Cronología

"La vista Pre-Ira CONFUNDE a la purga de los cielos y la tierra por el fuego (2 Pedro 3:10-12) con sentencias que tienen lugar cerca del final de la 70ª semana de Daniels. Esta opinión afirma que la disolución del universo será *delante* del milenio, en lugar de *después* del milenio y esta vista también enseña que los cielos nuevos y la tierra nueva se realizará *durante* el Milenio (ver páginas 127-134).

El fallecimiento de los cielos y de la fusión de los elementos se incluyen como parte del Día del Señor en 2 Pedro 3:10: "Pero el día del Señor vendrá como ladrón en la noche; en el cual los cielos pasarán con gran estruendo, y los elementos se funden con el calor ardiente, la tierra y las obras que en ella están serán quemadas."

Desde Rosenthal limita el día del Señor para un período muy corto de tiempo (menos de 3 $\frac{1}{2}$ años) y desde él enseña que el fin del Día del Señor coincide con el final de la 70ª semana de Daniels, luego un post-evento milenaria no pueden incluirse en el Día del Señor. De hecho, Rosenthal no puede incluir ninguna del Milenio como parte del día del Señor, porque el Día del Señor 'es exclusivamente un tiempo de bendición y no devastador juicio está asociado con ella' (pg. 127).

Una lectura objetiva de 2 Pedro 3:10-12 revela que Pedro está describiendo la disolución y la fusión total del universo actual por medio de fuego: 'Pero el día del Señor vendrá como ladrón en la noche; en el cual los cielos pasarán con gran estruendo, y los elementos se funden con el calor ardiente, la tierra y las obras que en ella están serán quemadas. Viendo entonces que todas estas cosas serán disueltas, qué clase de personas deben vosotros a ser en toda conversación santa y piadosa, buscando y apresurando á la venida del día de Dios, en el cual los cielos siendo el fuego será disuelta, y los elementos se funden con ferviente calor?'

Si interpretamos estos versículo literalmente, entonces ¿cómo podría esto posiblemente sea una descripción de lo que tendrá lugar durante la 70ª semana de

Daniel? Si se llevará a cabo durante la 70ª semana de Daniels, ¿cómo podrían haber algunos sobrevivientes? Cuando el mundo fue juzgado por el agua sólo hubo ocho supervivientes! Si Dios fuera a juzgar a la tierra por el fuego durante la 70ª semana de Daniel, de tal manera que los elementos se disuelven, ¿cómo podría alguien sobrevivir? Rosenthal fallo al interpretar Pedro 2 capítulo 3 literalmente.

El libro del Apocalipsis pone los nuevos cielos y la nueva tierra *después* del Milenio. El milenio está descrito en el capítulo 20 y los nuevos cielos y la nueva tierra, se introdujo después del Milenio (véase en el capítulo 21, versículo 1). El Señor Jesús predijo que podría llegar un momento en que el cielo y la tierra pasaría (Mateo 24:35). Cuándo tendrá lugar este evento?

En 2 Pedro 3 se nos da un indicio cronológico muy importante en cuanto a exactamente cuando los cielos y la tierra serán juzgados por el fuego: 'Pero los cielos y la tierra, que son ahora, por la misma palabra se mantienen en almacén reservados a fuego contra el día del juicio y de la perdición de los hombres impíos' (2 Pedro 3:7). Dios reserva el universo actual para un gran juicio final (un juicio de fuego). Cuando esto tenga lugar?

En el 'día del juicio y de la perdición de los hombres' impíos (2 Pedro 3:7). En qué día va a hombres impíos ser juzgados y enviados a la perdición" [en el lago de fuego]? Esto tendrá lugar en el momento de EL GRAN JUICIO DEL TRONO BLANCO (Apocalipsis 20:11-15). Esto se confirma en Apocalipsis 20:11 'Y vi un gran trono blanco y al que estaba sentado en él, de cuya cara la tierra y el cielo huyeron [Comparar 2 Pedro 3:7,10-12]; y ningún lugar se halló ya para ellos'.

Observe cuidadosamente que el juicio del Gran Trono Blanco es post-milenial (después del Milenio) y por lo tanto la disolución del universo por el fuego, del que se habla en 2 Pedro 3, tiene lugar *después* de la milenaria. Esto también armoniza perfectamente con Apocalipsis 21:1 'Y VI un cielo nuevo y una tierra nueva: porque el primer cielo y la primera pasaron, y el mar ya no existía más.'

En 2 Pedro 3:13 nos enteramos de que la justicia se encuentra en su casa en este nuevo cielo y la nueva tierra: 'Pero nosotros esperamos, según sus promesas, cielos nuevos y tierra nueva, donde habitaron la rectitud'. Esto es así porque 'no será en ningún sabio entrar en él cualquier cosa que profane, ni alguna labor abominación, o hacer una mentira, sino solamente los que están escritos en el libro de la vida del Cordero' (Apocalipsis 21:27). Durante el Milenio, el Señor

Jesús va a ejercer una regla recta y pronto castigar la maldad, pero el pecado seguirá estando presente en los corazones de los hombres y la rectitud no encontrar su verdadero hogar en la tierra en esa época.

Mover la destrucción elemental de los cielos y de la tierra a un tiempo antes del Milenio crea más problemas de los que resuelve, y no respeta la cronología dada a nosotros en 2 Pedro 3:7 y el libro de Apocalipsis".

Cronología de la Última Trompeta:

Porque Pablo en 1 Corintios 15:52 y 1 Tesalonicenses 4:16, dijo que los creyentes serían arrebatados en el sonido de una trompeta, muchas personas han intentado hacer que parezca que la extasiada triunfos son las mismas trompetas encontradas en Apocalipsis 11: 15-18, Joel 2:1 y Mateo 24:31) que se producen durante la tribulación.

El problema con la referencia a las trompetas en Joel 2:1 es que el contexto de este pasaje es el Día del Señor, no los raptados. Asimismo, Mateo 24:31 es en referencia al ángel cosecha al final de los 7 años de Tribulación, y no el Rapto.

Proponente Pre-Ira y decir que la séptima trompeta sonada en Apocalipsis 11:15-18 es la misma última trompeta que Pablo habla en 1 Corintios 15:52. Sin embargo, no toman en cuenta el hecho de que Juan escribió el Apocalipsis, 40 años después, Pablo escribió su primera epístola a los Corintios. Entonces, ¿Cómo podía Pablo se refieren a algo que todavía no se ha revelado? Simplemente no tiene sentido, pero que no se impide a los críticos tratando de torcer las Escrituras para colocar sus opiniones preconcebidas del Rapto Pre-Ira.

Para agregar a la Pre-Ira error y confusión, debemos señalar que existen varias últimas trompetas en la Biblia y la tradición judía. Cuando las trompetas comúnmente utilizadas a lo largo de la biblia, creo que es absurdo asumir cualquiera 2 de las 62 trompetas son proféticamente relacionadas.

¿En las películas Ben-Hur y el Mago de Oz, Recuerdo oír el sonido de las trompetas. Son estas dos trompetas de alguna manera proféticamente relacionados?

Si su amigo John dice que él fue a su restaurante favorito, anoche, y otro amigo Larry dijo que él también fue a su restaurante favorito, anoche, es lógico que usted puede suponer que ambos fuimos al mismo restaurante? Obviamente no, porque aunque John y Larry fue a sus restaurantes favoritos, puede que hayan tenido dos diferentes establecimientos hosteleros en mente.

La misma lógica debería aplicarse con la palabra trompeta. Con esa devoción ciega a esta similitud, me pregunto si estos últimos los trompetistas son capaces de distinguir la diferencia entre Tylenol y Exlax. Ambos son medicamentos de venta libre, vienen en forma de píldora, y también se pueden encontrar en un gabinete de medicina. Por supuesto, uno hará desaparecer el dolor y la hará su papel higiénico desaparezca".[14]

En otras palabras, si usted no quiere hacer un "lío" de las cosas y obtener gravemente confundida, entonces no entra en la Biblia con sus ideas preconcebidas acerca de las fechas de los juicios de Dios en la Tribulación de 7 años. Deje que la Biblia hable por sí misma y definir los términos y todo saldrá bien. Y ¿no es eso lo que debemos hacer si no vamos a ser engañados?

El **cuarto problema** con la doctrina del rapto Pre-Ira es **Que Confunde la Identidad de la Iglesia.**

Al igual que la posición, la Pre-Ira Post-Tribulation posición también hace el mismo error fatal en sus citas de las Escrituras para apoyar su distribución del rapto. Ellos también confundir la identidad de la Iglesia e Israel, y la era de la Iglesia a los creyentes con la tribulación de los santos. ¿Por qué? Porque tienen "una idea preconcebida" que la Iglesia "debe ser" en la Tribulación de 7 años, por lo tanto tienen que "exprimir" la identidad de la Iglesia en ese periodo de tiempo en algún lugar.

Sin embargo, como vimos antes, la finalidad de la Tribulación de 7 años tiene que ver con el pueblo judío y las naciones gentiles, no la Iglesia. Es el pasaje clásico de Daniel 9:20-27 que nos da el propósito y razón de los 7 años de tribulación en el primer lugar. Y como vimos, la verborrea es todo acerca de Israel, no la Iglesia.

- El Versículo 20- "mi pecado y el pecado de mi pueblo Israel" (Daniel y el pueblo de Israel)
- El Versículo 20- "haciendo mi petición al SEÑOR mi Dios por su santo monte" (Daniel & Jerusalén)
- Versículo 22- "Daniel, ahora he venido a darte" (Daniel una persona judía)

- El Versículo 24- "Setenta y 'siete' han sido decretadas para que tu pueblo y tu ciudad santa" (el pueblo Judío y Jerusalén)
- El Versículo 25- "Desde la expedición del Decreto para restaurar y reconstruir a Jerusalén" (Jerusalén)
- Versículo 26- "El pueblo de un príncipe que vendrá destruirá la ciudad y el santuario" (Jerusalén)
- Versículo 27- "y en un ala del templo que él establecerá una abominación que causa desolación" (Templo reconstruido en Jerusalén)

Pregunta: "¿Dónde está la Iglesia en todo esto?"RESPUESTA! En ningun lado por que? Porque la verborrea revela claramente que es todo acerca del pueblo judío y de Jerusalén y su reconstruido templo judío, no la Iglesia. Además, vimos Sencillamente ocurre que existe un "espacio" entre la 69ª semana (siete años de tribulación) Daniels 70 ª semana profecía. ¿Por qué? Porque allí es donde está el "misterio de la Iglesia" encaja. Durante estos 2000 años de espacio Dios ha sido:

- La Construcción de Su Iglesia (Hechos 2:47; 1 Corintios 3:6-9; 12:18; Efesios 2:21-22; 1 Pedro 2:5).
- Tomando de los gentiles un pueblo para Su Nombre (Hechos 15:14).
- Trayendo la plenitud de los Gentiles (Romanos 11:25)
- Colocando a los creyentes a un organismo vivo (1 Corintios 12:13).
- Guardar un "escaparate" que eternamente mostrar su inigualable gracia (Efesios 2:7).
- Manifestándose a través de su cuerpo que está sobre la tierra (1 Timoteo 3:15-16). [15]

Una vez que la sincronización del "misterio de la Iglesia" es cumplido o lo que se denomina la "plenitud de los gentiles", la iglesia es raptada y la 70ª semana comienza. La Iglesia es nowhere alrededor durante esta 70ª semana, por lo menos, si nos apegamos a la Biblia. Y eso es lo que debemos hacer, por el camino. Los 7 años de tribulación, es indudablemente frente a Daniel una persona judía, el pueblo judío, Jerusalén y el Templo Judío, y no a la Iglesia; la audiencia es judío. Es la "casa de Israel", no el "Cuerpo de Cristo". Es un "Tiempo de Angustia de Jacob", no un "tiempo de angustia para la Iglesia." no es "la destrucción de Pablo" o "la muerte de Pedro" o incluso " la agonía de Ananías." ¡No! Es problema de Jacob, un nombre judío, para un pueblo judío, para un tiempo judío, no la Iglesia.

Entonces, ¿cómo en el mundo puede "confundir" la identidad y la historia de la Iglesia con Israel? No tiene ningún sentido. A menos, por supuesto, usted ingresa en la Escritura con una "idea preconcebida" y que "quieren" que la Iglesia esté en la Tribulación de 7 años. Pero ¿cómo debemos interpretar la Biblia como este hombre señala:

"La vista Pre-Ira CONFUNDE la misteriosa y naturaleza entre paréntesis de la era de la Iglesia. Se confunde con la HISTORIA de la IGlESIA la HISTORIA ISRAELITA. Dios tiene un programa para la Iglesia y Dios tiene un programa distante de su pueblo Israel. Los dos no deben confundirse.

La más clara y completa la profecía cronológica que Dios nos ha dado es la 70 semana de la profecía en Daniel 9:24-27. Estas 70 semanas implican 490 años de historia de los Judíos: 'Setenta semanas están determinadas SOBRE TU PUEBLO Y SOBRE TU SANTA CIUDAD'. Estos 490 años se refieren a los judíos y a Jerusalén, no a la Iglesia.

De los 490 años, los últimos siete años se han incumplido. Después de las primeras 69 semanas el Mesías fueron cortadas y sabemos que era de la iglesia comenzó a menos de dos meses después de que el Mesías fue cortado. Daniel's 70ª semana ha quedado insatisfechas por casi 2000 años. El tiempo profético ha parado el reloj hace tic, tac durante todos estos años. El reloj se ha parado de hacer tic, tac después la 69ª semana y aún no se ha reiniciado el tic, tac". ¿Cómo podemos explicar este gran año 2000 de espacio entre la semana 69 y la 70 semana? La respuesta es revelada en las páginas del Nuevo Testamento. El espacio de estos 2000 años, Dios está involucrado con la Iglesia.

Al igual que la Iglesia tuvo un comienzo brusco en el día de Pentecostés, poco después de la conclusión de la 69ª semana, por lo que debería esperarse que la Iglesia tendrá una abrupta eliminación poco antes del comienzo de la 70ª semana. El modelo Pretribulacional armoniza perfectamente con Daniels 70 la semana de la profecía, reconociendo al mismo tiempo el carácter misterioso y entre paréntesis de la era de la Iglesia.

Es misterioso en el sentido de que la Iglesia era la verdad no revelados en las páginas del Antiguo Testamento y la era de la Iglesia no estaba previsto por los profetas. Los profetas del Antiguo Testamento no nos dice acerca de la brecha simplemente porque no ve la diferencia. No eran revelados a ellos. Sólo veían los dos picos montañosos que representan la primera y la segunda venida de Cristo pero no ver el gran valle entre ellos.

La vista Pre-Ira ve la iglesia como en la tierra durante gran parte de la 70ª semana de Daniel (la Iglesia estará en la tierra, según los gráficos de Rosenthal, aproximadamente 3/4 de los últimos siete años). Esta mezcla y confunde el propósito de Dios para Israel y el propósito de Dios para la Iglesia. LA IGLESIA NUNCA HA Y NUNCA ESTARÁN PRESENTES EN LA TIERRA DE ISRAEL DURANTE TODA LA SEMANAS 70."[16]

Oh, pero eso no es todo. La Pre-Ira de la ira no sólo "confunde" la identidad de la Iglesia con Israel, pero también confunde la identidad de la Tribulación santos. ¿Por qué? Porque una vez más, usted se acerca a la Biblia con sus "ideas preconcebidas" que la Iglesia "debe ser" en la Tribulación de 7 años, por lo tanto tienes que "exprimir" su identidad en algún lugar. Pero como vimos antes, la tribulación de los santos no son las mismas que la Era de la Iglesia de los santos.

La Tribulación de los santos son aquellos que guardan "después" del "Rapto" durante los 7 años de tribulación, pero no son la Iglesia. Al igual que el pueblo judío, Dios extenderá su misericordia durante este tiempo a las Naciones Gentiles o lo que se llama "los habitantes de la tierra." Ellos también tendrán la oportunidad de ser salvos, pero la mayoría de ellos serán sacrificados para ella. De nuevo, esta es la identidad de la Tribulación de los santos. Ellos no *son* la Iglesia.

La lección es que no deberían conseguido guardarlas en la actualidad "antes" El rapto ocurrió antes de los 7 años de tribulación. Sí, finalmente se guardó, alabado sea Dios por eso, pero ahora están en un montón de problemas. La mayoría de ellos será horriblemente asesinados y martirizados y cortarán sus cabezas. Esta es la razón por que la promesa del Rapto es una "esperanza bienaventurada" para nosotros *ahora* en la "era de la Iglesia". Si se guardan *ahora* evitar la cosa entera, ¡Alabado sea el Señor! Pero nuevamente, la Pre-Ira vista viene a "estropearlo" con su "idea preconcebida" como estas investigaciones, se han hecho:

"El Rapto Pre-Ira vista es CONFUSO en su identificación de aquellos que son salvos durante la 70ª semana de Daniel. Tenga en cuenta que, de acuerdo a la vista Pre-Ira, Daniel's 70ª semana pertenece principalmente a la HISTORIA de la IGlESIA. Aproximadamente 3/4 de estos últimos siete años (5 años) pertenecerán a la era de la Iglesia. Sólo la última fase de la 70ª semana de

Daniel será un momento en que la Iglesia va a estar ausente de la tierra. Así pues, cualquiera que se salvó durante los primeros 5 años será un miembro de la Iglesia de Jesucristo y será parte del rapto, según este punto de vista.

Esto conlleva varias consecuencias. ¿Qué pasa con los 144,000 Testigos judíos se describe en Apocalipsis 7 y 14? Si estos se guardan durante los primeros 5 años, entonces deben ser miembros de la Iglesia y que sería retomada en el Rapto (a menos que nos enseña un rapto parcial). ¿Por qué estas personas salvadas no están incluidas en el arrebato?

¿Qué acerca de la gran multitud de cada nación se describe en Apocalipsis 7:9? Se identifican como aquellos que han salido de la gran tribulación (Apocalipsis 7:14). Rosenthal dice que esa multitud es la Iglesia raptada. Sin embargo, la gran multitud de santos era de la Iglesia nunca han salido de la gran tribulación, porque vivieron en la tierra antes de la 70ª semana de Daniels. Por lo tanto, si la Iglesia raptada consta únicamente de aquellos que han salido de la gran tribulación, entonces debemos tener un rapto parcial.

Absolutamente nada en este pasaje ni siquiera remotamente puede entenderse que se refiere a los creyentes en la actual Era de la Iglesia que serán arrebatados antes que la Tribulación comience. Apocalipsis 6:9-11 se refiere a los santos que han creído después de la Tribulación ha comenzado. Estos santos no son parte de la actual dispensación de la Era de la Iglesia. Estos son los Judíos y Gentiles que creyeron en Cristo Jesús después del Rapto y cada uno en este grupo fueron asesinados por su testimonio de Cristo.

Todos los creyentes en esta presente dispensación no han sido asesinados por su testimonio de Jesucristo. Claramente, esto es un grupo diferente de los creyentes y no a los de la presente Era de la Iglesia. En primer lugar, si estos son todos los santos y santas de Dios, arrebatados de esta edad, sería necesario que todos aquellos que son arrebatados debe ser asesinados y martirizados. Por supuesto este no es el caso. En segundo lugar, no explica lo que sucede a los creyentes que han muerto en Cristo Jesús. Una vez más la sentencia Pre-Ira es errónea por la palabra de Dios.

Otro punto revela en este pasaje y olvidados o ignorados por la Pre-Ira posición es que todos estos santos, tanto en el cielo y en la tierra son vistos como un grupo. Sin embargo, una parte del grupo se muestra como habiendo sido matado y están en el cielo. La otra parte del grupo está todavía en la tierra y que están esperando para unirse a los santos en el cielo, asesinado por experimentar su eventual muerte así como también en las manos del Anticristo.

Así se puso de manifiesto otro defecto en la Pre-Ira vista. Tiene parte de los creyentes raptados y parte a la espera de la Raptó! Estos no pueden ser la Iglesia de los santos de Edad. 1 Tesalonicenses 4:17 tiene todos los creyentes, tanto muertos como vivos raptadas y llevados a encontrar al Señor en el aire al mismo tiempo. Nada en el Nuevo Testamento sugiere un parcial de algunos creyentes raptados y otros quedan detrás.

Esto simplemente no es una referencia al Rapto de los creyentes de la Era de la Iglesia, sino a los que creyeron y fueron guardados en la Tribulación de siete años.

La vista Pre-Ira dice que durante la mayor parte de la 70ª semana de Daniel Dios está colocando a los creyentes en el cuerpo de Cristo y tratar con la Iglesia. Cuando se trata de la salvación y que el pueblo de Dios, es la Iglesia que es prominente durante la mayor parte de estos últimos siete años. Esto es muy confuso, teniendo en cuenta el hecho de que las setenta semanas de la profecía de Daniel se refieren a los judíos y en Jerusalén, no para que Dios llamó a asamblea, la Iglesia. Cuando claras distinciones de dispensación se ignoran los resultados de mucha confusión."[17]

Oh, pero se vuelve aún peor. De nuevo, como un castillo de naipes, una vez empiece a manipular con la fundación, lo que la Biblia dice y lo que realmente se habla con nosotros, lo que viene después es seguramente un lío derribado. No tan sorprendentemente, eso es exactamente lo que ha sucedido con Mateo 24 y la "idea preconcebida" de Pre-Ira "contar con" la Iglesia en alguna parte. Sin embargo, de nuevo, como vimos en la sección que se ocupa de los problemas con la posición Post-Tribulación, Mateo 24, todo el capítulo, nada tiene que ver con la Iglesia, sino, más bien, se trata de Israel.

En primer lugar, al igual que la palabra "Iglesia" está ausente en el Apocalipsis 4-18, de modo que el término "Iglesia" está ausente en Mateo 24. ¿Por qué? Porque el contexto en Mateo 24 revela claramente que no tiene nada que ver con la Iglesia. La Iglesia no entrar en existencia hasta Hechos Capítulo 2. Más bien, Mateo 24 está relacionado con el pueblo judío, como vimos, son uno de los motivos por los cuales hay un 7 año Tribulación en el primer lugar.

Además, sabemos que Mateo 24 no puede estar refiriéndose a la Iglesia porque Jesús inicia el capítulo off diciendo que el templo judío será derribado al suelo y destruidos, lo cual ocurrió en el 70 AD. Pero luego, unos pocos versos más adelante relata un templo judío reconstruido regresa a la existencia con el pueblo judío aparentemente adorando a ella de nuevo. El punto es este. El Templo Judío destruido siendo reconstruido o no tiene importancia para la Iglesia. Jesús dice que la Iglesia no necesita un templo artificial porque nos hemos convertido en el templo de Dios por el Espíritu Santo.

Además, Jesús también le dice a la gente durante ese tiempo "huyan a los montes" toda la Iglesia puede esconder en las "montañas" o lo que muchos creen ser Petra? (roca)Yo no lo creo. Sin embargo, el remanente del Pueblo Judío puede.

A continuación, podemos ver a Jesús mencionar que esas personas de esa época estaban aparentemente "guardando el Día Sábado." Pregunta: " ¿la Iglesia observar un Sábado Judío Tradicional?" No. Pero el pueblo Judío si, incluso hasta el día de hoy! Entonces, ¿por qué los eventos de Mateo 24 se habla de la Iglesia cuando todo el capítulo se refiere a Israel, no la Iglesia? Respuesta: ¡ No hablar de la Iglesia!

Y como vimos antes, ni es la "Reunión de los elegidos", refiriéndose a la Iglesia. De hecho, no es ni siquiera un Rapto todavía! Es algo que habla del "Ángel de la Cosecha" de los malvados y los justos al final de los 7 años de Tribulación. La personas a las que se toman mientras otras que quedan están hablando de "elección" o "Israel" se reunieron para entrar en el Reino del Milenio, mientras que los "otros" son los incrédulos incumplidos que son "tomados" y arrojados en el infierno. Obviamente, no entran en el Reino del Milenio. No tiene nada que ver con la Iglesia, como estos hombres señalan:

"La vista Pre-Ira CONFUNDE el re-encuentro de la nación de Israel con el Rapto de la Iglesia. Este punto de vista enseña que Mateo 24:31 es una descripción del Rapto de la Iglesia: y él pondrá fin a sus ángeles con gran voz de trompeta, y deberán reunir a sus escogidos de los cuatro vientos, desde un extremo del cielo hasta el otro. Es mucho mejor para entender Mateo 24:31 como el final de re-encuentro de la nación de Israel, un evento repetidamente mencionado en las Escrituras del Antiguo Testamento.

El hecho es que, cuando Jesús dio su explicación de los acontecimientos futuros, conocido como el "Discurso de Olivet" (Mateo 24), de la Iglesia y de su destino, incluyendo el rapto, es todavía un misterio. Esta información será posteriormente reveló al Apóstol Pablo. Si Cristo había discutido el curso de la era de la Iglesia y el Rapto, habría sido muy confuso a los discípulos en el tiempo. La Iglesia entró en existencia en el día de Pentecostés (Hechos 2) y, poco a poco, la organización tomó forma.

Van Kampen se queja de que cuando los maestros Pre-Tribulación relegar los acontecimientos del Discourse Olivet a Israel, no para enseñar a todo el mensaje Evangélico. (Rapto, p.103) Estamos de acuerdo en que los estudiantes de la palabra debería aceptar que toda la Escritura es beneficiable (2 Timoteo 3:16), y que todo ello debe ser enseñada.

Sin embargo, no todas las secciones se aplicarán a todas las personas. Todo el Evangelio es importante e instructivo para la Iglesia, pero algunas partes son acerca de la historia de Israel, más allá de la edad de la Iglesia. Para dejar de hacer esa distinción es hacer un desservicio a el estudiante de la Biblia."[18]

De hecho, esto no sólo esta "Reunión de los elegidos" en Mateo 24 no tienen nada que ver con la Iglesia, sino a aquellos que están siendo "reunidos" para entrar en el nuevo milenio, pero de nuevo, una vez que se haga un lío con la distribución de estos acontecimientos en la biblia, todo lo demás empieza a desmoronarse. Como fue el caso con la distribución Post-Tribulación del rapto, así es con la distribución Pre-Ira del Rapto. Tanto desordenar la "Reunión de los elegidos" para entrar en el nuevo Milenio, como este investigador comparte:

"Como lo fue en la posición Post-Tribulación, así es con la Pre-Ira posición. Quién es la izquierda para rellenar el Reino Milenario? Si el Rapto se llevará a cabo justo antes de la batalla de Armagedón, y todos los creyentes fueron tomadas justo antes de los eventos finales de la Tribulación, qué personas se conviertan creyentes en los últimos momentos para que puedan ser personas piadosas para poblar el reino milenario?

Van Kampen piensa que es donde los 144,000. (Rapto, pp.53-54) Estamos de acuerdo en que habrá muchas personas Judías que creerán al final cuando vean a el Señor, a quien han traspasado, y se lamentarán por él. (Zacarías 12:10). Sin embargo, de acuerdo a Apocalipsis 7, los 144,000 son sellados antes de cualquier destrucción ocurra: 'no hagan daño a la tierra, ni al mar, ni a los árboles hasta que hayamos puesto un sello en la frente de los siervos de Dios. Y oí el número de los que fueron sellados: 144.000 de todas las tribus de Israel'. De acuerdo a Mateo 25:31-46, habrá como sentencia de 'ovejas' y 'Cabras' basado en cómo la gente trató a Israel. En la vista Pre-Tribulación, sobreviviendo a los creyentes del período de la Tribulación se calificará como las 'ovejas'. En la vista, todos los creyentes Pre-Ira habría sido tomados en el Rapto y sólo removidos de Israel se transformen en creyentes al final. Es difícil imaginar que estos nuevos convertidos podrían ser la 'oveja' que actúen amablemente hacia Israel.

Van Kampen ofrece una explicación muy poco convencional de este dilema. Pues es obvio que estos Gentiles supervivientes aún no han aceptado a Cristo (o habrían subido al Rapto poco antes de ese tiempo), dicen que se confiaran en Cristo cuando le vean cara a cara 'cuando el Hijo del Hombre venga a Su gloria'. (Mateo 23:31) (Sign, pp. 403-405)

No noté ninguna mención de esta teoría en su libro anterior, probablemente a causa de dificultades en apoyo de este punto de vista, "[19]

En otras palabras, es un montón de Bolonia! Pero eso todavía no es todo. "La venida de Jesús" en Mateo 24 tampoco es tratar a todos con el rapto, sino la Segunda Venida de Jesús. Por lo tanto no sólo es *todo* este *capítulo no trata con la iglesia*, pero no tiene *nada* que ver con el arrebatamiento período. El arrebatamiento ya tenga lugar. Sin embargo, debido a la Pre-Ira la "idea preconcebida" que la Iglesia "debe ser" *en* los 7 años de tribulación, echan a perder todo este capítulo, esta investigadora admite:

"El pasaje clave para la Pre-Ira view es el discurso Olivet (Mateo 24). Mateo 24:30 afirma que 'Verán al Hijo del Hombre viniendo sobre las nubes del cielo, con poder y gran gloria.' Van Kampen dice que esto es el Rapto. Sin embargo, hay muchas diferencias entre el Rapto y el Retorno Glorioso de Cristo. Aquí están algunas de estas diferencias:

El Rapto	**El Retorno Glorioso**
Cristo Viene por Su propia gente *1 Tesalonicenses 4:13-18*	*Cristo Regresa con Su propia gente* *Apocalipsis 19:4*
Los Creyentes van a la Casa del Padre *Juan 14:3*	*Los Creyentes llegan a la Tierra* *Mateo 24:30*
Visto sólo por los Creyentes *1 Corintios 15:52*	*Todo ojo le verá* *Apocalipsis 1:7;19:11-16*

Mateo 24:30

| *Ninguna referencia a satanás* | *satanás Atado* |
| | *Apocalipsis 20:1-3* |

No Juzgar la Tierra   *Juzgado de Tierra Apocalipsis 20:4-5*

| *Un Misterio* | *Anunciada en el Antiguo Testamento* |
| *1 Corintios 15:51* | *Daniel 12:1-3; Zacarías 12:10;14:4* |

Si vamos a leer Mateo 24:2-30 literalmente y entendido de manera normal y natural, sólo podemos llegar a la conclusión de que, inmediatamente después de la Gran Tribulación, el Hijo del Hombre vendrá en poder y gran gloria. Esto es normal y natural que se entiende como una referencia a nuestro Señor la gloriosa venida a la tierra para juzgar a Sus enemigos y establecer su reino.

La segunda venida del Señor a la tierra será de hecho muy visible, pero no el Rapto. El arrebatamiento tendrá lugar "en un momento [en una fracción de segundo de tiempo], en un abrir y cerrar de ojos" (1 Corintios 15:52).¿ Si algo ocurre que rápidamente cómo puede ser visto? Nos recuerda que "Enoc caminó con Dios, y él no estaba; por Dios tomó a él" (Génesis 5:24). La gente no vio a Dios llevarlo porque se llevó cabo demasiado rápido. Todo lo que podía ver era que "él no era " (había desaparecido). Por lo que será con la traducción de la Iglesia en el Rapto.

La vista Pre-Ira confunde el rapto con la segunda venida en gloria a la tierra. También confunde el apagón que se produce durante el sexto sello con el apagón que ocurre inmediatamente antes del regreso del Señor a la tierra. Que Dios nos ayude a distinguir aquellas cosas que difieren, acertadamente, dividiendo su palabra de verdad."[20]

Y ¿no es eso lo que debemos hacer si vamos a evitar el engaño? Dejaré esta investigadora cerca de nosotros sobre este problema de la teoría del Rapto Pre-Ira confusa la identidad de la Iglesia:

"Una cuidadosa y el estudio académico del libro de Apocalipsis muestra que entre él Apocalipsis 3:22 y 19:1 no hay ninguna mención de la era de la Iglesia de los santos. Los acontecimientos entre estos dos referencias revelan la progresión de la Tribulación de siete años hasta que termina con la segunda venida del Señor Jesucristo. Los santos de Dios son mencionados en estos capítulos, pero cada vez se está refiriendo a aquellos que creían en los siete años de tribulación y fueron salvados por Dios.

Los Cristianos que han sido salvados desde Pentecostés no están a la vista en este final de siete años de la dispensación del Antiguo Testamento. El Señor Jesús llevará a su Novia, que son los creyentes en el presente edad para estar dentro de Él en el Rapto. Jesucristo será nuevamente presentado a Israel como el Mesías, como el de 144.000 Judíos salvó a predicar el Evangelio por todo el mundo.

La era de la Iglesia terminará antes de la Tribulación de siete años y en los últimos siete años del período del Antiguo Testamento se iniciará. Dios completará sus propósitos y promesas para la nación de Israel, su pueblo elegido. La actual dispensación de la era de la Iglesia terminará con el rapto de todos los creyentes, tanto muertos como vivos, ante Dios comienza a renovar su pacto con Israel. (1 Tesalonicenses 4:13-18) No hay nada en Mateo 24, que se refiere a la Iglesia de los santos de edad. Los guardados en la Tribulación son un grupo diferente de los creyentes."[21]

El **quinto problema** con la doctrina del Rapto Pre-Ira es **Que Confunde la Colocación de la Iglesia.**

Como vimos en detalle en la sección que se ocupa de los problemas con el Post-Tribulación, una vez que la Iglesia en la Tribulación de 7 años, al igual que la teoría Pre-Ira hace como bien, ponerlas en contra del Anticristo y esto simplemente no puede ser. ¿Por qué? Porque, como hemos visto antes, la Biblia no pone a la Iglesia "con" el Anticristo:

2 Tesalonicenses 2:7-8 "Porque ya está en acción el misterio de la iniquidad; sólo que hay quien al presente lo detiene, hasta que él a su vez sea quitado de en medio. Y entonces se manifestará aquel inicuo, a quien el Señor matará con el espíritu de su boca, y destruirá con el resplandor de su venida."

De nuevo, aquí vemos el orden de acontecimientos que deben tener lugar en la Biblia acerca del Anticristo. Pablo dice que el Anticristo, tiempos sin ley, *no* será revelado *hasta* que "ahora el que se detiene" será quitado "fuera" del camino. vimos claramente "repetidamente" que "aquel" que es "sacado del camino" es la Iglesia! La Iglesia es la "refrenada".

Por lo tanto, según la Biblia, ¿cómo se puede tener la Iglesia y el Anticristo en el mismo tiempo? Respuesta: no se puede! Yo sé que ustedes tienen una idea preconcebida de la "idea" que "quieren" a la Iglesia a ser en ese marco de tiempo bajo la persecución del Anticristo, sino que simplemente no es lo que la Biblia dice. Y a causa de esta "idea preconcebida" la teoría Pre-Ira debe obtener "inventivo" con la identidad del "controlador" o "aquel que tiene" el anticristo. Aquí hay que sustituir la Iglesia con:

"La posición hace que la Pre-Ira confuso afirman que el ángel Michael es el controlador mencionado en 2 Tesalonicenses capítulo 2 (p.260,271). Esta vista no puede identificar el controlador evitará que el hombre de pecado a de ser revelado (2 Tesalonicenses 2:6-8).

Según la Pre-Ira ver la iglesia (habitados por Dios el Espíritu Santo) *seguirá estando en la tierra en el momento en que el hombre de pecado es revelado.* ¡ Ellos creen que la Iglesia estará en la tierra sufriendo las duras persecuciones del Anticristo durante la Gran Tribulación!

Por lo tanto, Rosenthal debe encontrar a alguien para desempeñar el papel del controlador. Su confuso e injustificada de la identificación con el arcángel Miguel el Controlado es refutado hábilmente."[22]

Y lo hicimos reiteradamente en nuestro estudio anterior, donde vimos claramente que la Iglesia es "controlada" no el Arcángel Miguel o alguna otra teoría chiflada. Nosotros, la Iglesia cumple esta función de "controlar" hoy manteniendo a Dios justos decretos que "frena" el mal de marchar adelante sin contención total. Asimismo, es nuestra presencia aquí en la tierra hoy que es "prevenir" la aparición del Anticristo. ¿Por qué? Porque pensar en ello. Seríamos los primeros señalándole al mundo, soplando el silbato, arruinando sus planes y advierten a todos a no caer en sus mentiras y engaños que si estamos en el mismo tiempo!

Por lo tanto, una vez que la Iglesia "surgen del medio" y están "fuera del camino" antes de este período de tiempo empieza, los 7 años de tribulación, entonces no hay nada "deteniendolo" a el Anticristo "apareciendo" a sus "malvados planes" y "el mal" de difundir "desenfrenada". Total armonía *si* te pegan con la escritura. Lamentablemente, eso *no* es lo que la teoría Pre-Ira hace. Sin embargo, no es esto lo que se supone que hemos de hacer si no vamos a ser engañados?

El **sexto problema** con la doctrina del rapto Pre-Ira es **Que Confunde las Promesas a la Iglesia.**

Como vimos antes, una de las grandes promesas de la Iglesia era, de hecho, la propia doctrina del Rapto. Es nuestra "esperanza bienaventurada" que se convierte en una verdad "alentadora" para la Iglesia, puede que la hayamos tenido duro aquí en la tierra por un rato, defendiendo y viviendo para Jesús, él será no obstante "mantenernos" de "la hora de la prueba que ha de venir en todo el mundo, para probar á los que moran en la tierra", es decir, el período de tiempo donde Dios derrama Su ira sobre este mundo impío y rebelde durante la terrible Tribulación de 7 años.

Sin embargo, si usted piensa acerca de ello, todas las demás posiciones sobre el rapto, guarde la posición Pre-Tribulación, destruir este fomento de la palabra, esta bendita esperanza. Y así, una vez más, la Pre-Ira oponentes con sus "ideas preconcebidas" han de "danzar" alrededor de esta promesa y, por tanto, también la estropean. Esto es lo que intentan hacer:

"Rosenthal Pre-Ira del manejo de Apocalipsis 3:10 (mantenido desde la hora) es una confusión total. Rosenthal quiere que este versículo para apoyar la postura Pre-Ira. ¿Cómo entender? El tiempo de prueba del que se habla en este versículo se refiere a la Gran Tribulación, según Rosenthal. El rapto y el Día del Señor se siga este tiempo de prueba (p.241).

Su entendimiento es como sigue: porque usted (la Iglesia de Filadelfia) han guardado la palabra de mi paciencia (durante el' comienzo de los dolores o los primeros 3 1/2 años), que le mantendrá a partir de la hora de prueba (La Gran Tribulación)' (P.241). ¿Puede ver la confusión en esta posición?

Rosenthal afirma que el Apocalipsis 3:10 Dios promete que mantendrá a la Iglesia de la gran tribulación, y sin embargoes la vista Pre-Ira insisten en que la Iglesia estará en la tierra durante todo el tiempo de la Gran Tribulación. Además, la vista Pre-Ira enseña a los creyentes serán severamente perseguidos durante la Gran Tribulación: 'Algunos serán enviados al cautiverio. Otros serán asesinados' (p.236).

Por lo tanto, la vista Pre-Ira presentan dos confusas declaraciones contradictorias: (1) los creyentes serán en la tierra a ser perseguidos, a sufrir y morir durante el anticristo del reinado de terror conocido como la Gran Tribulación *y* (2) los creyentes serán guardados de la Gran Tribulación (según la promesa de Apocalipsis 3:10).

¿Estas dos declaraciones armonizar y dar sentido o son muy confusos y contradictorios?

Rosenthal también hace la declaración confusa que Apocalipsis 3:10 'no tiene nada que ver con el Rapto'. Él enseña que el Rapto tendrá lugar después de la Gran Tribulación. Mantener la promesa de Dios a Su pueblo (Apocalipsis 3:10) serán cumplidas durante la Gran Tribulación y no tiene nada que ver con el arrebatamiento. Él enseña que el arrebatamiento mantendrá la Iglesia desde el día del Señor, pero no se mantendrá en la Iglesia desde los tiempos de la Gran Tribulación. La iglesia estará en la tierra durante este tiempo de tribulación, probado duramente por el Anticristo.

Rosenthal opina en Apocalipsis 3:10 es sorprendente! Parafraseando a ti: 'Porque has guardado la palabra de mi paciencia durante el 'comienzo de los dolores' (la primera 3 ½ años), voy a enviarle a una prueba mucho más severas, incluso en la Gran Tribulación!'

Por lo tanto, su recompensa por pasar la prueba de la primera 3 1/2 años es estar expuestos a un mayor tiempo de pruebas y dificultades, el mayor tiempo de angustia que el mundo ha conocido jamás! Si la Iglesia está implicada en este momento de prueba y sufrimiento bajo la persecución del Anticristo, entonces ¿cómo la Iglesia lo guardó?

Finalmente Rosenthal hace esta afirmación confusa: es sólo la Iglesia de Filadelfia que se prometió la exención de la hora de tentación.... Para aplicar la promesa dada a la Iglesia de Filadelfia a todos de la Cristiandad es interpretar las Escrituras no literalmente (p. 237).

Si esto es así, entonces la promesa de Apocalipsis 3:10 no tiene absolutamente nada que ver con los creyentes que viven en el siglo XX. No hay Iglesia de Filadelfia hoy en Asia Menor. Y, sin embargo, Rosenthal en la página 239 se aplica este versículo para una futura generación de los creyentes, incluso a los creyentes que están firmes bajo el estrés y la presión de los primeros 3 años y medio y que, por lo tanto, ser protegido de la Gran Tribulación.
¿En qué sentido estos creyentes son parte de la Iglesia de Filadelfia? es Confuso!"[23]

Pero eso no es todo. La promesa del arrebatamiento y mantenerse a partir de los 7 años de tribulación no está pensada para ser confuso sino una bendición! Y esa es precisamente la razón por la que el Apóstol Pablo menciona no una, sino dos veces en 1 Tesalonicenses 4 y 5, "fomentar el uno al otro" con estas palabras, es decir, la verdad sobre el Rapto.

1 Tesalonicenses 4:18 "Por tanto, *alentaos* los unos a los otros con estas palabras."

1 Tesalonicenses 5:11 "Por lo cual, *animaos* unos a otros, y edificaos unos a otros, así como lo hacéis."

Así que, de nuevo, como antes, aquí está la lógica cuestión de sentido común. Cómo en el mundo voy a alentar a alguien y no digamos si yo sé que no soy sólo voy a estar en la terrible Tribulación de 7 años, el peor momento de la historia de la humanidad, cuando Dios desata su ira sobre el planeta en pronunciar la furia, pero estar en él por tres cuartas partes de las duraciones como la posición Pre-Ira tendríamos usted y yo creer! Eso no es alentador, es desalentador. Al igual que todas las demás posiciones sobre el rapto, guarde la posición Pre-Tribulation, la posición Pre-Ira destruye el propósito y la esperanza de la promesa alentadora del rapto. Usted me dirá si su creencia es una promesa maravillosa a mirar al futuro:

"Según la teoría Pre-Ira, la Iglesia estará en la tierra cuando el anticristo hace un tratado con Israel que marca el inicio de la 70ª semana. La Iglesia debe entrar en la 70ª semana (p. 19,137). La Iglesia debe pasar a través de todo el primer 3$\frac{1}{2}$ años. En efecto, la Iglesia debe estar en la tierra durante una parte significativa de la segunda mitad de la 70ª semana (p. 138). La Iglesia debe estar en la tierra durante todo el período llamado la Gran Tribulación y no será raptada hasta después de la Gran Tribulación, pero inmediatamente antes del Día del Señor.

Así, los santos de la Iglesia deben estar en la tierra y decidir si aceptarán la marca del Anticristo (p.36) y deben estar dispuestos a sufrir y morir por Cristo, si es necesario, bajo la persecución del Anticristo (p.34). La iglesia verdadera será en la tierra cuando el anticristo se presente personalmente, autorizado por Satanás (Apocalipsis 13:4), exigiendo que el mundo se incline y le adore (p.137). Así, la Iglesia estará presente en la tierra 'durante una parte significativa de la 70ª semana de Daniel' (p.138)."[24]

Demasiado por la "promesa alentadora." ¡Wow! Y como si eso no fuera suficientemente malo, teoría Pre-Ira también destruye la inminencia del Rapto. Es este, el siguiente escenario, ¿qué estás esperando? Esto es lo que le motiva a compartir el Evangelio lo más rápido que puedas y acércate a la vida de Jesús, porque él podría volver en cualquier momento como la posición Pre-Tribulación declara? Echemos un vistazo a la versión de Pre-Ira inminencia:

"El Rapto de la Iglesia no es un acontecimiento inminente (p.292). No puede tener lugar en el día de hoy. Es imposible que el Señor Jesucristo viene por su Iglesia en el día de hoy. El Rapto no puede ocurrir la semana próxima, el siguiente mes o el siguiente año. De hecho el Rapto no puede tener lugar durante varios años o muy pronto. La vista Pre-Ira CONFUNDE, y si, RECHAZA TOTAlMENTE la doctrina del inminente retorno de Cristo (la doctrina de que Jesucristo *puede venir* por su iglesia en cualquier momento).

- En lugar de buscar el Salvador desde el cielo (Filipenses 3:20), deberíamos estar buscando el canto del tratado (Daniel 9:27).
- En vez de buscar esa bendita esperanza, incluso la manifestación gloriosa de nuestro gran Dios (Tito 2:13), deberíamos estar buscando la venida del Anticristo.
- En lugar de buscar el Novio (Juan 14:3), deberíamos estar buscando al hombre de pecado.
- En lugar de regocijarse en el hecho de 'que no todos dormiremos' (1 Corintios 15:51) nosotros debemos estar preparádos para hacer frente a las persecuciones del Anticristo, resultando en la muerte física para los creyentes.
- En lugar del Señor está a la mano (Filipenses 4:5), Él es al menos varios años.
- En lugar de regocijarse en el hecho de que Su venida está cerca de dibujo (Santiago 5:8), deberíamos estar conmocionado despúes en el pensamiento de que la 70ª semana de Daniel es muy cercana.
- En vez de buscar la misericordia de nuestro Señor Jesucristo (Judas 21), deberíamos estar buscando el mayor tiempo de la tribulación que el mundo haya conocido jamás (Mateo 24:21).
- En lugar de esperar a la expectativa de su Hijo del Cielo (1 Tesalonicenses 1:10) deberíamos estar esperando la abominación desoladora.

¿Cómo puede el rapto Pre-Ira ser esperanza consoladora (véase 1 Tesalonicenses 4:18) si se nos dice que vamos a estar en la tierra para hacer frente a la ira de

Satanás (Apocalipsis 12:12), la furia del Anticristo (Apocalipsis 13) y el mayor tiempo de angustia que el mundo jamás haya conocido (Mateo 24:21)?

¿Donde en todas las epístolas de la Iglesia son los creyentes dijeron estar buscando la tribulación? ¿ Donde se nos dice estar buscando el Anticristo o la Abominación Desoladora? Repetidamente en las epístolas a los creyentes dicen estar mirando expectante para El Salvador que es NUESTRA VIDA: 'Porque habéis muerto, y vuestra vida está escondida con Cristo en Dios. Cuando Cristo, vuestra vida, se manifieste, entonces vosotros también seréis manifestados con él en gloria' (Colosenses 3:3-4).

En efecto, Dios nos mantendrá (mantenernos fuera de) la hora de la tentación que ha de venir sobre todo el mundo, para probar los que moran en la tierra (Apocalipsis 3:10). "Aun así, ven, Señor Jesús!"

Al celebrar el Rapto Pre-Ira ver esta pregunta puede ser planteada, ¿ *'cree usted que el Señor Jesucristo puede venir para usted hoy'?* Él tendría que negar esto con un enfático ¡NO!"[25]

Tanto para una "esperanza bienaventurada" si mantiene a la teoría del Rapto Pre-Ira! Si tengo que decir un rotundo "no" a esta pregunta, entonces ¿qué "esperanza" hay? ¿Qué clase de posición es esa? Dónde está el aliento? Más bien, si yo me atengo a lo que dice la Biblia y me atengo a hablar a lo que ella dice, no intente "exprimir" en ella lo que mis "ideas preconcebidas" quieren decir y, a continuación, *hago* llegar a responder a esa pregunta es afirmativa. ¡Sí! Jesús podría regresar para mí porque hoy la esperanza bienaventurada del Rapto es sólo eso: una esperanza bienaventurada! Declara que Dios "me mantendrá desde aquella hora", la horrible 7 años de tribulación, toda ella, y líbrame de Su Iglesia antes de que todo comience. No es de extrañar que Pablo dijo "animarnos unos a los otros con estas palabras." Pero todo eso está despojado y destruidos en el Pre-Ira teoría, como este hombre señala:

"Creo Pre-Ira deben planear para el peor de los casos, porque si se equivocan, concluyen no importa. Pero si tienen razón, que va a estar preparado. Esta es una horrible manera de vivir. En lugar de vivir con audacia para el Señor, sabiendo que Él viene para llevarnos a casa, la Pre-Ira preocupaciones acerca del Anticristo que viene! Pero, en realidad, si usted vive para ver el Anticristo que has perdido el Rapto!

'Y sabes qué frena a él ahora, para que en su momento él será revelado. Por el misterio de la anarquía está ya en el trabajo; sólo quien frena ahora hará hasta él es sacado de la forma (a través del Rapto). Luego que una anárquica será revelado…' 2 Tesalonicenses 2:6-8

Una de las piedras angulares de la profecía doctrina bíblica es que vamos a mantener nuestros ojos mirando al cielo, a nuestro futuro hogar, no hacia abajo sobre esta tierra. Uno de los mayores inconvenientes a la 'Pre-Ira' teoría es el que roba a los creyentes la alegría y la esperanza de la venida del Rapto. El final de la era de la Iglesia es algo que esperamos, no de miedo. Vamos a mirar a Cristo Jesús, no a el Anticristo!

El Rapto Pre-Ira ver dice que nosotros, la Novia de Cristo, pasará por los primeros 3 años y medio de la tribulación, es decir, vamos a estar severamente perseguidos antes de nuestra boda con el Señor. ¿ En realidad?

¿Creen realmente que el Señor se descargara en la Iglesia, Esposa de Cristo, la muerte y la destrucción, destrozandonos partes por partes, justo antes de que se casa con nosotros? Por Dios ni así entendemos! No hay mucho que esperar allí!

Nosotros, la "Esposa" de Cristo, debemos mirar hacia delante del matrimonio a Dios con Amor.

'¡Gocémonos y alegrémonos y dar la gloria a Él, porque han llegado las bodas del Cordero, y su esposa se ha preparado!' Apocalipsis 19:7

Estos son sólo algunos de los problemas con la teoría Pre-Ira. Hay muchas más, demasiadas para escribir acerca de."[26]

¿Por qué? Porque usted violó la norma bíblica. Se supone que tienes que dejar que la Biblia nos habla de lo que tiene que decir, no entrará en él con sus "ideas preconcebidas". Al hacerlo, se convirtió a la "Esperanza Bienaventurada" en una "Paliza de la Novia". Y no creo que eso sea lo que Dios tenía en mente cuando dio la Bendita Promesa del Rapto a su Amada Iglesia. Deje que las Escrituras hablan por sí mismos. No "cambiar" a lo que "ellos" quieren decir. Y ¿no es eso lo que debemos hacer si no vamos a ser engañados?

El **séptimo problema** con la doctrina del rapto Pre-Ira es **Que Confunde la Expiación de la Iglesia.**

Justo cuando pensaba que no podía obtener aún más desordenado con la teoría del Rapto Pre-Ira, empeora. De hecho, me atrevería a decir totalmente blasfemas. Lo digo porque otro de los principales arrendatarios de la Pre-Ira falsa teoría no es sólo una "confusión" de la identidad de la Iglesia y las promesas hechas a la Iglesia por el Señor Jesús, sino también una horrible "confusión" como a la "limpieza" de la Iglesia. Lo creas o no, la teoría del Rapto Pre-Ira dice que no es Jesús quien nos limpia! El siguiente investigador señala este defecto:

"La vista Pre-Ira afirma que la razón de los creyentes atravesando parte de la tribulación es que 'la Iglesia' tiene que pasar por un periodo de purificación antes del rapto. El período de la persecución, de acuerdo a la vista Pre-Ira, es necesario volver a 'la Iglesia' para servir al Señor y la purga del pecado".[27]

Disculpe? ¿Qué es lo que acaba de decir? ¡ La Biblia dice que es Jesucristo y *sólo* Él quien nos limpia y purga de nuestros pecados!

Tito 2:11-14 "Porque la gracia de Dios se ha manifestado para salvación a todos los hombres, enseñándonos que, renunciando a la impiedad y a los deseos mundanos, vivamos en este siglo sobria, justa y piadosamente, aguardando la esperanza bienaventurada y la manifestación gloriosa de nuestro gran Dios y Salvador Jesucristo, quien se dio a sí mismo por nosotros para redimirnos de toda iniquidad y *purificar* para sí un pueblo propio, celoso de buenas obras."

Hebreos 1:3 "el cual, siendo el resplandor de su gloria, y la imagen misma de su sustancia, y quien sustenta todas las cosas con la palabra de su poder, habiendo efectuado la *purificación* de nuestros pecados por medio de sí mismo, se sentó a la diestra de la Majestad en las alturas."

Hebreos 10:14 "porque con una sola ofrenda hizo *perfectos* para *siempre* a los santificados."

1 Juan 1:7 "pero si andamos en luz, como él está en luz, tenemos comunión unos con otros, y la sangre de Jesucristo su Hijo nos *limpia* de *todo pecado*."

1 Juan 1:9 "Si confesamos nuestros pecados, él es fiel y justo para perdonar nuestros pecados, y *limpiarnos* de *toda maldad*."

No sólo es el Rapto de nuestra "esperanza bendecida" pero también lo es la cruz de Cristo. Lo que nos hace "dignos" para estar con Cristo en el cielo, incluyendo nuestra partida al cielo a través del Rapto, es su sacrificio en la cruz y que por sí *solos*. Otra cosa es no confiar *únicamente* en la obra de Jesucristo y, por tanto, no solo es peligroso si no blasfema! Cuán lejos se puede empujar esto y ya no se confía en la Buena Noticia del Evangelio nunca más? Piensa en esto. Si nosotros de alguna manera nos "purificamos" nosotros mismos durante los 7 años de Tribulación para hacernos "aceptables" a Dios, entonces ¿por qué en el mundo Jesús fue a la cruz en primer lugar!

Además, ¿cómo es esta blasfema la idea de que la Iglesia es "limpia" y "purgada" del pecado durante los 7 años de tribulación diferente a la falsa blasfemia la enseñanza de la Iglesia Católica Romana llama "Purgatorio?" Esa es la falsa creencia de que una persona "purgas" (de ahí Purga-torio; un lugar para purgar) ellas mismas del pecado a través de su propio sufrimiento para hacerse aceptable a Dios? Respuesta: La Pre-Ira limpieza falsa enseñanza es la misma falsa enseñanza del Purgatorio aplica sólo para el Rapto! Es blasfema a través y a través de cómo estos investigadores también admiten:

"El problema con esta idea (que la Iglesia tiene que pasar por un periodo de purificación antes del Rapto en la Tribulación de 7 años) es traída a la luz por la pregunta, ¿'qué pasa con todos los Cristianos Salvados en los últimos 2000 años que han muerto y están con el Señor?' ¿Por qué debería un puñado, en comparación a todos los creyentes que han vivido desde Pentecostés, tienen que soportar esta supuesta limpieza?

Donde en el Nuevo Testamento Dios dice va a purgar la Iglesia de pecado en la Tribulación de 7 años antes de que los creyentes son arrebatados? Dios dice en Cristo todos los pecados son perdonados. ¿Entonces es cuando la supuesta necesidad de una limpieza antes del Rapto puede ocurrir?

La gente Pre-Ira pueden contrarrestar diciendo que la Iglesia ha caído en la apostasía y en los primeros tres años y medio de la Tribulación será purgada y purificada a través de la persecución. El problema con esta conclusión es que la falsa doctrina ha sido siempre, a través de los últimos dos mil años han plagado las iglesias, falsas religiones seguirán floreciendo en la primera mitad de la Tribulación con el Anticristo y el falso profeta unirse a todas las religiones del mundo en una sola religión mundial. La falsa Iglesia Cristiana sin duda entrará en la Tribulación como los cultos.

Nada en la palabra de Dios dice que habrá una purificación de 'la Iglesia' puede ocurrir antes del Rapto. La Biblia dice que la sangre de Jesús es suficiente para limpiarnos de todo pecado (1 Juan 1:7). La idea de que la Iglesia necesita ser purificado crea un cristiano el purgatorio, que es una blasfemia de la sangre de Jesús "[28]

Y eso, mi amigo, es algo que desesperadamente *no quieren* hacer. Pero eso es lo que obtienes cuando gire en torno a las cosas como la teoría del Rapto Pre-Ira pretenden a "hacer" sus "ideas preconcebidas" supuestamente el trabajo.

Sin embargo, si permite que la Biblia para hablar con usted, (que es lo que tenemos que hacer) venir con una" seguridad bendita" y una "esperanza bendita" y *solo* Jesús y su obra en la cruz es lo que nos purifica de *todos* nuestros pecados, y por lo tanto *ya* somos dignos de salir con él en el Rapto antes de la Tribulación de 7 años. Eso es lo que obtendrá *si* te pegas con la Biblia. Y ¿no es eso lo que debemos hacer si no vamos a ser engañados?

Capítulo Dieciséis

Los Problemas con el Medio de la Tribulación

La **tercera posición** en el Arrebatamiento que tiene algunos problemas serios con que está en **El Medio de la Tribulación.**

Ahora, aunque esta posición es también relativamente nuevo y más en la posición minoritaria, yo todavía no obstante sentimos que necesitamos para cubrir al menos los aspectos más destacados de la misma. Aquí está una explicación básica de su creencia en el arrebatamiento:

"El arrebatamiento Middle-Tribulation parece ser un compromiso entre la Post-Tribulación Pre-Tribulación y opiniones. Según este punto de vista la tribulación de siete años se divide en dos mitades; la primera mitad se describe como la ira del hombre, y en la última mitad de la ira de Dios. (Por lo tanto, algunas personas llaman a esto la posición original del pre-ira posición.) El Rapto de la Iglesia tendrá lugar a mediados del período de la tribulación de la tres-y-una-mitad de año antes de la Segunda Venida de Jesucristo."[1]

Así como usted puede ver, el Middle-Tribulación posición sobre el Rapto también es radicalmente diferente de la Pre-Tribulación. La posición Pre-Tribulación Rapto dice que la Iglesia va a dejar la tierra "antes" a los 7 años de Tribulación y el Rapto Medio-Tribulation dice que la Iglesia permanecerá en la tierra hasta que el "Medio" de los 7 años de tribulación. Obviamente, no puede ser verdad, por lo cual es correcta? ¿Cómo podemos no ser engañados? Bien, tal y como hemos puesto la posición Pre-Tribulación bajo un microscopio y grave tratados con las diversas acusaciones que se lanzan su camino, ahora vamos a hacer lo mismo con la posición Medio-Tribulación. Creo que pronto verá, de tener algunos problemas graves.

La palabra clave en la descripción es "compromiso". Otro error fatal. Esto es algo que definitivamente no quieren hacer cuando te acercas a la Biblia para descubrir su verdad. Al igual que con la "idea preconcebida" de la teoría del Rapto Pre-Ira, así es con el Medio-la Tribulación teoría de Rapto. Una vez que te acerques a la Biblia con "ideas preconcebidas" o en este caso, una "actitud de compromiso", lo que viene es un revoltijo de líos de "confusión" y "errores". Esto es parte de la razón por la cual el Medio-Tribulación posición del Rapto está en un punto de vista minoritario, como este hombre afirma:

"En un sentido real, es un compromiso Medio-Tribulacionismo vista entre las otras dos posiciones alternativas y carece de la fuerza del bien, mientras tanto están involucrados en problemas adicionales peculiar de su propio sistema profético. La esbelta número de sus partidarios y la escasez de literatura Medio-Tribulacional convincente tanto poner un gran signo de interrogación sobre la validez de la nueva perspectiva."[2]

En otras palabras, es tan lleno de problemas, no muchos sostienen. Pero, ahora, echemos un vistazo a algunos de estos problemas y "errores" creado por esa "actitud de compromiso" sobre el Rapto.

El **primer problema** con el medio-Tribulación doctrina del Rapto es **Que Coloca a la Iglesia en la Tribulación de 7 años.**

Ahora, a medida que avanzamos a través de estos diversos problemas con la posición medio-Tribulación, te darás cuenta de que varios de ellos ya han sido cubiertos en gran detalle en las dos secciones anteriores relacionadas con los problemas con la Pre-Ira Post-Tribulación y posición, por no mencionar el resto del estudio previo. Ya hemos hablado de estos problemas con los otros cargos tales como:

- Ponen a la Iglesia Bajo la Ira de Dios.
- Ellos Estado que los Santos de Tribulación Serán Protegidos.
- Reemplazan a Israel con la Iglesia.
- Confunden el Rapto con el Juicio de Dios.

- Confunden el Rapto con el Día del Señor.
- Confunden el Rapto con la Segunda Venida.
- Ellos Crean un Problema con el Milenio de la Población.
- Crean un Problema con la Separación del Milenio.
- Crean un Problema con la Recompensas Cristianas.
- Ellos Crean un Problema con la Resurrección.
- Ellos Crean un Problema con el Anticristo.
- Ellos destruyen el significado de Jesús' su boda.
- Destruyen el Propósito del Rapto.
- Confunden la Temporización de la Ira de Dios.
- Confunden el Calendario del Día del Señor.
- Confunden la Temporización de las Sentencias del Señor.
- Confunden la Identidad de la Iglesia.
- Confunden la Colocación de la Iglesia.
- Confunden las Promesas de la Iglesia.
- Confunden la Expiación de la Iglesia.

Por tanto, para evitar una redundancia total de quienes hayan saltado directamente a esta sección en la posición Medio-Tribulación del Rapto *antes* de familiarizarse con el material anterior, os animo a revisar las otras secciones. Pero como ya vimos, justo fuera de las puertas, al igual que la Pre-Ira Post-Tribulación y teorías sobre el Rapto, el Medio-Tribulación posición también coloca a la Iglesia en la Tribulación de 7 años. Sin embargo, como vimos antes, en gran detalle, esto no puede ser. ¿Por qué? Porque el propósito de la Tribulación de 7 años como se menciona en el Libro de Daniel no tiene nada que ver con la Iglesia.

Uno, la Iglesia es un "misterio" y nada alrededor de Daniel, cuando estaba escribiendo acerca de la 70ª semana de 7 años de Tribulación. Su propósito es todo acerca de Dios, la restauración y redención de un remanente de Israel les prepara para el Reino Milenario, así como derramar Su ira sobre las naciones gentiles o "habitantes de la tierra", no la Iglesia. (Vea las secciones sobre los problemas de Post-Tribulación y Pre-Ira)

Dos, la tribulación de 7 años es un tiempo cuando Dios derrama Su ira durante la *totalidad* de 7 años, no $3^1/_2$ años como la posición Medio-Tribulation tendría usted y yo creemos. (Vea las secciones sobre los problemas de la Post-Tribulación y la Pre-Ira.) Por lo tanto, puesto que la Iglesia no es "nombrada á ira de Dios", la Iglesia no puede estar en ese marco de tiempo. Un investigador lo puso de esta manera:

"Uno de los problemas con el medio-Tribulación rapto vista de distribución es que cree que la Iglesia pasará por el período de la Tribulación durante tres años y medio, pero se retira antes de la gran tribulación empieza. Esto podría suponer que la Iglesia sufrirán algunos de ira de Dios pero no lo peor. Esto es totalmente contradictoria con el resto de la Biblia.

Las Escrituras (1 Tesalonicenses 5:9) nos dicen que la Iglesia no está destinada a la Ira. Y decir que queremos experimentar ira es contradecir los caminos de Dios y carácter. Así pues, esta es otra razón por la cual el rapto Medio-Tribulación ver distribución falla la prueba de sonido y análisis lógico."[3]

¿Por qué? Porque usted entró en la Biblia con una "actitud de compromiso" y le salieron con un "enredo". Sin embargo, la Escritura es clara. La Iglesia no es "nombrada" á la ira de Dios. Por lo tanto, no pueden estar en la Tribulación de 7 años. Deje que la Biblia hable por sí misma y definir los términos y todo saldrá bien. Y ¿no es eso lo que debemos hacer si no vamos a ser engañados?

El **segundo problema** con el medio-Tribulación doctrina del Rapto es **Que Quita la Ira de Dios en la Tribulación de 7 años.**

En lugar de admitir que la Iglesia no tiene ninguna base para estar en los 7 años de Tribulación, en absoluto, como la Biblia declara, la posición Medio-Tribulación, igual que la Pre-Ira Post-Tribulación y posición sobre el Rapto, comience a "bailar" alrededor de este tema y ajustar las Escrituras para "hacer" su "compromiso" de trabajo. Es por eso que la posición medio-Tribulación tendría usted y creo que la ira de Dios no incluye el pleno 7años, sino sólo los últimos tres años, así como para "colocar" su versión del Rapto que dicen que tiene lugar en el oriente. Por lo tanto, dicen que la Iglesia no es en torno a la experiencia de la ira de Dios, por lo pronto problema resuelto. Buen intento, pero como vimos antes en gran detalle, esto simplemente no es cierto.

En primer lugar, como se indicó anteriormente, durante los 7 años de la Tribulación de 7 años es un tiempo cuando Dios derrama Su ira, no solo del 3,5 años la posición Medio-Tribulación tendría usted y yo que creamos. (Vea las secciones sobre los problemas de Post-Tribulación y Pre-Ira). La ira de Dios comienza claramente con la apertura del primer sello en Apocalipsis 6 y continúa a lo largo de hasta el clímax final las copas de sentencias hacia el final de los 7 años de tribulación. Es Decir que la primera mitad de los 7 años de tribulación no es la ira de Dios, pero el hombre es un grave error, ya que estos investigadores señalan:

"Esto va en contra del hecho de que todo el período de la Tribulación es la ira de Dios, no sólo en el último semestre. La Medio-Tribulación intenta confundir a menudo cuando la ira de Dios comienza. El desplazamiento de dos caras en el Apocalipsis en siempre un signo de ira en la Biblia. El pasaje abarca las sentencias de revelación que son el sello, la trompeta, y los copas del juicio.

Así que no hay sonido y forma teológica a concluir que la Iglesia pasará por algunas de la ira de Dios, pero no lo peor. Que simplemente no es correcto.

El arrebatamiento Medio-Tribulación ver supone que Dios la ira no comenzará hasta la segunda mitad algunos alegando que el Anticristo gobernará al mundo en paz y prosperidad para la primera mitad del período de la tribulación, y el resto de los juicios apocalípticos no vendrá al mundo hasta la segunda mitad del período de la Tribulación.

Sin embargo, la ira de Dios tendrá lugar durante el primer semestre, así como también de la segunda mitad del período de la Tribulación. Durante la primera mitad del período de la Tribulación, el Anticristo será revelado. En consecuencia, su venida será un juicio sobre el mundo, cómo serán los juicios restantes, muchas de las cuales tendrá lugar durante la segunda mitad del período de la Tribulación.

La revelación del Anticristo será un juicio espiritual enviada por Dios para el propósito de engañar a muchos de aquellos que han rechazado el evangelio. Así como la apertura de las juntas 2 a 7 traerá terribles sentencias sobre el mundo, la apertura del primer sello, que revelará el Anticristo, también traerá horrible juicio divino sobre el mundo."[4]

Tanto para una pacífica "primera mitad" o comenzando a los 7 años de tribulación! Todo es de Dios través y a través, por eso la Iglesia está exento de ella. De hecho, compruébelo en el orden Bíblico de los eventos relativos a la primera mitad de la Tribulación de 7 años:

"Los acontecimientos del Apocalipsis 6-10, revelan un tiempo muy terrible para la Tierra. Nota los terribles acontecimientos de la junta siete juicios y las seis trompetas del juicio.

Versículo 2 caballo blanco: Este jinete sale venciendo y para vencer. Probablemente es el Anticristo quien parece ser blanco en que él ofrece al mundo la paz. Engaña a las naciones y a todos los que él está hablando de paz mientras él está conquistando las naciones de la tierra y establecer a sí mismo como el dictador del mundo. Es imperativo reconocer quién es que está abriendo los sellos y dirigir la Junta de juicios. Es simplemente el Cordero, que es el Señor Jesucristo. Es ridículo para concluir que estas terribles sentencias son la 'ira del hombre' y no forma parte de la ira de Dios. Sin duda, Apocalipsis 6:1 nos dice que el sello en el comienzo de los juicios de Dios derramando Su ira sobre la tierra. Son iniciados por Jesucristo y bajo su dirección y control, y parte de su plan. Sólo sobre este punto la vista Medio-Tribulación es mostrado que es un error.

Versículo 4 caballo rojo: El jinete es dado poder para quitar la paz de la tierra, la gente se matan unos a otros en la guerra. Es Jesucristo, el Cordero que da la energía para el jinete del caballo rojo para quitar la paz de la tierra y acabar con la guerra.

Versículo 5-6 El Señor Jesucristo se abre el tercer sello y el jinete del caballo negro es permitido a causar hambre en la tierra.

Versículo 8 El Cordero abre el cuarto sello y del caballo pálido viene adelante. El jinete del caballo pálido es llamado la 'muerte' y el Infierno lo sigue. Una cuarta parte de la tierra es asesinados con la espada, el hambre la muerte, y de las bestias de la tierra. Parece inconcebible que alguien pudiera concluir que estos sellos no son dirigidos y traídos a la tierra por el Señor Jesús. Es él que es la apertura de los sellos y los jinetes están yendo a el poder para llevar a cabo el plan del Señor. Una vez más la vista Medio-Tribulation a tomar en consideración esta importante verdad.

Versículo 9-11 de la Tribulación santos clamar a Dios, ¿'Cuánto tiempo antes de juzgar la tierra y vengar nuestra sangre'. Se dice que estos santos muertos a causa de la Palabra de Dios porque no retractarse de su testimonio de la salvación en Jesucristo. El versículo 11 identifica con sus 'hermanos' aún en la tierra y también los estados serían asesinados. Evidentemente, estas son personas que están guardados durante la primera mitad de la tribulación y no hay nada para identificarlos como los creyentes de la era de la Iglesia. Están clamando a Dios para vengar su muerte claramente reconociendo que el Señor está en control y él es lograr estos acontecimientos devastadores.

Versículo 12 sexto sello: Gran Terremoto, el sol se convierte negro como cenizas, la luna como sangre. (Erupciones volcánicas) estrellas caen del cielo. (Meteoritos) cada montaña e isla es movida por el terremoto. Todos en todo el mundo huye a las cuevas y rocas en las montañas, empiezan a caer sobre ellos y ocultarlos de el rostro de Cristo y de su ira. Sin duda, sólo Dios puede hacer estas cosas catastróficas en la naturaleza. Estas terribles catástrofes en la naturaleza son llevados por Dios, no por el hombre, y es evidente que son parte de la purga de Dios de la tierra y de Su ira.

Versículo 17 'Para el gran decir de su ira ha llegado; ¿y quién podrá sostenerse en pie?' Esta declaración contextualmente viene después de estos eventos cataclísmicos y está diseñada para resumir lo que se ha revelado. La siguiente instrucción es Apocalipsis 7:1 y comienza con la declaración y 'después de estas cosas vi cuatro ángeles.' Gramaticalmente, el pensamiento ha cambiado y es un nuevo evento es para ser revelada. Esto restringe la declaración de Apocalipsis 6:17 al referirse a las cinco juntas que se han descrito. No cabe duda de que el Señor está diciendo la junta juicios son parte de la ira de Dios y esto niega el Medio-Tribulación a ver como se precisa.

Primer Ángel: Llueve granizo y fuego mezclado con sangre, y una tercera parte de los árboles y la hierba se quemó. (Apocalipsis 8:7) ¿quién es el que dirige a los ángeles?

Segundo Ángel: Una gran montaña ardiendo en fuego de fundición en el mar y la tercera parte de las aguas se convirtió en sangre. (Apocalipsis 8:8-9) ¿quien es el que dirige la naturaleza?

Tercer Ángel: Tercera de las criaturas en el mar muerto y el tercero de todos los buques. Gran estrella del cielo cae y la tercera parte de toda el agua dulce es amarga. (Apocalipsis 8:10-11) ¿quién es el que controla el universo y las estrellas del cielo?

Cuarto Ángel: Tercera parte del sol, la luna y las estrellas son heridas. La tercera parte del día se oscurecerá. (Apocalipsis 8:12) ¿que sólo tiene el poder para herir el sol, la luna y las estrellas?

El ángel volando a través del cielo, diciendo a gran voz, ¡Ay, ay, ay. Claramente todo lo que está sucediendo es una continuación de los Sellos de Juicios y es parte de la ira de Dios.

Quinto Ángel: (Primer Ay) abismo abierto y escorpiones que tienen poder de matar a los hombres por cinco meses atormentandoles hasta que mueren.

Sexto Ángel: Cuatro demonios desatados desde el Río Eufrates. Matan a una tercera parte de todos los hombres en la tierra. Apocalipsis 9:20, 'y el resto de los hombres que no fueron muertos con estas plagas todavía no se arrepintieron de las obras de sus manos, que no deberían adorar a los demonios, y los ídolos de oro, plata y bronce, y de piedra y de madera: que no pueden ver, ni oír, ni andar' (Apocalipsis 9:20).

Incluso una lectura casual o Apocalipsis 6-10 revela estos terribles acontecimientos son parte de la ira de Dios cayó sobre la tierra. El tiempo de la ira de Dios comienza con el primer Sello, y continúa a través de la sexta Trompeta del juicio. *Esto seguramente no es un tiempo de paz de tierra como el Medio-Tribulacionistas intentaría hacernos creer.*

Es completamente erróneo decir que los primeros tres años y medio de la Tribulación, no forman parte de la ira de Dios y son sólo la ira de los hombres."[5]

Es decir, que es lo que usted aprenderá si te apegas con la Biblia. Lamentablemente, eso no es lo que la posición Medio-Tribulación hace. Para empeorar las cosas, en lugar de reconocer esta verdad bíblica, los proponentes Medio-Tribulation intenta reforzar su posición errónea sobre el rapto, haciendo que usted y yo creamos que la tribulación de 7 años ni siquiera es realmente 7años para empezar, es sólo el $3^1/_2$. ¿ Que Dices? ¿Es en serio?

Como vimos antes en gran detalle, la razón por la que tenemos 7 años de tribulación, en primer lugar porque es Daniel la semana final de su 70ª semana de la profecía. Las primeras 69 semanas han llegado y pasó que culmina en Cristo su entrada triunfal, con una semana o 7 años para ir, por lo tanto, la tribulación de 7 años. ¿Cómo se puede decir una "semana" un "7" no es realmente un 7? Asimismo, esta esto destruiría la fecha y horario de las primeras 69 semanas y la entrada triunfal de Jesús. Si un "7" no es realmente un 7, entonces la distribución de las 69 semanas está totalmente fuera! Todo porque desea "comprometer" su posición, usted hace picadillo del resto de las Escrituras, como afirma este investigador:

"La posición Medio-Tribulation sostienen que los primeros tres años y medio de la septuagésima semana de Daniel pertenece al final de la era de la Iglesia. Sin embargo, el cumplimiento literal de Daniel la septuagésima semana llama para un futuro período de siete años, y Daniel 9:25-27 identifica claramente esta "Semana" con el período de la tribulación y la regla del Anticristo. El precio "que vendrá" confirma el pacto durante una semana, no para la mitad de ese tiempo.

Es imposible escapar de un período de Tribulación de siete años literales sin hacer uno de dos concesiones: en primer lugar, si la totalidad de la última "semana" se cumplió en tres años y medio, la importancia de la cronología del resto de la profecía de Daniel de la semana 70 es destruido.

Segundo, si sólo la mitad de los últimos siete años de "Semana" cae en el período de la Tribulación, entonces la primera mitad debe superponerse a la era de la Iglesia. Sin embargo, como se ha visto en Mateo 24 y Apocalipsis 6-19, la Tribulación es muy judío en contenido, y durante este período, la Iglesia no es nunca visto. A echar siquiera la mitad de ese período en la era de la Iglesia tendría como resultado la mayor confusión.

Por ejemplo, ¿cómo puede Dios sellar de los 144,000 para el servicio de las doce tribus de Israel, en una época en la que su cuerpo está asistiendo a la Iglesia, al convertirse los judíos entrar en la Iglesia, en la unidad del Cuerpo de Cristo, y pierden su antigua identidad como israelitas? En resumen, el arrebatamiento Medio-Tribulation la vista de temporización no es sano y bíblico."[6]

¿Por qué? Porque usted entró en la Biblia con una "actitud de compromiso" y le salieron con un "enredo". Sin embargo, la Escritura es clara. Los 7 años de la tribulación es un *total* de 7 años, no solo 3 $^1/_2$. Deje que la Biblia hable por sí misma y definir los términos y todo saldrá bien. Y ¿no es eso lo que debemos hacer si no vamos a ser engañados?

El **tercer problema** con los medio-Tribulación doctrina del Rapto **Está Colocado el Rapto en la Tribulación de 7 años.**

Ahora, con el fin de "hacer" su calendario del rapto "encajar" en los 7 años de tribulación, el medio-Tribulacionista debe encontrar algún tipo de verso a torcer en un evento de rapto, específicamente en el punto medio. Y eso es precisamente lo que he hecho con Apocalipsis capítulo 11. El único problema es, como veremos en seguida, Apocalipsis 11 no tiene nada que ver con el rapto de la Iglesia. Una vez más, el medio-Tribulacionista ha "comprometido" las

Escrituras a "hacer" su posición de trabajo. Pero todo lo que han hecho es crear efectivamente un caos aún mayor de problemas.

Por ejemplo, tendrían que usted y yo creo que la cuenta de los dos testigos mencionados en Apocalipsis capítulo 11 está realmente hablando del rapto de la iglesia en medio de la tribulación de 7 años.

Apocalipsis 11:11-12 "Pero después de tres días y medio entró en ellos el espíritu de vida enviado por Dios, y se levantaron sobre sus pies, y cayó gran temor sobre los que los vieron. Y oyeron una gran voz del cielo, que les decía: Subid acá. Y subieron al cielo en una nube; y sus enemigos los vieron."

Pues bien, ahí lo tienes. La Iglesia acabó arrebatados en medio de la Tribulación de 7 años. Sé....¿ Decir qué? I' diciendo que, una vez que entrara en la Escritura con una "actitud de compromiso" podrá probar algo de "hacer" su posición de trabajo. Decir que los dos testigos en Apocalipsis capítulo 11 son "simbólico" de la Iglesia de ser raptados durante este tiempo no sólo es ridículo, It's plana hacia fuera antibíblico, como estas investigaciones señalan que:

"Según el medio-Tribulacional teoría, el Rapto de la Iglesia es vista simbolizada en la resurrección y en la ascensión de los dos testigos, pero los dos testigos no son símbolos. La normal, la interpretación literal del pasaje, puesto que incluye los detalles de su vestimenta, su profecía, y sus plagas, indica que son los hombres.

Se habla de "dos profetas", y cuando están muertos, sus cadáveres yacen un período concreto de tiempo en un literal que se identifica como la ciudad de Jerusalén. No tendría sentido decir que órganos simbólicos fueron asesinados, sólo quedan en calles literal, más literal para negarles el entierro en tumbas simbólicas. La narrativa de los dos testigos es manifiestamente destinado a ser tomado literalmente.

Asimismo, se alegó que estos dos testigos simbolizan las dos clases en el Rapto- 'los muertos' y 'los vivos.' Sin embargo, esta idea se rompe cuando se recuerda que ambos testigos mueren y deben ser planteados. ¿Cómo puede uno de los dos testigos simbolizan a la Iglesia que está viva en el rapto y la otra, simbolizan a la Iglesia que está dormida (muerta)? En Apocalipsis 11, los dos testigos son asesinados. ¿Cómo puede matar a los santos que ya están muertos?

Además, la 'nube' de Apocalipsis 11:12 que se identifica con ese Mid-Tribulacionalista de 1 Tesalonicenses 4:17, 'una clara referencia de la presencia' del Señor es sumamente precaria. Muchas veces en las Escrituras la presencia de Dios es indicado por una nube, pero eso no es ninguna indicación de que dos de esos reverentes en dos diferentes libros de diferentes autores necesariamente hablan de la misma aparición del Señor.

Tampoco es 'la gran voz' que las apuestas de los testigos para 'llegar acá' de cualquier necesidad incluso remotamente relacionado con el 'grito', o incluso con 'la voz del arcángel' del pasaje Paulino.

Y una distinción muy importante que queda es que en el Rapto, 'el Señor mismo descenderá del cielo', mientras que aquí, en Apocalipsis 11, la voz viene del cielo y les llama hasta allá."[7]

En otras palabras, la cosa entera se desmorona porque estás "comprometido" a la Escritura para hacerla "colocar" su posición. Pero la cosa es aún peor. Para intentar "vendernos" en la idea de que Apocalipsis 11 es realmente hablando del Rapto de la Iglesia, que luego dicen que la trompeta "soplada" en este Capítulo es la misma trompeta "relacionadas" con el Rapto.

Apocalipsis 11:15 "El séptimo ángel tocó la trompeta, y hubo grandes voces en el cielo, que decían: Los reinos del mundo han venido a ser de nuestro Señor y de su Cristo; y él reinará por los siglos de los siglos."

Pues bien, ahí lo tienes. El Arrebatamiento trompeta explotó en medio de la Tribulación de 7 años y, por tanto, la Iglesia salió a medio camino. Ya sé, ya sé. ¿decir qué? En primer lugar, como vimos en la sección anterior relativa a los problemas con la posición del Rapto Pre-Ira, porque sólo se ve la palabra "Trompeta" en las Escrituras, y no digamos que sirven al mismo propósito. Como se ha iniciado:

"Hay varias 'última trompetas' de la Biblia y la tradición judía. Cuando las trompetas comúnmente utilizadas a lo largo de la Biblia, es insensato que acaba de asumir cualquiera de las dos 62 triunfos o trompetas son proféticamente relacionados.

En las películas Ben-Hur y el Mago de Oz, Recuerdo oír el sonido de las trompetas. ¿Son estas dos trompetas de alguna manera proféticamente relacionadas?

¿Si su amigo John dice que él fue a su restaurante favorito, anoche, y otro amigo Larry dijo que él también fue a su restaurante favorito, anoche, es lógico que usted puede suponer que ambos fuimos al mismo restaurante? Obviamente no, porque aunque John y Larry fue a sus restaurantes favoritos, puede que hayan tenido dos diferentes establecimientos hosteleros en mente.

La misma lógica debería aplicarse con palabra trompeta. Con esa devoción ciega a esta similitud, me pregunto si estos últimos los trompetistas son capaces de distinguir la diferencia entre Tylenol y Exlax. Ambos son over-the-counter medicamentos, vienen en forma de píldora, y también se pueden encontrar en un gabinete de medicina. Por supuesto, uno hará desaparecer el dolor de cabeza y el otro que su papel higiénico desaparezca."[8]

Tan sólo porque usted ve la palabra "trompeta" no significa que es la misma "trompeta" como la otra, no digamos que sirven al mismo propósito. De hecho, una vez que se observe atentamente la Biblia respecto a la séptima trompeta mencionadas en el Apocalipsis es de ninguna manera se puede decir que es la misma trompeta, y no digamos en el mismo evento, como estos investigadores también concluyen:

"La identificación de la *séptima trompeta* de Apocalipsis 11:15, con la *última trompeta* de 1 Corintios 15:52 y 1 Tesalonicenses 15:52 y 1 Tesalonicenses 4:16 es probablemente el factor más importante a la teoría del Rapto Mid-Tribulación. Toda la estructura de esta opinión está de baja con la capacidad de sus seguidores para demostrar tres proposiciones: la primera, que la séptima trompeta es la Tribulación; y tercero, que la séptima trompeta es idéntico con el 'último triunfo'.

Sin embargo, se supone, sin ningún tipo de prueba de que la séptima trompeta cae en medio de la semana. Sin embargo, en 11: 17-19, el sonido de la séptima trompeta está claramente asociado con el reinado de Cristo, el juicio de los muertos y la recompensa de tus siervos 'los profetas', todas las cuales se encuentran al final de la Tribulación con la revelación de Cristo y la resurrección de Israel, momento en el cual 'el Reino de este mundo son convertido en el reino de nuestro Señor y de su Cristo; y él reinará por los siglos de los siglos'

(Apocalipsis 11:15). Es más evidente que la séptima trompeta trae la cronología del libro derecho hacia el tiempo del fin, y dificulta sobremanera a la identidad con un supuesto Medio-Tribulacional del Rapto.

Asimismo, Medio-Tribulacionalistas laboral debe explicar por qué creen nada anterior a la séptima trompeta *pertenece* a la Tribulación, que evidentemente no es cierto. Las dos dificultades crecer de una identificación fallaz de la séptima trompeta de John con la 'última trompeta' de Pablo.

Sin embargo, Pre-Tribulacionalistas, que no hacen tal suposición, son libres de dar a la séptima trompeta un lugar normal y natural en la cronología de la Tribulación, evidentemente bien hacia el final del período, pero no en el último día, y ciertamente no en medio de la semana.

El hecho es, cualquier identificación de estas dos trompetas es, en el mejor de los casos, sobre la base de la similitud de la superficie que uno es designado el 'pasado,' mientras que la otra se completa una serie de siete. En más de una manera, Mid-Tribulacionalista ingenuo suponer que esto es suficiente evidencia para demostrar que son idénticas.

Hay muchas referencias a las trompetas en la Palabra de Dios. A menos que haya pruebas claras y concretas, es más precaria para identificar las trompetas encontradas en diferentes partes de la Biblia. La 'última trompeta' de Pablo no necesita ser la misma como La 'séptima trompeta' de Juan, muy particularmente, desde diferentes temas que están a la vista.

También entonces, las trompetas sirven para distintos propósitos. En Levítico 23:24, hay 'una conmemoración al son de trompetas, y una santa convocación' (Números 29:1-6). En Números 10:1-10, es aparente que las mismas trompetas eran utilizadas para fines muy diferentes: 'el llamado de la Asamblea,' 'el caminar de los campamentos,' la recopilación de los 'príncipes de Israel', 'soplar una alarma,' y 'soplar con las trompetas sobre vuestros holocaustos, y sobre los sacrificios.'

El viento de las Trompetas no era el tema central. La pregunta importante es, '¿qué hizo sintonizar las trompetas jugar?' Aunque dos trompetas puede ser identificado claramente como el mismo, que en sí misma no basta para demostrar que cada trompeta ordena a la misma acción.

Además, hay diferentes puntos de disimilitud entre estas trompetas. Los contextos en cuestión son muy diferentes. Las trompetas del Apocalipsis introducir juicios de Dios; que traen a un tiempo de sufrimientos sin paralelo, y comprender los hipócritas las naciones de la tierra.

La trompeta de 1 Corintios 15 y 1 Tesalonicenses 4, claramente a la Iglesia, no significa absolutamente nada de juicio o cualquier otra cosa relacionado con el ateo, y presenta para el creyente en Cristo, un momento de gloria sin precedentes y el privilegio, incluso la alegría de Su presencia.

En la trompeta, parte de la Revelación, no hay ningún indicio de traducción, sino una *corriendo* adelante hacia el clímax de la temida ira de Dios y el juicio cierto.

No hay paralelo a una señal de trompeta para los anfitriones de los calificados a ascender, caracterizada como debe ser: 'en un momento, en un abrir y cerrar de ojos, a la última trompeta.' Todo esto nos habla de la brevedad, de velocidad, de forma instantánea una traducción, y no ciertamente de un prolongado toque de trompeta.

Y por último, si miran atentamente el texto en Apocalipsis 11, la ascendente de los Dos Testigos a los cielos se produce *antes* de que soplen la séptima trompeta. Van al cielo ocurre 3 versículos antes de que soplen la séptima trompeta del juicio. Qué significa entonces que su ascensión al cielo ocurre como parte de la sexta trompeta. Por lo que incluso los Medio-Tribulacionistas obtienen su calendario equivocado!

El hecho es, la séptima trompeta no tiene nada que ver con el arrebatamiento. Un Apocalipsis 11 Rapture hace estragos con cualquier intento de comprensión de la cronología de la escatología bíblica."[9]

¿Por qué? Porque usted entró en la Biblia con una "actitud de compromiso" y le salieron con un "enredo". Sin embargo, la Escritura es clara. El Rapto de la Iglesia no tendrá lugar durante *cualquier* momento de la Tribulación de 7 años y no tiene nada que ver con los dos testigos y la séptima trompeta del juicio. Deje que la Biblia hable por sí misma y definir los términos y todo saldrá bien. Y ¿no es eso lo que debemos hacer si no vamos a ser engañados?

El **cuarto problema** con el medio-Tribulación doctrina del Rapto es **Que Elimina la Inminencia Antes de los 7 años de Tribulación**.

Como con todas las demás posiciones sobre el rapto, guarde la posición Pre-Tribulación, la posición Medio-Tribulacional destruye totalmente la doctrina de inminencia. Es decir, el Rapto podría ocurrir en cualquier momento, es inminente. Por lo tanto yo mejor obtener ocupado vivir para Jesús y compartir el evangelio lo más rápido posible. (Vea las secciones sobre los problemas de Post-Tribulación y Pre-Ira así como la sección definir y defender Pre-Tribulación).

Sin embargo, sobre la base de lo que hemos visto, la posición Medio-Tribulación roba a los Christianos este maravilloso "motivo" de la verdad. Por su propia definición de su "distribución" en el Rapto yo ahora puede "calcular" la partida y por lo tanto se vuelvan perezosos y diviértase hasta tal evento que ocurra (algo que la otra posición, irónicamente la posición Pre-Tribulación acusan de hacerlo aunque es el *único* que mantiene la inminente hora 'desconocida'). Este rechazo del inminente retorno de Cristo no es sólo unscriptural, es perjudicial para el creyente, como estos investigadores admiten:

"La posición Medio-Tribulacional rechaza un retorno inminente de Cristo, fomentando al mismo tiempo una unscriptural énfasis sobre la fecha-valor. Si el rapto se produce en medio de la Tribulación, la fecha del Rapto pueden ajustarse, y si puede ser establecido, los creyentes de hoy no necesita estar en constante preparación o preocupado, regreso inminente de Cristo.

Según Daniel los primeros tres años y medio comienzan con el evento específico del canto de la alianza entre Israel y los Gentiles del Anticristo. Esto seguramente será un evento internacional que todos conozcan y, por lo tanto, nadie podría entonces calcular fácilmente cuando el Rapto tendría lugar.

Si el Rapto es en medio de la Tribulación, entonces no es inminente, pero, al menos, tres años y medio de distancia, en cualquier momento antes del comienzo de la Tribulación. Los cristianos saben que cuando el tratado con el Anticristo está firmado es de tres años y medio antes de que Cristo viene por ellos. Claramente, esto destruye la enseñanza del inminente retorno de Cristo.

Sin embargo, los cristianos estamos para buscar el retorno inminente de Jesús Cristo, el anticristo. Las iglesias se dicen a vivir en la luz de la inminente venida del Señor, el Rapto. Los creyentes son para estar siempre listos, vivir vidas piadosas y estar buscando a Cristo por venir. La enseñanza es que Cristo puede volver en cualquier momento, por lo tanto debemos estar preparados. Hay una urgente necesidad de estar listos ahora, porque Cristo puede venir en cualquier momento.

Filipenses 3:20 "Mas nuestra ciudadanía está en los cielos, de donde también esperamos al Salvador, al Señor Jesucristo."

Colosenses 3:4 "Cuando Cristo, vuestra vida, se manifieste, entonces vosotros también seréis manifestados con él en gloria."

1 Tesalonicenses 1:10 "y esperar de los cielos a su Hijo, al cual resucitó de los muertos, a Jesús, quien nos libra de la ira venidera."

1 Timoteo 6:14 "que guardes el mandamiento sin mácula ni reprensión, hasta la aparición de nuestro Señor Jesucristo."

Santiago 5:8 "Tened también vosotros paciencia, y afirmad vuestros corazones; porque la venida del Señor se acerca."

1 Tesalonicenses 5:6 "Por tanto, no durmamos como los demás, sino velemos y seamos sobrios."

Tito 2:13 "Aguardando la esperanza bienaventurada y la manifestación gloriosa de nuestro gran Dios y Salvador Jesucristo."

Apocalipsis 3:3 "Acuérdate, pues, de lo que has recibido y oído; y guárdalo, y arrepiéntete. Pues si no velas, vendré sobre ti como ladrón, y no sabrás a qué hora vendré sobre ti."

Observe cómo los signos no son dados a buscar, sino más bien, debemos estar atentos y listos para su venida. Las iglesias de hoy que están viviendo en el período de tiempo antes de los 7 años de tribulación Están activamente haciendo la obra del Señor a través de misiones y empezar el sonido en la doctrina. Cristo dice a su Iglesia que no va a ir a través de 'la hora de tentación, que vendrá sobre todo el mundo, para probar los que moran en la tierra.'

Claramente el Señor nos está diciendo que estar esperando el rapto en cualquier momento."[10]

¿Por qué? Porque es un hecho real que va a ocurrir cuando menos te lo esperas. La inminencia del rapto se "limpian" de todas y cada una de las "tácticas dilatorias" y sin duda van a estimular de forma mucho más "fructífero" actitud hacia los mandamientos del Señor, como obtener ocupado compartir el evangelio y vivir una vida santa, comienza el mejor ejemplo positivo de Jesús antes de la pérdida.

Sin embargo, si se escucha a las otras posiciones sobre el Rapto, incluyendo la posición Medio-Tribulación, todos estos beneficios positivos son destruidos. ¿Por qué? Porque usted entró en la Biblia con una "actitud de compromiso" y le salieron con un "enredo" que destruyó esta inminencia!

Sin embargo, la Escritura es clara. El Rapto es inminente y que es mejor estar preparado! Es el momento de hacer la mayor parte de nuestro tiempo de Jesús, y obtener ocupado compartir el evangelio tan rápido como podemos para tantos como podamos. No hay tiempo que perder! La razón es porque esto es *urgente*! Las vidas de las personas están en la línea y cuánto sufrimiento y dolor podrían evitar si estaríamos seriamente motivados para compartir lo más importante en la vida, el Evangelio, como este hombre comparte.

"No hay una verdadera historia de un indio misionero. El joven se encontraba en la India durante una gran fiesta en la que todos los Hindúes viajan al río Ganges era a sí mismos para el perdón de los pecados. Miles de hindúes viajaron por millas para lavarse en el río.

Cuenta la historia que este misionero estaba cruzando un puente sobre el cuando vio a una mujer llorando incontrolablemente. Él se acercó a ella para ver lo que le estaba pasando.

'Mi bebé de seis meses. lo arroje al río.' Ella le dijo que su marido estaba incapacitado sin poder trabajar. No tenían dinero para mantener a la familia.

Ella le dijo que sus pecados eran tantos que nadie conocía. Ella fue cargada con culpa y vergüenza. Necesitaba el perdón y bendiciones. A fin de recibir la bendición y el perdón de la diosa Ganges, dijo, 'le he dado la ofrenda más valiosa que le podría dar. Mi bebé de seis meses. Yo sólo lo arroje al río.'

El misionero procedió a explicar el evangelio a ella. Decirle que ella no tiene que matar a su hijo. Dios envió a su hijo para salvar a la humanidad.

Cuando él había terminado la mujer lo miró. '¿Por qué no habrías venido media hora antes?' Pregunta. 'No tendria que matar a mi hijo.' Y con eso ella comenzó a llorar de nuevo.

Ella no es la única, ya sabes. Hay millones que lloran, '¿por qué?' El anhelo y la búsqueda de una respuesta al vacío en su corazón. Buscando el perdón y la salvación."[11]

¿Cuántas personas sabemos que diría lo mismo a nosotros? "Por qué no has venido a mí una media hora antes, Christiano -trabajador, vecino Cristiano, Cristiano, miembro de la familia? (Todos somos misioneros, ¿sabes?) ¿Por estar tan distraído! No tendría que perder mi trabajo. No tendría que divorciarme de mi esposa. No tuve que arruinar mi cuerpo con drogas o inmoralidad... No tuve que ir a los 7 años de tribulación.... No tuve que ir al infierno... ¿por qué no has venido media hora antes?

Amigos, si estamos demasiado ocupados para compartir el Evangelio... *estamos demasiado ocupados*! Nos hemos vuelto perezosos y distraídos de lo que es realmente importante en la vida? Y contrariamente a los críticos de la posición Pre-Tribulación, eso es precisamente lo que estas otras posiciones sobre el Rapto por nosotros! Destruir esta inminencia! Ellos nos privan de los efectos de la depuración Pre-Tribulación Rapto Bíblico. Que Cristo podría volver a llevarnos en cualquier momento! No tenga tiempo para diviértase! Tenga que estar ocupada compartiendo el evangelio con tantas como pueda lo más rápido posible! En realidad las otras posiciones *a animarme a ser perezosos* y *no importa mucho* y a *perder* cualquier y todo sentido de urgencia, cuando a la gente le gusta la mujer allí, en sus últimas horas, están en necesidad desesperada de un Salvador. El tiempo es oro! No hay tiempo que perder.

Por lo tanto, no nos dejemos engañar. Más bien, dejemos que la Biblia hable por sí misma sobre el momento del Rapto, de manera que no se pierda esta bendición maravillosa. Dejemos que las Escrituras de limpiarnos con esta verdad del inminente. El regreso de Jesucristo, como la Biblia y posición Pre-Tribulación unidos, y dejemos que la Iglesia, los misioneros, que lo *hagan a tiempo para* gente como esa señora y su hijo, ¿amén?

Parte V

El Punto del Rapto

El Capítulo Diecisiete

La Actitud Apropiada Hacia el Rapto

Lo cual nos lleva a la **séptima cosa** que vamos a analizar para evitar ser engañados y eso es lo que **Nuestra Actitud Hacia el Rapto**? Digo esto porque, como hemos visto, el punto central de la enseñanza bíblica de que el rapto es "alentar" a los creyentes a estar siempre listo para el regreso del Señor. Cómo va a encontrar cuando él viene, como esta historia ilustra:

"La historia es contada sobre un hombre que visitó una pequeña escuela de una sola habitación. Él hizo la promesa que él daría un premio al alumno cuya recepción fue encontrada en el mejor orden cuando volvió. No dio ninguna indicación, ni siquiera un inicio, cuando iba a regresar.

No tenía más y abandonó la sala cuando uno de los estudiantes anunció que ella ganaría el premio. Ella era una muchacha cuyo mesa banco generalmente estaba desordenado. Sus compañeros se reían de ella diciendo, '¿Por qué María, tu escritorio siempre está fuera de orden. Nunca lo limpias.'

'Pero a partir de ahora, María respondió, voy a limpiarlo cada lunes por la mañana.'

'Pero, suponiendo que nuestro visitante llega al final de la semana?' Alguien le preguntó.

'Bien' entonces María dijo, 'voy a limpiarlo cada mañana.'

'Pero, ¿qué pasaría si él viene al final del día?' Otro interrogado.

En ese pensamiento, María se quedó en silencio durante un momento. A continuación, su rostro iluminado y dijo, Yo sé lo que haré. 'Sólo voy a mantenerlo limpio todo el tiempo!'

CRISTO" puede venir en cualquier momento. Por lo tanto, debemos mantener nuestras vidas limpias TODO EI TIEMPO!

Nuestro Visitante Celestial está llegando, pero no sabemos cuándo. Podría ser muy pronto. Debemos estar preparados siempre. Él no viene a permanecer en nuestra casa. Él viene para llevarnos a su casa. Tenemos que estar listos y preparados para Su venida. Cuando Él venga, no queremos que se encuentran en el lugar equivocado, haciendo cosas equivocadas, diciendo cosas equivocadas. ¿No quieres que te encuentre servirlo, satisfacerlo, agradeciéndole a Él y obedecerle? ¿ESTARÁ USTED LISTO?¡ PUEDE SER HOY! "[1]

Además, como hemos visto, la doctrina del Rapto es igualmente significaba "motivar a la Iglesia para obtenerse ocupado haciendo lo que Jesús nos mandó a hacer. Es decir, compartir el Evangelio y ser ese ejemplo piadoso para él en medio de un mundo lleno de gente perdida. Lamentablemente, parece que esto ya no es el caso. No por un fallo de la doctrina del rapto, sino más bien una cierta "actitud" desafortunada hacia el Rapto.

En lugar de trabajar juntos como cristianos en estos últimos días compartiendo el Evangelio a tantos como podamos, la respuesta lógica a la "esperanza bienaventurada", ahora se ha convertido en la "gran paliza", en lugar de permitir que la doctrina del Rapto a "motivar" a compartir el Evangelio aún más, algunas personas están utilizando ahora tiene un martillo para "dividir" y "nosotros" nos distraen de la tarea principal en la mano.

Por ejemplo, personalmente he recibido correos diciendo que no soy sólo "trabajando para Satanás" porque tengo a la Pre-Tribulación posición sobre el rapto, pero también estoy informado de que soy un " Pastor horrible", "ni siquiera salvarlos", y " dirigirlos hacia el Lago de Fuego." ¿qué dicen? Todo porque me mantengo a la posición Rapto Pre-Tribulación?

Y sin embargo, aquí es donde radica el problema. La doctrina del rapto no es un problema "salvífico" de la Iglesia. Más bien, es una "cuestión secundaria". Su posición sobre el rapto no determine su salvación. Puede ser un Pre-Tribulación, Post-Tribulación Medio-Tribulación, Pre-Ira, y si sigue confiando únicamente en la obra de Jesú Cristo en la cruz para el perdón de todos tus pecados, te vas al cielo.(Aunque, como hemos visto, si una persona cree que será "pura" y "aceptable" a Dios a través de su sufrimiento en la Tribulación de 7 años podría entonces haber "convertirse" en una pregunta que salva) pero, en general, la escatología (estudio de últimas cosas), incluyendo la posición de una persona en el rapto no determine su salvación.

Así que aquí está el punto. ¿Cómo se puede decir entonces, "no estoy salvado" y "Me voy al lago de fuego" porque me mantengo a la posición Pre-Tribulación, un tema secundario? ¿Por qué deberías tomar la "bendición" y convertirlo en una "paliza?" ¿se dan cuenta de que es perfectamente posible desacuerdo sobre un tema "secundario"problema y se alejan siendo hermanos, ¿verdad? Ahora, un tema de "salvación", estoy de acuerdo, tenemos que " ir a la ciudad" por así decirlo, porque estamos tratando con una persona de destino eterno aquí. Ya entiendo. Es en serio "salvación" un problema en la línea aquí. Sin embargo, un tema "secundario" como una posición sobre el Rapto, no determina una salvación.

Esta es precisamente la razón por la que tenemos el clásico diciendo en la iglesia que dice, "Un signo de *madurez* en la Iglesia está de acuerdo desagradable sobre "asuntos secundarios" y, sin embargo, no dividir." ¿Por qué? Porque hay peces más grandes para freír! Existe una mayor misión en la mano. Se llama la Gran Comisión. Las almas están en necesidad de guardar todo lo que nos rodea y el tiempo está pasando. Estamos de acuerdo en que estamos viviendo en los Últimos Días, por tanto no debemos *demostrar nuestra madurez* por debatiendo sobre cuestiones "secundarias" pero no dividir? No tenemos tiempo para discutir unos con otros o se distraiga cuando las almas todo alrededor de nosotros está en la necesidad de ahorrar. La *verdad que la Madurez Cristiana.*

Sin embargo, nuevamente, esta actitud *madura* hacia el rapto posiciones parece estar inaceptable. El siguiente investigador comparte su encuentro tan bien con esta "actitud ofensiva" hacia la doctrina del rapto:

"En cualquier investigación donde hay un fuerte clivaje de opinión, siempre hay quien informe a imprudente y lenguaje inmoderado. Tal ha sido el caso con el tema en manos. Sin embargo, quien lee ampliamente en la literatura de los cuatro puntos de vista involucrados serán obligados a concluir que mucho del lenguaje duro y actitud ofensiva Post-Tribulacional provienen del campamento. Algunos de quienes sostienen tan arduamente que deben pasar por la tribulación de reflejar en sus escritos una actitud de valentía, mezclado con desprecio por aquellos que, ya sea por ignorancia o cobardía, no compartimos esa convicción. Me planteo esas declaraciones como:

'No existe una tensión debilucha, invertebrados, sin espinas de sentimiento en esta idea de escapar de la tribulación?'

'Son Pre-Tribulacionistas 'Darbyites' que siga 'el éxtasis, del Rapto, engendrado por los teóricos,' y cuyas opiniones son considerados 'basura suprema".'

'Necesitamos llevar 'la guerra en el país' del enemigo y 'llevar armas para soportar' estas 'doctrinas engañosas' y 'rango de absurdos' y 'lucha contra este último día de ilusión.'

Ciertamente, esta no es la manera de convencer a los hermanos de su amor. El lector tendrá que juzgar si estas declaraciones son "crueles o groseras" o se manifiesta el fruto del Espíritu que es "amor, gozo, paz, paciencia, benignidad, bondad, fidelidad,' (Gálatas 5:22). De hecho, si al tratar con sus hermanos, un hombre no manifiesta tal fruto del espíritu, incluyendo como lo hace con amor, paciencia, mansedumbre, autocontrol, es de confianza como uno que es Espíritu-enseñadas en la comprensión de las cosas por venir? (Juan 16:13).

Una cosa es rechazar las falsas doctrinas. Es totalmente otro látigo para los hermanos."[2]

Y todo esto está pasando en frente de la pérdida de más de un problema "secundario". No es de extrañar que no quiere "creer" en el Evangelio. ¿Qué tipo de "increíbles" ejemplos estamos poniendo? ya Hemos perdido nuestro camino? La doctrina del rapto está destinada a "alentar" y "motivar" nosotros a vivir para Jesús y compartir el Evangelio como nunca antes, para no "dividirse" y "destruirnos" a *cargo* del Evangelio, como este hombre comparte:

"Fuera de la curiosidad hace unas semanas, comencé a hacer un pequeño experimento escribiendo simplemente la palabra rapto en mi monitor de búsqueda en internet. Apareció resultados diferentes con enlaces a diversos sitios web que destacaron la discusión y la información sobre el Rapto de la Iglesia. Últimamente, sin embargo, otro resultado de la búsqueda inquietante ha comenzado a aparecer la llevará directamente al canal de YouTube de Alex Jones, automáticamente la reproducción de vídeos de Alex Jones mismo rapto Pre-Tribulación condenando la doctrina.

El último eslabón (en el momento de escribir este artículo), es un vídeo en el canal llamado Alex Jones 'Como Pre-Tribulacion el Rapto es un Engaño.' La descripción del vídeo lo dice todo: 'Elite Utilice el Rapto como Cop-Out para los Cristianos.'

Ahora no estoy escribiendo esto como un ataque contra el canal de Alex Jones InfoWars o el sitio web. Mi intención es proporcionar tranquilidad y comodidad a aquellos de mis colegas quienes pueden han visto estos videos y que también están tratando de mantener su esperanza en el Pre-Tribulación regreso de nuestro Señor JesuCristo para su Iglesia verdadera.

Tuve este pensamiento mientras escucha los vídeos que he mencionado anteriormente:¿ si la fuente primaria del combustible para quienes atacan el Rapto Pre-Tribulación es su creencia de que es la voluntad de Dios para llevar a cabo esos ataques para 'rescatar' a los 'engañados', entonces podría también estar dispuesto a poner adelante el mismo esfuerzo por rescatar a los que están perdidos y que nunca han escuchado el verdadero mensaje evangélico, por no hablar de la doctrina del rapto Pre-Tribulación?

En otras palabras, para aquellos que tienen la voluntad de Dios que 'convierte' a aquellos de nosotros que son 'engañados' haciéndoles creer que vamos a ser 'rescatados' de los horrores de la Tribulación de 7 años, ¿ estás dispuesto a utilizar también el mismo esfuerzo para unirse a la voluntad de Dios para convertir a aquellos que son verdaderamente perdidos y están siendo engañados, pasar la eternidad en el infierno?

¿Comparten el mismo entusiasmo que el apóstol Pablo hizo cuando él citó el libro de Isaías en Romanos 10:15? 'y cómo deben predicar, excepto que sea enviado? Como está escrito: Cuán hermosos son los pies de los que predican el evangelio de la paz, y traen buenas nuevas de cosas bonitas!'

No sé sobre usted, pero yo prefiero el trabajo en llevar una advertencia que incluye un mensaje de esperanza, sino que el trabajo de llevar un mensaje de burla y condena destinada a destruir la esperanza."[3]

Eso suena como una *actitud madura* para mí! Eso es lo que deberíamos hacer *todos*, como cristianos! Por lo tanto, vamos a tomar una actitud madura "verificar" y recordarnos a nosotros mismos como Cristianos, *¿por qué estamos TODAVÍA aquí en la tierra e*sperando el rapto. La Biblia es clara. Estamos en una misión de rescate para salvar a las personas del infierno. Y contrariamente a la opinión de nuestro mundo, el infierno es real, y *necesitan saber que*. Yo no dije eso lo dice Jesucristo:

Lucas 16:22-24 "Acontecio que murió el mendigo, y fue llevado por los ángeles al seno de Abraham; y murió también el rico, y fue sepultado. Y en el Hades alzó sus ojos, estando en tormentos, y vio de lejos a Abraham, y a Lázaro en su seno. Entonces él, dando voces, dijo: Padre Abraham, ten misericordia de mí, y envía a Lázaro para que moje la punta de su dedo en agua, y refresque mi lengua; porque estoy atormentado en esta llama."

Así que aquí vemos que Jesús claramente informándonos que un lugar de tormento eterno, o en otras palabras, el infierno existe realmente, ¿verdad? Por favor, tenga en cuenta quién fue que dijo esto. Era Jesús. Pero ahí reside nuestro problema. En lugar de escuchar a Jesús y teniendo en cuenta su advertencia acerca del infierno y obtención de guardado, la mayoría de las personas presentado objeciones al infierno en cuanto a por qué dicen que no puede ser cierto.

Por ejemplo, **la primera objeción** al infierno se llama el **Universalismo**.

Qué universalismo tendría usted y creo que todos estarán universalmente se guardan independientemente de sus acciones o creencias y, por lo tanto, nadie va a ir al infierno, porque no es necesario para mí.

Pero si esto fuera cierto, ¿por qué necesitamos para compartir el evangelio? Quiero decir, si todo el mundo va al cielo, entonces ¿por qué evangelizar? Pero la verdad es que Jesús nos dijo que evangelizamos. Además, si el universalismo es verdadero, entonces, ¿no significa esto que el mismísimo diablo eventualmente ir al cielo? Sin embargo, la Biblia dice que Jesús vino a destruir las obras del diablo, no para salvarlo. Además, el universalismo niega la enseñanza clara como ya hemos leído acerca de dos lugares eternos, el cielo y el infierno, no sólo uno.

La **segunda objeción** al infierno **es que si hay un infierno, es sólo temporal**.

Usted ve, algunas personas piensan que las personas que terminan en el infierno de alguna manera alguna manera eventualmente ser capaz de salir. Solo dicen que es demasiado duro para ser atormentado por siempre. Pero eso no es lo que dice la Biblia.

Mateo 25:46 " E irán éstos al castigo eterno, y los justos a la vida eterna."

Ahora, no puede ser más corta y seca que eso. ¿Cuánto tiempo es la vida eterna? Para Siempre, ¿verdad? Por lo tanto, en el mismo texto, cuánto tiempo es el castigo eterno? muy largo, ¿no es cierto? El infierno no es temporal. Es justo como siempre como el cielo es para siempre.

La tercera objeción al infierno se denomina Aniquilacionismo. Aquí es lo que hace la gente. Puesto que no pueden negar los textos que revelan claramente que el infierno existe, volvieron a intentar suavizar la dureza del castigo de Dios quedándose algo como esto. "Bueno, si el infierno no existe, entonces la gente que va allí no sufren interminablemente. ¡No! Ellos simplemente dejarán de ser, o en otras palabras son aniquilados". Pero eso no es lo que dice la Biblia.

Apocalipsis 20:7,10 " Cuando los mil años se cumplan, Satanás será suelto de su prisión, Y el diablo que los engañaba será lanzado al lago de fuego y azufre, donde estaran la bestia y el falso profeta; y serán atormentados día y noche por los siglos de los siglos.

Ahora según nuestro texto, es bastante obvio que la bestia y el falso profeta no han sido aniquilados allí en el infierno, serán? ¡No! Ellos estaran aún vivos atormentados en el infierno, después de haber sido durante 1,000 años! Además, la aniquilación no sería un castigo. Sería una liberación del castigo. Y puesto que la Biblia declara que el infierno es un lugar de castigo, la aniquilación no cierto.

La **cuarta objeción** al infierno es esta, "**¿Por qué Dios no reforma a la gente?**"

Y sí, esto puede parecer lógico pero totalmente pierde el punto. Usted ve, que la Biblia enseña que Dios intenta reformar la gente. Es simplemente que el tiempo para esta reforma se llama ahora. Es muy sencillo. Si usted no desea experimentar el perdón de Dios y si usted no desea experimentar su Reformación personal *ahora* en esta vida, entonces Dios hará honor a Su decisión. ¡ Es por eso que, en realidad, la gente envía a sí mismos al infierno!

La **quinta objeción** al infierno, esto es, la condenación eterna" **no es un poco exagerado?**"

Tengo que admitir que esto parece razonable, al menos desde el punto de vista del hombre. Pero piensalo desde el punto de vista de Dios:

"Aquí está Dios en el día de la creación. Mira comienza y dice, 'todas las estrellas se mueva a sí mismo a este lugar y comenzar en este orden y moverse en un círculo y mover exactamente como te digo, hasta darte otra palabra' y todos ellos le Obedecen.

'Los planetas se recogen y giran, hacen esta formación a mi orden hasta que les dé otra palabra,

El mira las montañas y dice, "Sean levantadas" y Obedecen, El dice Vallés "sean destruidos" y le Obedecen.

Él mira el mar y le dice 'llegaras hasta aquí' y el mar Obedece.

Y entonces Él te mira y dice Venid a mí y vienes, ¡No!"[4]

Esta es la razón por la que el infierno no es exagerado. ¿Tienes alguna idea de cómo impíos nuestra rebelión contra Dios? Todo en el mundo le obedece, excepto nosotros. ¿Quiénes nos creemos que somos? El infierno no es exagerado! Ha de existir tan largo como un justo Dios existe. ¿Por qué? Porque sólo el castigo eterno puede ser suficiente para los pecados en contra de un Dios eterno. Además, sin una separación eterna no hay cielo. ¿Por qué? Porque el mal no puede existir en el cielo, ya que de lo contrario se dejaría de estar en el cielo!

La **sexta objeción** al infierno es, que el **Infierno no tiene ningún valor redentor.**

Pero de nuevo, piensa en esto. *Un terrible castigo se adapta a la naturaleza de un imponente Dios.* Aquellos que por elección se niegan a dar gloria a Dios en esta vida se verá obligado a darle gloria en el más allá a través de tormento. Además, la Biblia es clara. Dios es Santo y todos nosotros hemos cometido pecados profanos contra Él! Por lo tanto, el infierno satisface la justicia de Dios por los pecados cometidos contra la santidad de Dios. Así de grande y temeroso a Su Santidad es estándar. Además, la Biblia dice que el infierno del propósito principal o "valor" si no era para la gente. Fue para el diablo y sus demonios.

Mateo 25:41 "Entonces dirá también a los de la izquierda: Apartaos de mí, malditos, al fuego eterno preparado para el diablo y sus ángeles."

La Biblia es clara. El infierno fue originalmente creado para el diablo y sus demonios, y no a las personas. Pero dado que las personas se han rebelado contra Dios, tal como el diablo entonces usted irá al infierno, como este hombre comparte:

"Piensa un momento de lo que el diablo ha hecho. Y si podría diseñar un lugar para hacerle pagar por lo que ha hecho en su vida y las vidas alrededor de usted, ¿qué tipo de lugar sería diseñar?

Bien, Dios ha diseñado sólo un lugar. Es llamada el infierno. Y el infierno fue originalmente diseñado por Dios para hacer el diablo pagar para que mal, y la rebelión en su creación. Era un lugar donde la ira de Dios, su rabia, Su ira iría uncut, desenfrenada y sin censura.

Fue diseñado con el diablo en la mente, no a las personas. Pero el infierno no discrimina entre una persona y un demonio. Es como una trituradora de madera que usted tira grandes troncos y ramas molerlas hasta convertirlas en "moch" pedacitos.

Y esto es lo que el infierno. Y Dios divino moledor de troncos. Nadie se agacha cuando ven un tronco dar buenos conocimientos. Pero imagina si alguien agarró un tronco y ya que lo lanzan a allí, una pieza de la extremidad se agarra sus pantalones y comienza a tirar de ellos. ¿Qué haría usted?

¿no los agarraria? ¿No los jalaria? Podría usted gritar! Apaga la máquina!' ¿Por qué? Porque esa moledora no fue diseñada para moler los seres humanos, pero a la moledora no le importa si es un humano o si es un tronco o si es una roca o una piedra. ¡ Está diseñada para moler!

Y así es con el infierno. No importa si es un demonio o un ser humano. Fue diseñado para aplastar y destruir y con mucho dolor, el sufrimiento y la agonía de ángeles rebeldes que se atrevieron a rebelarse contra Dios.

No hay escapatoria. No hay vuelta atrás. están condenados! Y así es con quien tiene la audacia de rebelarse contra Dios, humano o demonio. ¡El divino moledor está ahí para moler a ellos!"[5]

¡Aunque el infierno fue originalmente creado para el diablo y sus demonios, no hay ninguna discriminación! ¡Si usted no desea recibir de Dios generoso ofrecimiento del perdón a través de Jesucristo, entonces va a ir al infierno! ¡será arrojado al igual que los demonios!

La **séptima objeción** al infierno es que el **Infierno es la vida en la tierra**.

Puede escuchar otros decir: "Además, si hay un infierno, voy a llegar a la fiesta con todos mis amigos." Pero cualquiera que hace esta declaración obviamente nunca ha leído la Biblia, y mucho menos estudiado lo que la Biblia dice que el infierno es igual. Personalmente, me gusta el estudio de este hombre sobre el infierno:

"Imaginate de un tiempo que sólo sigue dando vueltas y para siempre, nunca termina, nunca se detiene, los mismos años y décadas de tormento, pesar, tristeza, dolor, cubrió la oscuridad, noches interminables, conciencia, lostness constante, la soledad, el rugir del pozo, gemidos, torturando a fuego, inmovilización de olores, interminables e interminables, no dejando ningún alivio, ninguna comodidad, nunca descansar, nunca se detiene, sin flaquear, sin un final a la vista, cien años rodando en otro cien años,Girando lentamente en mil años, meticulosamente evolucionando hacia otros mil años, y finalmente en un millón de años, el mismo dolor, moler el hueso continuo trasiego de agonía, gritos a gritos, llanto sobre llanto, haciéndose eco de los suspiros sobre suspiros!"[6]

Ahora, no sé sobre usted, pero si esa es tu idea de una fiesta, no voy. No me importa cuántas veces me invites. Pero en serio, el punto es este. Las personas que terminan en el infierno desearán que sólo era tan malo como la vida sobre la tierra. Le garantizo que no habrá ninguna fiesta.

La **octava objeción** al infierno es que **sólo la gente "podridas" irán al infierno**.

Pero esto es realmente una de las grandes mentiras del infierno! Mire en, la Biblia enseña que todas las personas se dirigen actualmente al infierno y que no hay posición neutral.

Juan 8:42,44 "Jesús entonces les dijo: Si vuestro padre fuese Dios, ciertamente me amaríais; porque yo de Dios he salido, y he venido; pues no he venido de mí mismo, sino que él me envió. Vosotros sois de vuestro padre el diablo, y los deseos de vuestro padre queréis hacer. El ha sido homicida desde el principio, y no ha permanecido en la verdad, porque no hay verdad en él. Cuando habla mentira, de suyo habla; porque es mentiroso, y padre de mentira.

La Biblia es clara. Dios nos pertenecen a nosotros o pertenecen a quién? El diablo, ¿verdad? No hay "Vía Intermedia". Todos somos considerados podridos, podridos a causa de nuestros pecados! Sólo dejarán de ser un hijo del diablo y convertirse en un hijo de Dios cuando seamos salvados. Ni un segundo antes, ni un segundo más tarde.Y lo irónico es que aquellos que piensan que hay una posición "neutral", no sólo siguen perteneciendo al diablo, pero aún están en el camino al infierno. Caramba, diría que esto es una broma bastante buena del diablo, ¿y usted?

La **novena objeción** al infierno es que el **Infierno es injusto**.

En otras palabras, se oye a la gente decir, "un Dios bueno y amoroso nunca permitiría que vayamos ese lugar". Ahora, aunque eso suena tan maravilloso, es absolutamente contraria a la biblia. Usted verá, es precisamente porque Dios es bueno que él debe juzgar a todos. Dios debe castigar a la maldad, de lo contrario, él no podría ser amoroso o bien. Por ejemplo, ¿sería amar si Dios permitió que la gente consiga estar lejos del asesinato, la violación, la tortura, etc. que todos sabemos nunca lo hace a la corte o incluso se averigua? Sería amoroso o bien por Dios para permitir que Hitler o los autores de 9-11 para disfrutar de la bienaventuranza eterna en el cielo sin tener que tratar con sus malas obras? Cómo puede amar es eso? Más bien, es precisamente porque Dios es bueno y amoroso que Él no sólo juzgará a todos, pero también es siempre una manera de salir de ella, aunque Él no lo necesitaba.

Por lo tanto el punto es este. rechazar cualquier objeción que quieras, pero si vas a ser fiel a la escritura, no se puede negar la necesidad de un infierno. Si se niegan, sólo muestra que usted no entiende la Santidad de Dios. Usted ve, lo que hace que el infierno tan horrible no es simplemente su necesidad, pero es la naturaleza. Es el peor lugar que jamás podría soñar, pero no es un sueño. ¡ Su peor pesadilla! No es de extrañar que Jesús habla más sobre el infierno que Él siempre hizo acerca del cielo. Quiero decir, que sólo tiene sentido que si Dios realmente nos ama, Él podría advertir acerca de tal lugar, ¿verdad? ¡ Eso es precisamente lo que hizo!

Mateo 5:22 "Pero yo os digo que cualquiera que se enoje contra su hermano, será culpable de juicio; y cualquiera que diga: Necio,(inútil) a su hermano, será culpable ante el concilio; y cualquiera que le diga: Fatuo,(idiota) quedará expuesto al INFIERNO de fuego."

Mateo 5:29 "Por tanto, si tu ojo derecho te es ocasión de caer, sácalo, y échalo de ti; pues mejor te es que se pierda uno de tus miembros, y no que todo tu cuerpo sea echado al INFIERNO."

Marcos 9:43 "Si tu mano te fuere ocasión de caer, córtala; mejor te es entrar en la vida manco, que teniendo dos manos ir al INFIERNO , al fuego que no puede ser apagado"

Marcos 9:45 "Y si tu pie te fuere ocasión de caer, córtalo; mejor te es entrar a la vida cojo, que teniendo dos pies ser echado en el INFIERNO, al fuego que no puede ser apagado."

Mateo 10:28 "Y no temáis a los que matan el cuerpo, mas el alma no pueden matar; temed más bien a aquel que puede destruir el alma y el cuerpo en el INFIERNO, "

Mateo 23:15 "!!Ay de vosotros, escribas y fariseos, hipócritas! porque recorréis mar y tierra para hacer un prosélito, y una vez hecho, le hacéis dos veces más hijo del INFIERNO que vosotros."

Mateo 23:33 "¡ Serpientes, generación de víboras! ¿Como escapareis de la condenación del INFIERNO?"

Lucas 12:5 "Pero os enseñaré a quién debéis temer: Temed a aquel que después de haber quitado la vida, tiene poder de echar en el INFIERNO; sí, os digo, a éste temed."

Ahora, aquí está mi punto de vista. Si vas a creer a Jesús cuando él habla de un cielo? ¿entonces cuánto más le deberíamos de escuchar cuando habla de un infierno? ¡qué triste es que aunque Jesús que amor por usted y claramente advirtiera sobre lo natural horrible de un infierno, que por algunas personas todavía no hacen caso de él!

Pero lo que es más impactante que eso es que no solo los NO-CRISTIANOS se niegan a creer en el infierno, sino que incluso los así llamados

CRISTIANOS se niegan a creer en el infierno, o como en el caso de las posiciones del rapto, pasan todo su tiempo golpeando a otros Cristianos sobre un problema "secundario" y nunca atestiguar a los perdidos en primer lugar. Este es un claro testimonio de la terrible pérdida, ¡ que incluso un ateo sabe mejor!

"¡ Un ateo le dijo a un cristiano una vez, si creo que lo que los cristianos dicen que creen acerca de un juicio venidero, y que impugnadores de Cristo se perderán eternamente en el infierno, entonces me arrastraría sobre mis rodillas desnudas sobre vidrio triturado por toda la ciudad, advirtiendo a los hombres, de día y de noche, para huir de los próximos días de la ira de Dios!" [7]

Pero eso no es lo que estamos haciendo hoy, no verdad? Esta es la forma en que estamos siendo engañados acerca del rapto. Lo triste es que nosotros, los cristianos, a quienes se ha encomendado el Evangelio, el mensaje de Dios de amor y gracia y perdón a través de Jesucristo, para que la gente pudiera escapar del infierno, realmente podría dar un rasgón acerca de compartir ese mismo mensaje con los perdidos, porque estás demasiado ocupado golpeando unos a otros a través de una "problema secundario".¡esto no es sólo engañoso, es mortal!

De nuevo, es por eso que dijimos al comienzo de este libro, *no se deje engañar!* El Rapto es real, ¡ pero también lo es el infierno! ¡ Esto no es un juego! Puede haber una multitud de opiniones sobre el *momento* del Rapto, pero *nunca* nos desvío del *propósito* del Rapto.Tenemos que obtener ocupado trabajando juntos salvar a tantos como podamos de los peligros del INFIERNO. ¡Esto es real! Es tiempo de ser sabios *ovejas no lobos arrebatadores* como este hombre comparte:

"Sólo en caso de que quienes afirman estar haciendo 'la obra del Señor' al condenar la llamada 'sentencia' del Rapto Pre-Tribulación pensar que aquellos de nosotros que tenemos la esperanza de escapar de los horrores de la tribulación son debiluchos, entonces tengo un pensamiento para usted para reflexionar.

Cree que se necesita un cierto grado de valentía intestinal para levantarse y ser lo suficientemente fuerte para proclamar un mensaje de malas noticias para aquellos que no quieren escuchar un mensaje de malas noticias y de advertencia. También hay otro mensaje que tiene un mayor grado de valor de proclamar:

El mensaje del Evangelio no es un mensaje a ser contada por los debiluchos, para principiantes. Es un mensaje muy fuerte de malas noticias, de preaviso el próximo peligro de la eternidad en el infierno. Sin embargo, al mismo tiempo, es también un mensaje de buenas noticias, porque ofrece la esperanza de escapar del infierno y pasar la eternidad en el cielo a través de la fe en Jesucristo.

Quien se esfuerza por anunciar, y entonces realmente sigue adelante con la acción de proclamar el Evangelio, no es un debilucho. Se están sometiendo a sí mismos al ridículo, nueva condena, rechazo y, posiblemente, incluso peor.

Tenemos que mantener la esperanza del Rapto Pre-Tribulación también comparten en proclamar la misma advertencia sobre la próxima sentencia de la tribulación para quienes preferirían detener la lengua "callar". Pero sazonamos nuestro mensaje con la sal de la esperanza del rapto a través de la fe en la sangre de Jesucristo y la promesa de que el sello de su Espíritu Santo.

Esa es la diferencia entre lobos y ovejas. Los lobos están siempre a el ataque, que no ofrecen ninguna esperanza de salvación. Pero la verdadera oveja sigue las órdenes de su Pastor y siempre se esfuerzan por llevar la Buena Noticia del Evangelio á todas las naciones.

Mis ovejas oyen mi voz, y yo las conozco, y me siguen (Juan 10:27)."[8]

    ¿Estás "comprendiendo" de lo que estamos tratando de decir en este libro? Es el momento de estar ocupado "seguir" a Jesús siendo fieles como ovejas declarando la salvación, no lobos arrebatadores atacando con ninguna esperanza. Necesitamos estar ocupados tratando de trabajar juntos, compartir el evangelio á todas las naciones. Es por eso que *todos* estamos aún aquí *todos* esperando el Rapto. No se deje engañar. Es hora de estar ocupados compartir el evangelio tan rápido como podamos. El infierno es real, y usted no quiere ni que tu peor enemigo vaya a ir allí. Es horrible! Por lo tanto, este no es un momento para llamar a cada otro satánico sobre un problema "secundario" su posición sobre el Rapto. Más bien, es un momento para unirnos para trabajar juntos y "rescatar" tantos como podamos de ese lugar horrible.

    Recuerde lo que el ateo dijo,"Sí yo creo lo que los cristianos dicen que creen acerca de un juicio venidero, y que los rechazados de Cristo se perderán eternamente en el infierno, entonces quisiera arrastrarme sobre mis rodillas desnudas sobre vidrio triturado po*r toda* la ciudad, advirtiendo a los hombres, de día y de noche, para huir de los próximos día de la Ira de Dios!" Como hemos visto, el mundo ya se burla del infierno. No vamos a darles algo más para burlarse de por ser un mal testigo en la parte superior de la misma, derrotando unos a otros a través de un "problema secundario" como el Rapto. No se deje engañar. Necesitamos asegurarnos de que los no-Cristianos esten listos para la eternidad!

Hablando de eso, si usted está leyendo este libro y no estás salvado, es decir, no eres un cristiano, entonces ¿qué más podemos hacer para conseguir su atención? No se deje engañar. Sí, el Rapto es real, pero también lo es el infierno. Por favor, no vayas allí. Invocar el nombre de JesuCristo hoy y pídale que le perdone todos tus pecados antes de que sea demasiado tarde. *No se deje engañar* por toda la eternidad. Hoy puede ser su último día. ¡ No arriesgue su alma en el Lago de Fuego! ¡Tome la única salida a través de Jesús, y ser rescatados hoy! ¿Amén?

Cómo Recibir a JesuCristo:

1. Admita su condición (Yo soy un pecador).

2. Esté dispuesto a apartarse de sus pecados (arrepentirse).

3. Creemos que Jesucristo murió por usted en la Cruz y resucitó de la tumba.

4. A través de una oración invite a Jesucristo a venir y controlar tu vida por medio del Espíritu Santo. (Recibirlo a él como Señor y Salvador).

Qué a orar:

Jesús querido Señor,

Yo sé que soy un pecador y que necesito Tu perdón. Yo creo que Usted murió por mis pecados. Quiero alejarme de mis pecados. Y ahora le invito A entrar en mi corazón y vida. Quiero confiar en Ti y seguirte como Señor y Salvador.

En el nombre de Jesús. Amén.

Notas

Capítulo 1   *La Importancia de la Rapto*

1. *Last Days News Report on the Rapture*
   (https://www.youtube.com/watch?v=TTC_TGShmNk)
2. *Last Days Weather Report*
   (https://www.youtube.com/watch?v=peXo1tRzvqc)
3. *Time Line of 7-year Tribulation Events*
   (Bible Study by Billy Crone

Capítulo 2   *La Base del Rapto*

1. *Definition of the Word Rapture*
   (http://www.biblestudytools.com/lexicons/greek/nas/harpazo.html)
   (http://www.raptureready.com/rr-pre-trib-rapture.html)
2. *The Rapture Taught by Jesus & Paul Chart*
   (http://www.middletownbiblechurch.org/proph/raptjn14.htm)
   (http://www.middletownbiblechurch.org/proph/rapture.htm)

Capítulo 3   *El Propósito del Rapto*

1. *To Comfort the Living About the Dead*
   (https://www.raptureready.com/terry/james3.html)
   (http://www.middletownbiblechurch.org/proph/rapture.htm)
   (http://www.pre-trib.org/articles/view/an-overview-of-pretribulational-
   arguments)
2. *To Comfort the Living About the Day of the Lord*
   (https://www.raptureready.com/terry/james3.html)
   (https://www.raptureready.com/resource/stanton/k4.htm)
3. *Quote The Rapture is a Soothing Balm to a Troubled Heart*
   (http://www.pre-trib.org/articles/view/an-overview-of-

pretribulational-arguments)
4. *The Meaning of the Word Maranatha*
(http://www.raptureready.com/rr-imminency.html)
(http://www.gotquestions.org/maranatha.html)
5. *Joke Benefits of a New Body*
(Email story) – Source unknown
6. *Characteristics of Heaven*
(Bible Study by Billy Crone)
7. *Quote Dr. Kent Hovind on Heaven*
(http://www.wiseoldgoat.com/papers-creation/hovind-seminar_
part2b_2007.html)
8. *Characteristics on the Millennial Kingdom*
(http://www.biblestudytools.com/commentaries/revelation/related-
topics/summary-of-the-millennial-kingdom.html)
(http://www.biblestudytools.com/commentaries/revelation/related-
topics/millennial-reign-of-messiah.html)
(http://webcache.googleusercontent.com/search?q=cache:pOQz0-
5Af2MJ:https://bible.org/seriespage/4-millennial-kingdom-and-
eternal-state&num=1&hl=en&gl=us&strip=1&vwsrc=0)
(http://www.matthewmcgee.org/millen.html)
(http://www.wordexplain.com/millenniumcharacteristics.html)
9. *Quote The Millennium is Our Greatest Adventure*
(https://books.google.com/books?id=xCW8fjiEDYC&pg=PA179&l
pg=PA179&dq=The+greatest+adventure+we+could+ever+imagine
+awaits+us+in+the+reality+of+the+Kingdom+of+Christ&source=
bl&ots=V29plgl3us&sig=sqseOlNR0VYLJ8uICRhwBw8rrDo&hl
=en&sa=X&ved=0ahUKEwjf0Ivej63MAhXMLSYKHb43DhUQ6
AEIHDAA#v=onepage&q=The%20greatest%20adventure%20we
%20could%20ever%20imagine%20awaits%20us%20in%20the%20
reality%20of%20the%20Kingdom%20of%20Christ&f=false)
10. *Quote That's My King*
(https://thatsmyking.wordpress.com/words/)
11. *Quote The Destiny of Christians*
(https://www.raptureready.com/terry/james3.html)

Capítulo Cuatro   *La Ceremonia de Boda Judía*

1. *Quote The Importance of the Timing of the Rapture*

(http://www.pre-trib.org/articles/view/an-overview-of-pretribulational-arguments)
2. *The Custom of the Groom Wearing Gold, Incense, & Myrrh*
Fred H. Wight, *Manners & Customs of Bible Lands,*
(Chicago: Moody Press, 1953, Pg.130)
3 *The Different Phases of a Jewish Marriage Ceremony*
(Excerpts taken from a study by William P. Risk, *The Ultimate Wedding*, http://www.ldolphin.org/risk/ult.shtml)
(http://www.biblestudytools.com/commentaries/revelation/related-topics/the-jewish-wedding-analogy.html)
(https://www.raptureready.com/soap2/wriston1.html)

Capítulo Cinco   *La Hora Desconocida*

1. *Events Preceding the Second Coming*
(http://christinprophecy.org/articles/why-i-believe-in-a-pre-tribulation-rapture/)
2. *Example of Events that Can Be Calculated in 7-year Tribulation*
(http://www.raptureready.com/rr-pretribulation-rapture.html)
3. *Quote Will We Know the Hour of the Second Coming?*
(http://www.gty.org/resources/sermons/2373/ready-or-nothere-i-come-part-1)
(http://www.gty.org/resources/sermons/2374/ready-or-nothere-i-come-part-2)
4. *Differences Between the Rapture & Second Coming*
(http://christinprophecy.org/articles/why-i-believe-in-a-pre-tribulation-rapture/)
(http://www.pre-trib.org/articles/view/an-overview-of-pretribulational-arguments)
(http://chafer-cstn.org/BaseT/ESCHA/Rapture/PreTrib50Args.Walvoord.103A2A.htm)
(http://www.thepropheticyears.com/reasons/rapture.htm)
(http://www.omegaletter.com/articles/articles.asp?ArticleID=6882)
(https://www.tms.edu/m/tmsj13i.pdf)
(http://www.middletownbiblechurch.org/proph/rapt2com.htm)

Capítulo Seis   *La Ausencia de la Iglesia*

1. *The Book of Revelation Outline*
   (http://www.middletownbiblechurch.org/proph/rapture.htm)
2. *The Use of the Word Church in the Book of Revelation*
   (http://www.pre-trib.org/articles/view/an-overview-of-pretribulational-arguments)
3. *The Importance of the Absence of the Word Church in Revelation*
   (http://www.pre-trib.org/articles/view/an-overview-of-pretribulational-arguments)
4. *Proof the Church is Absent in Matthew 24*
   (http://www.nowtheendbegins.com/our-top-5-reasons-why-matthew-24-cannot-be-talking-about-the-rapture-of-the-church/)
5. *Olivet Discourse & Revelation 6 Chart*
   (http://www.credocourses.com/blog/2015/the-first-6-seal-judgments-of-revelation/)
6. *Differences Between 1 Thessalonians & Matthew 24*
   (http://www.pre-trib.org/articles/view/matthew-2431-rapture-or-second-coming)
7. *The Finality of the Angel Harvest*
   (http://www.gty.org/resources/sermons/66-53/the-final-reaping-of-the-earth)
8. *Why the Angel Harvest is Not Referring to the Rapture of the Church*
   (http://www.pre-trib.org/articles/view/matthew-2431-rapture-or-second-coming)

Capítulo Siete   *La Ubicación de la Iglesia*

1. *What the Church Does in Heaven During 7-Year Tribulation*
   (http://christinprophecy.org/articles/why-i-believe-in-a-pre-tribulation-rapture/)
2. *Background Study of the Twenty-Four Elders*
   (http://www.pre-trib.org/articles/view/an-overview-of-pretribulational-arguments)
   (http://www.thepropheticyears.com/reasons/rapture.htm)
   (http://tribulationrisingcom.fatcow.com/scriptural-evidence-of-a-pre-tribulation-rapture/)

(http://www.gotquestions.org/24-elders.html)
(http://christinprophecy.org/articles/why-i-believe-in-a-pre-tribulation-rapture/)

3. *Quote the Location of the Twenty-Four Elders*
   (http://www.pre-trib.org/articles/view/an-overview-of-pretribulational-arguments)
4. *Quote Why are There Twenty-Four Elders*
   (http://www.pre-trib.org/articles/view/an-overview-of-pretribulational-arguments)
5. *Quote the Difference in Clothing of the Twenty-Four Elders*
   (http://tribulationrisingcom.fatcow.com/scriptural-evidence-of-a-pre-tribulation-rapture/)

Capítulo Ocho *Las Promesas a la Iglesia*

1. *Background Study of Revelation 3:10*
   (http://www.blogos.org/organicfruit/pre-tribulation-rapture.php)
   (http://gracebiblestudies.org/Resources/Web/www.duluthb
   ible.org/g_f_j/Rapture_Zeller2.htm)
   (http://www.pre-trib.org/articles/view/an-overview-of-pretribulational-arguments)
   (http://www.thepropheticyears.com/reasons/rapture.htm)
   (https://www.tms.edu/m/tmsj13i.pdf)
   (http://www.middletownbiblechurch.org/proph/rapture.htm)
2. *Quote Kept from the Hour of Trial is the Rapture*
   (http://www.blogos.org/organicfruit/pre-tribulation-rapture.php)
3. *Quote the War Analogy & Being Removed*
   (http://www.middletownbiblechurch.org/proph/rapture.htm)
4. *Quote the Test Analogy & Being Removed*
   (http://www.pre-trib.org/articles/view/an-overview-of-pretribulational-arguments)
5. *Quote Miscellaneous Analogies & Being Removed*
   (http://www.middletownbiblechurch.org/proph/rapture.htm)
6. *Quote Final Comments on Revelation 3:10*
   (http://gracebiblestudies.org/Resources/Web/www.duluthbible.org/
   g_f_j/Rapture_Zeller2.htm)
7. *Background Study on the Wrath of God*
   (https://www.facebook.com/notes/sharon-moles/the-rapture-a-

stunning-event-is-quickly-approaching-for-our-world-part-2-by-davi/10151412947049824/)
(http://www.blogos.org/organicfruit/pre-tribulation-rapture.php)
(http://www.pre-trib.org/articles/view/an-overview-of-pretribulational-arguments)
(https://www.raptureready.com/resource/stanton/k2.htm)
(http://www.raptureready.com/rr-pretribulation-rapture.html)
(https://www.tms.edu/m/tmsj13i.pdf)
(http://christinprophecy.org/articles/why-i-believe-in-a-pre-tribulation-rapture/)

8. *Quote Objections to Church Rescued from 7-year Tribulation*
(http://www.pre-trib.org/articles/view/an-overview-of-pretribulational-arguments)
9. *Quote Difference Between General Tribulation & The Tribulation*
(http://www.pre-trib.org/articles/view/an-overview-of-pretribulational-arguments)
10. *Quote Two Groups of People Mentioned in 1 Thessalonians 5*
(http://www.pre-trib.org/articles/view/an-overview-of-pretribulational-arguments)
11. *Quote God Saves His Church from His Wrath*
(http://www.pre-trib.org/articles/view/an-overview-of-pretribulational-arguments)
12. *Quote God Saves His Bride from His Wrath*
(http://www.pre-trib.org/articles/view/an-overview-of-pretribulational-arguments)
13. *Quote the Nature of the 7-Year Tribulation Excludes the Church*
(http://www.pre-trib.org/articles/view/an-overview-of-pretribulational-arguments)

Capítulo Nueve *La Demolición de la Iglesia*

1. *Different Theories of Who the Restrainer Is*
(http://www.pre-trib.org/articles/view/an-overview-of-pretribulational-arguments)
2. *Quote What the World Will Be Like When Restrainer is Removed*
(http://www.pre-trib.org/articles/view/an-overview-of-pretribulational-arguments)
3. *Quotes Ministry of Holy Spirit on Earth After Church is Removed*

(http://www.pre-trib.org/articles/view/an-overview-of-pretribulational-arguments)

(https://www.raptureready.com/rr-pre-trib-rapture.html)

4. *Quotes Why Church Must Be Removed Before Antichrist Appears* (http://www.middletownbiblechurch.org/proph/rapture.htm) (http://christinprophecy.org/articles/why-i-believe-in-a-pre-tribulation-rapture/) (https://www.raptureready.com/abc/antichrist.html)

5. *Quote Similarities Between the Rapture & Noah & Lot's Day* (http://www.jesus-is-savior.com/End%20of%20the%20World/ pretrib_proof.htm)

6. *Examples of God Transferring People* (http://www.middletownbiblechurch.org/proph/questrap.htm)

7. *Quotes Similarities Between the Rapture & Enoch* (http://www.middletownbiblechurch.org/prophecy/prophe3.htm) (https://www.raptureready.com/featured/ice/Rapture-in-history.html)

Capítulo Diez   *El Propósito de la Tribulación*

1. *Quote The Gap of the Church Age* (https://www.raptureready.com/terry/james3.html)

2. *Quote The Activity of the Gap of the Church Age* (http://www.middletownbiblechurch.org/proph/rapture.htm)

3. *Quote The Purpose of the 70th Week* (https://www.raptureready.com/terry/james3.html) (http://christinprophecy.org/articles/why-i-believe-in-a-pre-tribulation-rapture/)

4. *Quote The Concern of the 70th Week* (https://www.raptureready.com/resource/stanton/k2.htm)

5. *Quote The Meaning of the Greek Word Katoikeo* (https://www.raptureready.com/resource/stanton/k2.htm)

6. *Quote The Bad News of Being in the 7-year Tribulation* (https://www.raptureready.com/resource/stanton/k2.htm)

7. *Quote The 7-year Tribulation Concerns the Gentile Nations* (https://www.raptureready.com/featured/ice/tt9.html)

8. *Quote The Conversions of the Multitudes in the 7-year Tribulation* (http://www.jesus-is-savior.com/End%20of%20the%20World/pretrib

_proof.htm)
(https://www.raptureready.com/terry/james3.html)

Capítulo Once *El Arenque Rojo Objeciones*

1. *Quote The Rapture Passage in the Original Greek*
   (http://rapture22.tripod.com/rr-pre-trib-rapture.html)
2. *Quote The Word Rapture is Found in the Bible*
   (http://www.pre-trib.org/articles/view/rapture-myths)
3. *Quote The Amazement of People Rejecting the Rapture*
   (https://www.raptureready.com/rr-pre-trib-rapture.html)
   (http://www.raptureforums.com/Rapture/defendingthepretrib
   rapture.cfm)
4. *Quote Accusations that the Rapture is a Secret Event*
   (http://www.pre-trib.org/articles/view/rapture-myths)
5. *Quote Shocked at So Much Error in One Sentence*
   (http://www.pre-trib.org/articles/view/rapture-myths)
6. *Quote The Usage of the Word Rapture Prior to 1830*
   (http://www.pre-trib.org/articles/view/rapture-myths)
7. *Quote People Fighting with a Strawman*
   (http://www.pre-trib.org/articles/view/rapture-myths)
8. *Quote Pretribulationalists Never Called the Rapture a Secret*
   (http://www.pre-trib.org/articles/view/rapture-myths)
9. *Quote Evidence the Rapture Will Not Be a Secret Event*
   (https://www.raptureready.com/rr-thief.html)
10. *Quote More Evidence the Rapture Will Not Be a Secret Event*
    (https://www.raptureready.com/rr-secret-rapture.html)
11. *Quote Evidence Pretribbers are Not Hiding the Rapture Event*
    (https://www.raptureready.com/rr-secret-rapture.html)
12. *Quote Evidence the Critics of Pre-Trib are Keeping Rapture Secret*
    (https://www.raptureready.com/rr-pre-trib-rapture.html)
13. *Quote The Rapture Will Be a Widely Known Global Event*
    (https://www.raptureready.com/rap72.html)
14. *Quote The Lunacy of Saying There is No Verse on the Rapture*
    (http://www.sumnerchristianfellowship.org/the-pretribulation-
    rapture-of-the-church/)
    (https://www.raptureready.com/resource/stanton/k2.htm)
15. *Quote The Hypocrisy of the Critics of the Pre-Trib Rapture*

(http://www.raptureforums.com/Rapture/defendingthepretrib
rapture.cfm)

Capítulo Doce   *Los Injustos Cargos*

1. *Quote Craziness of People Wanting to Be in the 7-year Tribulation*
   (https://www.raptureready.com/rr-pre-trib-rapture.html)
2. *Quote The Church & Israel are Two Separate Entities*
   (https://www.gty.org/resources/pdf/sermons/1325)
3. *Quote The Shock of Being Left Behind*
   (https://www.raptureready.com/soap/heron2.html)
4. *Quote The Activity Caused by the Pre-Trib Rapture*
   (https://www.raptureready.com/terry/james3.html)
   (http://www.jesus-is-savior.com/End%20of%20the%20World/
   pretrib_proof.htm)
5. *Quote The False Challenges Against Imminency*
   (http://www.pre-trib.org/articles/view/an-overview-of-
   pretribulational-arguments)
6. *Quote The Gladness Produced by the Pre-Trib Rapture*
   (http://www.pre-trib.org/articles/view/an-overview-of-pretribulational-
   arguments)

Capítulo Trece   *Las Objeciones Falsas*

1. *Quote Robert Van Kampen's Promotion of Pre-Wrath Teaching*
   (https://www.raptureready.com/who/Robert_Van_Kampen.html)
2. *Quote Dave MacPherson's Hatred Toward Pre-Trib Teaching*
   (https://www.raptureready.com/faq/faq789.html)
3. *Quote Margaret McDonald's Vision of the Tribulation Period*
   (http://www.pre-trib.org/data/pdf/Wilkinson-LeftBehindorLed Astra l
   .pdf)
4. *Quote Margaret McDonald's Vision Does Not Support Pre-Trib*
   (http://www.raptureready.com/rr-margaret-mcdonald.html)
5. *Quote Edward Irving's Beliefs on the Tribulation Period*
   (http://www.raptureforums.com/Rapture/mythsoriginspretrib
   rapture2.cfm

6. *Quote The Nazis Big Lie & Dave MacPherson's Big Lie*
 (http://www.pre-trib.org/articles/view/part-2-myths-of-origin-rapture)
7. *Quote John Darby Distanced Himself from Margaret McDonald*
 (https://en.wikipedia.org/wiki/Margaret_MacDonald_(visionary))
8. *Quote Margaret McDonald Theory of Pre-Trib Origin Falls Apart*
 (https://www.raptureready.com/faq/faq789.html)
9. *Quote Example of People Losing Money Betting Against Pre-Trib*
 (http://www.raptureready.com/rr-margaret-mcdonald.html)
10. *Quote Historical Evidence of Pre-Trib Teaching*
 (https://www.raptureready.com/featured/ice/MythsoftheOriginof
Pretribulationism_1.html)
 (https://www.raptureready.com/terry/james3.html)
 (http://www.raptureready.com/rr-margaret-mcdonald.html)
 (http://christinprophecy.org/articles/why-i-believe-in-a-pre-tribulation-rapture/)
 (http://www.propheticyears.com/reasons/rapture.htm)
 (http://www.grantjeffrey.com/article/why_some_reject.htm)
 (http://www.raptureme.com/terry/james27.html)
 (http://www.essentialchristianity.com/pages.asp?pageid=21918)
 (http://royalheir.blogspot.com/2012/03/early-church-fathers-were-pre.html)
 (http://www.pre-trib.org/articles/view/part-2-myths-of-origin-rapture)
 (https://www.raptureready.com/faq/faq789.html)
11. *Quote History Vindicates Pre-Trib Teaching*
 (https://www.facebook.com/notes/terri-wonder/the-pre-tribulation-rapture-was-taught-by-the-early-church/4786473940917/)
 (http://www.raptureme.com/terry/james27.html)
12. *Quote False Accusations Made Against Pre-Trib*
 (http://www.essentialchristianity.com/pages.asp?pageid=21918)
1. *Quote The Rapture of the Church is Not a New Teaching*
 (http://www.omegaletter.com/briefs/briefings.asp?BID=3902)

Chapter Catorce   *Problemas con Post-*

Tribulation

1. *Quote Definition of the Post-Trib Rapture Position*
   (https://en.wikipedia.org/wiki/Post-tribulation_rapture)
   (http://www.posttribpeople.com/Post-Tribulation-Belief.html)
2. *Quote God's Plan for Israel vs. the Church*
   (http://www.grantjeffrey.com/article/why_some_reject.htm)
   (https://www.raptureready.com/rr-pre-trib-rapture.html)
3. *Quote The Rapture Comes Before the Day of the Lord*
   (http://www.pre-trib.org/articles/view/an-overview-of-
   pretribulational-arguments)
4. *Differences Between the Rapture & Second Coming*
   (http://christinprophecy.org/articles/why-i-believe-in-a-pre-tribulation-
   rapture/)
   (http://www.pre-trib.org/articles/view/an-overview-of-pretribulational-
   arguments)
   (http://chafer-cstn.org/BaseT/ESCHA/Rapture/PreTrib50Args.
   Walvoord.103A2A.htm)
   (http://www.thepropheticyears.com/reasons/rapture.htm)
   (http://www.omegaletter.com/articles/articles.asp?ArticleID=6882)
   (https://www.tms.edu/m/tmsj13i.pdf)
   (http://www.middletownbiblechurch.org/proph/rapt2com.htm)
5. *Quote The Argument from Silence*
   (http://kentcrockett.com/biblestudies/posttribbers.htm)
6. *Quote the Post-Trib Problem with the Millennium Population*
   (http://www.pre-trib.org/articles/view/an-overview-of-
   pretribulational-arguments)
   (https://www.raptureready.com/featured/ice/tt1.html)
   (https://www.raptureready.com/featured/ice/RaptureBefore
   Tribulation.html)
7. *Quote The Post-Trib Problem with the Sheep & the Goats*
   (http://www.pre-trib.org/articles/view/an-overview-of-pretribulational-
   arguments)
   (http://www.khouse.org/articles/1995/35/)
   (https://www.raptureready.com/featured/ice/tt1.html)
   (https://www.tms.edu/m/tmsj13i.pdf)
8. *Quote The Timing of the Bema Seat Judgment*
   (https://www.raptureready.com/resource/stanton/k11.htm)
9. *Quote The Post-Trib Belief on the First Resurrection*

(http://www.freestockphotos.com/COMING1/FirstResurrection Rapture.htm)
(https://en.wikipedia.org/wiki/Post-tribulation_rapture)
10. *Quote Multiple Resurrections Mentioned in the Bible*
(http://www.pre-trib.org/articles/view/the-resurrection-single-or-multiple)
11. *Quote The Resurrection & the Rapture Are Not One & the Same*
(http://www.pre-trib.org/articles/view/the-resurrection-single-or-multiple)
12. *Quote There Are No Contradiction in the Bible*
(http://www.pre-trib.org/articles/view/the-resurrection-single-or-multiple)
13. *Quote The Church is Removed Before the Antichrist Appears*
(http://www.raptureready.com/rr-pretribulation-rapture.html)
(https://www.raptureready.com/resource/stanton/k11.htm)
14. *Quote Jesus Returns from a Wedding*
(http://www.raptureready.com/rr-pretribulation-rapture.html)
(https://www.raptureready.com/resource/stanton/k11.htm)
(https://www.tms.edu/m/tmsj13i.pdf)
15. *Quote The Post-Trib Position Makes the Rapture Meaningless*
(http://www.pre-trib.org/articles/view/an-overview-of-pretribulational-arguments)
16. *Quote The Post-Trib Position Destroys Imminency*
(http://www.pre-trib.org/articles/view/doctrine-of-imminency-is-it-biblical)
(http://theologicalmatters.com/2012/08/17/tackling-tough-theological-matters-problems-with-post-tribulationalism/)
(https://www.raptureready.com/resource/stanton/k11.htm)
(http://informedchristians.com/index.php/Articles/50-reason-why-the-rapture-must-happen-before-the-7-year-tribulation)
(http://home.earthlink.net/~ronrhodes/PostTribProblems.html)
17. *Quote The Post-Trib Position Destroys the Comfort of the Rapture*
(http://www.raptureforums.com/FeaturedCommentary/wheresthecomfort.cfm)

Capítulo Quince   *Problemas con Pre-Ira*

1. *Quote The Origins of the Pre-Wrath Theory*

(http://www.lamblion.com/articles/articles_rapture10.php)
2. *Quote The Explanation of the Pre-Wrath Theory*
   (http://thechristianbbs.com/cgi-bin/ultimatebb.cgi?ubb=get_topic;
   f=53;t=000497)
3. *Quote The Errors of the Pre-Wrath Theory*
   (http://www.middletownbiblechurch.org/proph/prewrath.htm)
4. *Quote The Motive of the Pre-Wrath Theory*
   (http://www.ldolphin.org/prewrath.html)
5. *The Confusing Name of the Pre-Wrath Theory*
   (http://www.lamblion.com/articles/articles_rapture10.php)
6. *Quote God's Wrath Involves the Whole 7-year Tribulation*
   (http://christinprophecy.org/articles/why-i-believe-in-a-pre-tribulation-
   rapture/)
7. *Quote The Day of the Lord Involves the Whole 7-year Tribulation*
   (http://bible-truth.org/Pre-Wrath.html)
   (https://www.raptureready.com/who/Robert_Van_Kampen.html)
   (http://thechristianbbs.com/cgi-bin/ultimatebb.cgi?ubb=get_topic;
   f=53;t=000497)
   (http://www.pre-trib.org/articles/view/three-quarters-rapture-theory)
   (http://compass.org/store/products/Article%3A-Dealing-with-Deceit-
   %252d-The-Pre%252dWrath-Deception.html)
8. *Pre-Trib Rapture Chart*
   (http://bible-truth.org/Pre-Wrath.html)
9. *Quote Summary of the Pre-Trib View*
   (http://bible-truth.org/Pre-Wrath.html)
10. *Pre-Wrath Rapture Chart*
    (https://www.raptureready.com/who/Robert_Van_Kampen.html)
11. *The Chronological Errors of the Pre-Wrath Theory*
    (http://www.lamblion.com/articles/articles_rapture10.php)
    (http://www.middletownbiblechurch.org/proph/prewrath.htm)
    (http://bible-truth.org/Pre-Wrath.html)
    (http://www.gotquestions.org/pre-wrath-rapture.html)
    (http://www.pre-trib.org/articles/view/an-overview-of-pretribulational-
    arguments)
12 *Quote The Identical View of the Pre-Wrath Theory*
    (http://www.middletownbiblechurch.org/proph/prewrath.htm)
13. *Quote The Birth Pang Confusion of the Pre-Wrath Theory*
    (http://www.middletownbiblechurch.org/proph/prewrath.htm)
14. *Quote Even More Chronological Errors of the Pre-Wrath Theory*

(http://www.middletownbiblechurch.org/proph/prewrath.htm)
(http://bible-truth.org/Pre-Wrath.html)
(http://www.raptureforums.com/FeaturedCommentary/theprewrath
rapturepart3.cfm)
(https://www.raptureready.com/rr-pre-trib-rapture.html)
15. *Quote What God is Doing in the 2,000 year Church Gap*
(http://www.middletownbiblechurch.org/proph/rapture.htm)
16. *Quote The Confusion of the Church & Israel in the Pre-Wrath Theory*
(http://www.middletownbiblechurch.org/proph/prewrath.htm)
17. *Quote The Confusion of Identities in 7-Year Tribulation by Pre-Wrath Theory*
(http://www.middletownbiblechurch.org/proph/prewrath.htm)
(http://bible-truth.org/Pre-Wrath.html)
18. *Quote The Confusion of the Angel Harvest by Pre-Wrath*
(http://www.middletownbiblechurch.org/proph/prewrath.htm)
(http://www.ldolphin.org/prewrath.html)
19. *Quote The Confusion of the Millennium Population by Pre-Wrath*
(http://www.ldolphin.org/prewrath.html)
20. *Quote The Confusion of Matthew 24 by Pre-Wrath*
(http://www.ldolphin.org/prewrath.html)
(http://www.middletownbiblechurch.org/proph/prewrath.htm)
21. *Quote The Confusion of the Church by Pre-Wrath*
(http://bible-truth.org/Pre-Wrath.html)
22. *Quote The Replacement of the Church by Pre-Wrath*
(http://www.middletownbiblechurch.org/proph/prewrath.htm)
23. *Quote The Confusion of the Church Promises by Pre-Wrath*
(http://www.middletownbiblechurch.org/proph/prewrath.htm)
24. *Quote The Rotten Promises of the Pre-Wrath Theory*
(http://www.middletownbiblechurch.org/proph/prewrath.htm)
25. *Quote The Destruction of Imminency by the Pre-Wrath Theory*
(http://www.middletownbiblechurch.org/proph/prewrath.htm)
26. *Quote The Lack of Hope by the Pre-Wrath Theory*
(http://compass.org/store/products/Article%3A-Dealing-with-Deceit-%252d-The-Pre%252dWrath-Deception.html)
27. *Quote The Heresy of Self-Cleansing by the Pre-Wrath Theory*
(http://bible-truth.org/Pre-Wrath.html)
28. *Quote The Heresy of Self-Purification by the Pre-Wrath Theory*
(http://bible-truth.org/Pre-Wrath.html)
(http://www.lamblion.com/articles/articles_rapture10.php)

Capítulo Dieciséis   *Problemas con Medio-Tribulation*

1. *Quote The Explanation of the Mid-Trib Theory*
   (http://www.nobts.edu/faculty/itor/lemkesw/personal
   /midtribulationism.html)
   (https://www.raptureready.com/resource/stanton/k9.htm)
2. *Quote The Minority View of the Mid-Trib Theory*
   (https://www.raptureready.com/resource/stanton/k9.htm)
3. *Quote The Compromise of God's Wrath by the Mid-Trib Theory*
   (http://www.raptureforums.com/Rapture/whatisthemidtribulation
   rapture.cfm)
4. *Quote The Compromise of Timing by the Mid-Trib Theory*
   (http://www.raptureforums.com/Rapture/whatisthemidtribulatio
   nrapture.cfm)
   (http://www.spiritandtruth.org/teaching/documents
   /articles/167/167.htm?
5. *Quote The Biblical Order of Events in the 7-year Tribulation*
   (http://bible-truth.org/mid-trib.html)
6. *Quote The Compromise of Daniel's 70th Week by the Mid-Trib Theory*
   (https://www.raptureready.com/resource/stanton/k9.htm)
7. *Quote The Compromise of Revelation 11 by the Mid-Trib Theory*
   (https://www.raptureready.com/resource/stanton/k9.htm)
8. *Quote The Real Purpose of the Biblical Trumpets*
   (https://www.raptureready.com/rr-pre-trib-rapture.html)
9. *Quote The Compromise of the Trumpets by the Mid-Trib Theory*
   (https://www.raptureready.com/resource/stanton/k9.htm)
10. *Quote The Compromise of Imminency by the Mid-Trib Theory*
    (http://bible-truth.org/mid-trib.html)
11. *Quote Missionary Story of Imminency*
    (http://www.thehaystack.tv/dont-be-fooled-by-a-counterfeit/)

Capítulo Diecisiete   *La Actitud Apropiada*

1. *Quote Story of the Cleansing Benefits of Imminency*
   (http://www.middletownbiblechurch.org/prophecy/prophe3.htm)

2. *Quote Immature Comments Made by Anti-Pre-Trib Opponents*
   (https://www.raptureready.com/resource/stanton/k10.htm)
3. *Quote Divisive Comments Made by Anti-Pre-Trib Opponents*
   (https://www.raptureready.com/soap2/payne62.html)
4. *Quote Man's Rebellion Against God's Commands*
   (https://battle4truth.wordpress.com/2008/05/05/paul-washer-quotes/)
5. *Quote Hell is the Divine Wood Chipper*
   (http://www.sermonaudio.com:80/sermoninfo.asp?SID=72706103314)
6. *Quote Biblical Description of Hell*
   (Mal Couch, *Revelation II Notebook,*
   (Fort Worth: Tyndale Seminary, Pgs. 150-151)
7. *Quote An Atheist's Comments on Hell*
   (http://www.churchchrist.net/Sermons/Witness.htm)
8. *Quote The Wolfish Behavior of the Anti-Pre-Trib Opponents*
   (https://www.raptureready.com/soap2/payne62.html)

www.ingramcontent.com/pod-product-compliance
Lightning Source LLC
Chambersburg PA
CBHW021216090426
42740CB00006B/251